AF828569

Beamtenfortbildung

Vorträge gehalten während der

Fortbildungskurse
für höhere bayerische Staatsverwaltungsbeamte.

Herausgegeben
im Auftrage des Staatsministeriums des Innern.

---

2. Heft:
Kurs vom 1.—6. Juli 1929.

München 1929.
J. Schweitzer Verlag (Arthur Sellier.)

Geleitwort.

Das vorliegende zweite Heft bringt die Vorträge, die im Fortbildungskurse für höhere Verwaltungsbeamte in Bayern vom 1. bis 6. Juli 1929 in München gehalten wurden. Neben den Vorträgen wurden die Anlage der mittleren Isar, die Einrichtungen der Hochschule für Landwirtschaft und Brauerei sowie die Landessaatzuchtanstalt in Weihenstephan und das Kriegsblindenerholungsheim Söcking bei Starnberg besichtigt. Der Kurs war von Herren aus Oesterreich und Württemberg und von 54 Teilnehmern aus Bayern besucht. Ziel des Kurses war die Behandlung der für die innere aktive Verwaltung augenblicklich dringendsten Fragen.

Möge dem 2. Hefte die gleiche freudige Aufnahme zuteil werden.

München, 10. März 1930.

Dr. H. Rottmann,
Ministerialrat
im Staatsministerium des Innern.

Verzeichnis der Vorträge:

Die Reichsreform.

Von Ministerialrat Sommer.

I.

Allgemeines.

Von den innerpolitischen deutschen Problemen wohl das wichtigste ist das Problem der Reichsreform, vielleicht weniger das Problem an sich als in seiner Verknüpfung mit den mannigfachen Ursachen, auf denen es beruht, den Kräften, von denen es getragen wird, und mit den in ihm eingeschlossenen unübersehbaren Entwicklungsmöglichkeiten hinsichtlich der künftigen Gestaltung unserer gesamten politischen und kulturellen Verhältnisse.

Ein Problem, nicht der Statik unseres Verfassungsrechtes, soweit man von einer Statik hier überhaupt sprechen darf, sondern der Dynamik unseres Verfassungslebens. Wie das Leben der Natur, so ist auch das Leben der Völker, sind auch die Normen ihres Gemeinschaftslebens den Gesetzen der Entwicklung unterworfen. Es gibt in der Welt des Materiellen, des Organischen keine stabilen Verhältnisse. Auch das private und öffentliche Recht besitzt, von der Warte größerer Zeitabschnitte aus betrachtet, nur eine relative Stabilität. Die Relation besteht mit den Tatsachen des Gemeinschaftslebens, die den Veränderungen der Entwicklung unterliegen. Die Relativität kann dem Ausmaße nach eine mehr oder minder große sein. Die Verfassung der Vereinigten Staaten von Amerika vom 17. IX. 1787 ist bis auf den heutigen Tag nahezu unverändert noch in Kraft. Trotz aller gewaltsamen Ereignisse, und trotz der Umwälzung auf wirtschaftlichem und sozialem Gebiet — man denke nur an die in diesen Zeitabschnitt fallende französische Revolution, an den Bürgerkrieg, an die technischen Umwälzungen, an das politische Emporkommen des vierten Standes, an die grundstürzenden Aenderungen des Produktionsprozesses — trotz aller der Ereignisse, die im Laufe dieser Zeit über die Union hinweggeschritten sind, ist die amerikanische Verfassung bis auf den heutigen Tag nur neunzehnmal geändert worden. Davon fallen 13 Aenderungen in die Zeit der ersten Jahre ihres Bestandes und nur 6 in die letzten 120 Jahre, also viel weniger als die Weimarer Verfassung innerhalb weniger Jahre erlitten hat.

Welche Entwicklung hat im Gegensatz hierzu das Verfassungsleben des deutschen Volkes in diesem Zeitabschnitt genommen! Das heilige römische Reich deutscher Nation, der Deutsche Bund, der Norddeutsche Bund, das Bismarck'sche Kaiserreich und das Reich von Weimar. Das sind die Marksteine eines ganz anderen Entwicklungsweges. Nur nicht ganz 50 Jahre, die Jahre des Bismarck'schen Reiches weisen eine gewisse Stabilität auf. Der Grund hierfür liegt darin, daß die Verfassung der Vereinigten Staaten wie die Bismarck'sche Verfassung eine brauchbare Konstruktion gefunden hatten und daß daneben starke Sicherungen des Bestandes und besondere Erschwerungen der Aenderung der Verfassung vorgesehen waren.

Die Entwicklung auch des Verfassungslebens kann eine organische oder gewaltsame sein. Auf weite Sicht gesehen gleichen sich auch die gewaltsamen Entwicklungen durch Anschluß an die organische Entwicklung mehr oder minder wieder aus. „Gibt es in der Natur keinen Sprung, so sollte es auch in den menschlichen Angelegenheiten keinen Sprung geben, und überall zeigt die Erfahrung, daß sprungsweise Veränderungen sich hinterher als verderblich und unhaltbar erweisen.“ (So Konstantin Frantz, der Klassiker des deutschen Föderalismus, in „Deutschland und der Föderalismus“, Ausgabe 1921 S. 121). Wenn beispielsweise die in dem sogenannten preußisch-österreichischen Dualismus liegende deutsche Frage vergangener Zeiten ihre vorläufige Lösung in dem gewaltsamen Ausschluß Oesterreichs aus Deutschland fand, so steht heute nach 63 Jahren die Frage des Anschlusses des Kern- und Mutterlandes Oesterreich, den Ausgleich zur organischen Entwicklung heischend, vor den Toren Deutschlands.

So erfordert auch die Behandlung des Problems der Reichsreform, daß das Gesetz der organischen Entwicklung im Auge behalten und die Linie einer solchen Entwicklung nicht durch grundstürzende oder gewaltsame Lösungsversuche verfehlt wird. Diese Ueberlegungen sind keineswegs nur platonischer Natur. In diesen Tagen ist es weithin erkennbar geworden, daß es sich nach Auffassung mancher Kreise bei der Reichsreform um grundstürzende Veränderungen durch Niederreißen des gesamten bestehenden und Errichtung eines neuen Reichsbaues handeln soll. Während die nämlichen Kreise es noch vor Monaten für richtig und notwendig bezeichneten, von den bestehenden verfassungsrechtlichen Zuständen auszugehen, halten sie es heute für verfehlt, den status quo als Ausgangspunkt zu nehmen.

II.

Begriff der Reichsreform, Ausgangspunkt und jüngste Entstehungsgeschichte.

a) Unter Reichsreform versteht man den Inbegriff der auf eine Aenderung unseres staatlichen Aufbaus nach Form und Inhalt abzielenden Pläne. Der Zweck der hierfür in Aussicht genommenen Maßnahmen kann, je nachdem man die sachliche oder die politische Seite der Angelegenheit ins Auge faßt, ein verschiedener sein. Als sachlicher Zweck kann nur die Verbesserung und Verbilligung unseres öffentlichen Gemeinschaftslebens in Betracht kommen. Die Vorstellung von dem Inhalt der Reformmaßnahmen ist je nachdem verschieden.

b) Der Gedanke einer Reichsreform ist einem crescendo erwachsen, das mit dem Piano einer Verwaltungsvereinfachung begann und über das Allegro einer Verwaltungsreform zum Forte der Verfassungsreform und zum Fortissimo der Reichsreform anschwoll. In echter deutscher Gründlichkeit, gepaart mit stark ideologischem Einschlag, hat man sich von den praktischen Erfordernissen der Gegenwart und ihren Tatsachen entfernt und zur wolkenentlegenen Gedankenwelt einer grundstürzenden Aenderung, aber nicht an Haupt und Gliedern, sondern nur an den Gliedern emporgeschwungen. Am Haupte selbst scheint man einen Anlaß zur Reform nicht gefunden zu haben.

Sollen die in Aussicht genommenen Reformpläne zu einem guten Ende führen, so ist nichts einleuchtender als die Notwendigkeit, von den Tatsachen auszugehen und von ihnen aus die Gedanken für die Reform zu gewinnen, statt zu versuchen die Tatsachen durch Ideen zu verändern. Von der Fülle der Einzelheiten unseres Gemeinschaftslebens her muß der Maßstab gefunden werden, dann wird der Weg ins Große frei. Nimmt man aber den umgekehrten Weg, dann bleibt das Kleine ungesehen und die Kleinarbeit ungeschehen, welche beiden Faktoren allein in ihrer Fülle das Ganze, das Große ergeben. Vielleicht weiß keiner besser über diese Erfordernisse Bescheid als der Sparkommissar des Reichs.

Wer sich von diesem Standpunkt aus ernsthaft mit der Reform unseres öffentlichen Lebens befassen will, für den wüßte ich kein besseres Buch als das von Rechtsrat Dr. Kleindinst-Augsburg „Verwaltungspolitik und Verwaltungsreform in Reich und Ländern", München 1929, das in der Fülle reicher praktischer und theoretischer Kenntnisse des deutschen und ausländischen Verwaltungs- und Verfassungsrechtes, in der Problemstellung und in der Wegweisung zum besten gehört, was auf diesem Gebiete erschienen ist.

c) Schon Ende 1919 war im preußischen Landtag eine Entschließung angenommen worden, die die sofortige Einleitung von Verhandlungen mit den deutschen Ländern über die Schaffung eines Einheitsstaates zum Gegenstand hatte. Das Echo war nicht günstig. Der damalige Reichsminister Koch-Weser, auch heute noch der rührigste und ungeduldigste Kämpfer für den Einheitsstaat, legte in einer bis 1924 geheim gebliebenen Denkschrift dar, wie man durch Benutzung des labilen Fundaments der Weimarer Verfassung im Wege der allmählichen Aushöhlung der Länder den Einheitsstaat in aller Stille herbeiführen könne, welches Rezept die Römer und Engländer mit Erfolg gegenüber ihren Kolonien angewandt hätten. Die Entschließung des preußischen Landtags blieb auf die Koch'sche Denkschrift hin auf sich beruhen. Die Methode der Aushöhlung begann. Sie wurde begünstigt durch eine doppelte Eigenschaft unserer Verfassung:

1. durch das schrankenlose, jedes Korrektivs entbehrende parlamentarische System,

2. durch die Vorschriften über Aenderung der Verfassung, die den Bestand der Verfassung und ihre Beachtung letzten Endes in das Belieben einer Zweidrittelmehrheit des Reichstags stellt und Sicherungen dagegen nicht enthält.

Bayern war es in der Folge zuerst, das seine Stimme für eine Verbesserung der verfassungsrechtlichen Verhältnisse im Reich erhob. Die erste bayerische Denkschrift vom Januar 1924 mit ihrem Ruf zur reinlichen, zweckmäßigen und sicheren Gewaltentscheidung nach Art der Bismarck'schen Verfassung fand in der politischen Oeffentlichkeit das Echo: Nur keine Beunruhigung des Volkes auch noch durch Verfassungsfragen. Die Reichsregierung arbeitete ein erst jetzt veröffentlichtes Memorandum aus, das sich zwar gegen eine Erfüllung der meisten bayerischen Forderungen aussprach, aber in vielen Punkten Verständnis für die Notwendigkeit einer Reform im Sinne der bayerischen Wünsche zeigte. Die heutige Reichsregierung und Reichsbürokratie hat diesen Standpunkt verlassen. Die zweite bayerische Denkschrift vom Februar 1926 mit ihrer Kardinalforderung, das labile Fundament der Weimarer Verfassung durch ein stabileres zu ersetzen, fand — es bestand damals das Kabinett Luther — das Echo: Das Uebel liegt im Nebeneinanderbestehen der preußischen und der Reichsregierung. Und während anfangs jede Anrührung der Verfassungsfrage abgelehnt wurde, um die Oeffentlichkeit nicht zu „beunruhigen", trat Ende 1926 der Umschwung ein.

d) Den Auftakt bildete eine großangelegte Führertagung des republikanischen Reichsbundes, der mit einem erheblichen Aufwand von Mitteln die Losung des in Wirtschaftsprovinzen neu einzuteilenden Einheitsstaates aufstellte. Zehntausende einer glänzend ausgestatteten Broschüre wurden verteilt, versehen mit Landkarten, in denen die neuen Wirtschaftsprovinzen einschließlich Oesterreichs schon eingezeichnet waren. Den Hebel bildete eine rein materialistische und rechnerische, aber nichtsdesto weniger falsche Betrachtungsweise: Eine fühlbare Senkung der Steuerlast kann nur durch eine so radikale Lösung beseitigt werden. Der Bundesstaat ist die Quelle aller unnötigen Belastung. Die Schwierigkeiten und Kosten einer radikalen Umgestaltung des Reichs fanden keine Erörterung. Man ging an das Problem heran wie ein Treuhänder, der eine G. m. b. H. zu sanieren oder eine Fusion vorzunehmen hat. Die Losung fand freudiges Echo. Der Wellenschlag der nun auch in der Großstadtpresse einsetzenden Propaganda ergriff die Berufsverbände der Wirtschaft, die Standesparlamente und alle Tagungen, zu denen Redner erschienen, die unter der Form eines harmlos klingenden sachlichen Themas die Lehre verkündeten, wie durch den Weg zum Einheitsstaat das deutsche Volk sich am besten des Großteils seiner Verpflichtungen gegenüber dem Finanzamt erledigen könnte. Daneben wurde von Mund zu Mund die Auffassung verbreitet: Der Einheitsstaat lasse sich nicht aufhalten. Das Versailler Diktat und das Reparationsproblem führten zwangsläufig dazu. Manche gaben sich dem Fatum hin. Wenige legten sich Rechenschaft darüber, ob eine Form des staatlichen Aufbaus, die uns Versailles und das Reparationsproblem zwangsläufig bringen sollten, nicht schon aus diesem Grunde mit Vorsicht angesehen werden müsse. Und das Märchen vom billigen Einheitsstaat machte seine Runde, bis auch jene, die es erzählten, schließlich sagten: Ihr braucht es nicht zu glauben.

Im Reichstag traten die ermunterten Unitaristen vor die Front. Auffassungen wie, der Föderalismus passe für das Zeitalter der Postkutsche, dem Zeitalter der flüssigen Kohle und des Luftverkehrs gehöre der Unitarismus, waren gang und gebe. In Preußen trat der Ministerpräsident Braun mit seiner bekannten und später als Broschüre erschienenen Rede vor den sozialdemokratischen Studenten Berlins scharf für den Einheitsstaat ein. Zum deutschen Städtetag vom September 1927 wurden alle unitaristischen Kräfte mobil gemacht. Und bei einer Ministerpräsidentenkonferenz im Oktober 1927, die eine ganz andere Tagesordnung hatte, hielt der Hamburger Bürgermeister Petersen die seitherige Wirkung des unitaristischen Trommelfeuers für stark genug, um nunmehr die Forderung des Einheitsstaates offiziell zur Diskussion zu stellen. Unter der Patenschaft des preussischen Ministerpräsidenten kam der Gedanke der Länderkonferenz zur Welt.

e) Die Länder entzogen sich einer Erörterung des Problems nicht. Es tat sich aber die große Frage des Was und des Wie auf: Soll und kann der formaljuristisch allerdings sehr einfach gelagerte Weg einer Verfassungsänderung durch den Reichstag eingeschlagen werden? Der damalige Reichskanzler Marx erkannte klug und richtig, daß das ein gefährlicher Weg sei. Er stellte die Behandlung der Frage und die Versuche zu einer Lösung zu gelangen, auf Freiwilligkeit und Vereinbarung ab. Politisch, psychologisch und auch verfassungsrechtlich der einzig mögliche Weg. Der Wille der Beteiligten und die freiwillige Einigung auf ein gemeinschaftlich erzieltes Ergebnis sollte der Ausgangspunkt sein. Dieser Ausgangspunkt wurde allseits angenommen, da und dort allerdings mit dem inneren Vorbehalt, daß der Wille der Länder schon gefügig gemacht werden könne.

Das ist die Vorgeschichte, das der Sinn der Länderkonferenz.

III.

Die Länderkonferenz.

A. Der äußere Verlauf.

Die Länderkonferenz begann unter dem Vorsitz des Reichskanzlers Marx und unter Beteiligung aller Ministerpräsidenten mit einer großen Eröffnungssitzung, die vom 16.—18. Januar 1928 dauerte. Das Ergebnis war eine gemeinschaftliche Entschließung der Länder, der eine Erklärung der Reichsregierung angefügt wurde. Der in diesem Rahmen einschlägige Teil der Länderentschließung hat im wesentlichen folgenden Inhalt:

1.) Eine Lösung soll nur auf der Grundlage einer einmütigen und verständnisvollen Zusammenarbeit zwischen Reich und Ländern gesucht werden.

2.) Es besteht keine Einigkeit darüber, ob eine föderalistische oder unitaristische Lösung anzustreben ist.

3.) Notwendig ist eine starke Reichsgewalt.

4.) Teillösungen sind abzulehnen, auch Reichslandlösungen für leistungsschwache Länder.

5.) Die Aushöhlungspolitik ist einzustellen, die finanzielle Erdrosselung der Länder abzulehnen.

6.) Benachbarte Länder sollen sich, wenn es zweckmäßig ist, vereinigen, Enklaven und Exklaven sollen im Wege der Verhandlungen beseitigt werden.

7.) Die Lösung des Gesamtproblems soll durch das Gutachten eines Ausschusses vorbereitet werden, der zur Hälfte aus vom Reich, zur Hälfte aus von den Ländern bestellten Mitgliedern besteht, und sich mit $^2/_3$ Mehrheit durch Zuwahl ergänzen kann.

Die Erklärung der Reichsregierung besagt im wesentlichen folgendes:

1.) Das Reich ist bereit, geeignete Verwaltungszweige leistungsschwach gewordener Länder auf das Reich zu übernehmen.

2.) Es bietet sich als Schiedsinstanz in der Enklavenfrage usw. an.

3.) Es stellt einen Gesetzentwurf über ein Reichsverwaltungsgericht in Aussicht.

In den Ausschuß wurden 18 Mitglieder gewählt. Er ergänzte sich einmal durch Zuwahl von Koch-Weser und Mecklenburg-Schwerin.

Die erste Sitzung des Ausschusses fand am 4. Mai 1928 statt. Der Ausschuß gab sich eine Geschäftsordnung und stellte Berichterstatter für die Herbeischaffung des tatsächlichen Materials über die bestehenden Mängel unseres Verfassungslebens auf. Beauftragt wurden Preußen, Württemberg, Bayern und Sachsen.

Inzwischen kam ein neuer Reichstag und eine neue Reichsregierung.

Die nächste Ausschußsitzung fand in den Tagen vom 22. bis 24. Oktober 1928 im großen Sitzungssaal der Reichskanzlei statt. Ein förmliches Parlament mit einem großen Stab von Referenten aller Ressorts. Den Vorsitz führte Reichskanzler Müller. Die von verschiedenen Seiten angeregte sachliche Würdigung des beigebrachten Materials unterblieb. Mit vollen Segeln geriet das Schiff sofort in das politische Fahrwasser. Die Reichsregierung wurde um eine Erklärung über ihre Meinung zu dem Problem ersucht. Von einer Seite, nämlich von Sachsen, wurde Preußen um eine solche offizielle Erklärung ersucht. Während der preußische Vertreter dies ablehnte, gab die Reichsregierung dem Ersuchen statt.

Die Erklärung der Reichsregierung vom 23. 10. 28 enthielt in einzelnen Punkten ein ausgesprochen unitarisches Programm, so u. a. in der Frage der Auftragsverwaltung und in der Frage der Organisation der Länder. Mit der letzteren Frage stellte sie ein Problem zur Diskussion, das überhaupt nicht mehr das Verhältnis zwischen Reich und Ländern betrifft, sondern eine Angelegenheit, die nach der Reichsverfassung bis auf den Art. 17 der Reichsverfassung und die Organisation der Gerichte ausschließlich Sache der Länder ist. Die Verhandlungen des Ausschusses drohten infolge der Erklärung der Reichsregierung ins Stocken zu geraten. Mit wesentlicher Anteilnahme des bayerischen Ministerpräsidenten gelang es, die Verhandlungen wieder auf das dem Sinn und Zweck der Länderkonferenz entsprechende formale Geleise zurückzuführen. Die weiteren Verhandlungen standen unter dem Zeichen des preußisch-deutschen Problems, des sogenannten Dualismus zwischen Preußen und Reich. Schließlich wurden zwei Unterausschüsse eingesetzt, der eine für die Fragen der Neugliederung, der andere für die übrigen Fragen.

Die vereinigten Unterausschüsse tagten am 7. Nov. 1928 unter dem Vorsitz des Reichsministers des Innern. Die Behandlung der Neugliederungsfragen wurde auf Wunsch Preußens zurückgestellt, vielleicht in der Erwägung, daß im übrigen ein Lösungsversuch Gestalt gewinnen könnte, bei dem eine Neugliederung nicht mehr von einer Mitwirkung selbständiger Länder abhängig wäre, weil solche in dem Lösungsversuch nicht mehr vorgesehen sind.

Die Unterausschüsse bestellten Referenten

a) für die Reform an den Gliedern, d. h. die „Organisation der Länder“,

b) den Finanzausgleich,

c) die Abgrenzung der Zuständigkeiten zwischen Reich und Ländern und ihre dauernde Sicherung.

B. Richtungen, Begriffe und Methoden.

Bevor auf den sachlichen Inhalt der Verhandlungen eingegangen wird, ist es zweckmäßig, zum besseren Verständnis der verschiedenen Auffassungen einiges zu sagen über

a) die geistigen und staatspolitischen Richtungen, auf deren Untergrund sich die Verhandlungen abheben,

b) die verfassungs- und verwaltungsbegrifflichen Thesen und Antithesen, die dabei hervortreten,

c) die verfassungspolitische Dynamik bei der Behandlung des Problems, und

d) kurz auch über die Taktik, die dabei zu beobachten ist.

a) Die geistigen und staatspolitischen Richtungen kann ich nicht besser aufzeigen, als es Dr. Ottmar Kollmann in einer Abhandlung „Ein wichtiges Dokument zur Reichsreform“ getan hat, die als Sonderdruck der „Bayer. Staatszeitung“ erschienen ist:

„Die einen sehen das erstrebenswerte Ziel, den Höhepunkt der Entwicklung in der Einheitlichkeit, in der Gleichmäßigkeit, der Uniformierung aller Einrichtungen; sie sind leicht geneigt, auch in der Staats- und Verwaltungsorganisation über das durch

Natur und Menschen Bedingte, das geschichtlich Gewachsene und Ueberlieferte hinwegzugehen. Die anderen erblicken das Kulturideal in der Mannigfaltigkeit der Formen, so wie es im Ziel der Natur selbst liegt, die ihre Zweckmäßigkeit und Schönheit in der Fülle der Erscheinungen und der Arten zeigt und Land und Menschen verschieden gestaltet hat; sie glauben, daß das Staats- und Verwaltungsleben politisch-geographisch — durch Bodengestaltung, Volkstum und Wirtschaft — und geschichtlich bedingt sei. Die einen — man könnte sie die Theoretiker nennen — wollen an die Stelle der gewordenen Verfassung und Verwaltung eine künstlich geschaffene sehen; die anderen wollen das natürlich Gewordene sich weiter entwickeln lassen. Die einen wollen abstrakte Gebilde für die öffentliche Verwaltung schaffen und dann erst die konkreten Verwaltungsbedürfnisse („Zuständigkeiten" für diese Gebilde) prüfen und regeln; die anderen gehen von diesen konkreten Bedürfnissen aus. Die einen stellen damit die Staats- und Verwaltungsreform über den Staats- und Verwaltungszweck; die anderen geben dem Zweck den Vorrang vor der Form. Die einen wollen der Gesamtheit ein gleichmäßiges Schema um der Gleichmäßigkeit willen aufnötigen (zeigt uns etwa die politische Geographie, zeigt uns die natürliche Geographie homogene Gebilde?); die anderen treten ein für eine Organisation nach den Bedürfnissen und dem Willen der „Objekte" der Organisation, um deren willen doch die Organisation besteht. Die einen vertreten damit — wenn auch meist unbewußt — den Gedanken der Kuratel; die anderen sind in Wahrheit die Vertreter einer demokratischen Selbstverwaltung. Hier scheiden sich die Geister, aber nicht nach Landesgrenzen, auch nicht nach Parteien, und, soviel es Anhänger des „ärmeren Kulturideals" geben mag, auch die Zahl der Anhänger des „reicheren Kulturideals" ist groß und zwar in allen Ländern viel größer, als die Kundgebungen in der Oeffentlichkeit erkennen lassen."

b) Bei den Verhandlungen ist eine fast babylonische Sprachverwirrung in den Begriffen eingetreten. „Differenzierte Gesamtlösung", „qualifiziert administrative Dezentralisation", „gebundene Selbstverwaltung", „föderativer Einheitsstaat" usw. Man könnte sagen: Da wo die Gefahr besteht, daß die Begriffe verstanden werden könnten, stellt das Wort sich selber ein. Und doch kann die Klarheit nicht verschleiert werden. — Die wichtigsten begrifflichen Thesen und Antithesen sind:

Einheit und Vereinheitlichung.

Einheit ist das Natürliche, Vereinheitlichung das Gekünstelte. Einheit verhält sich zu Vereinheitlichung wie Freiheit zu Zwang. Reichseinheit und Einheitsreich sind zwei ganz verschiedene Begriffe. Und doch pflegen die Anhänger der „Vereinheitlichung" das was sie wollen immer „Einheit" zu nennen.

Zentralisation und Dezentralisation.

Mit keinem Wort ist mehr Mißbrauch getrieben worden wie mit dem letzteren. Viele nennen es schon Dezentralisation, wenn beispielsweise neben dem Reichsfinanzministerium in Berlin noch ein Landesfinanzamt in Karlsruhe besteht. Sie bezeichnen auch die sogen. administrative Dezentralisation als Dezentralisation, obwohl sie nur eine Form der Zentralisation ist. Das Nähere ist aus dem Referat des bayerischen Ministerpräsidenten über die Abgrenzung der Zuständigkeiten zwischen Reich und Ländern (S. 52) zu ersehen.

Selbstverwaltung und Auftragsverwaltung.

Selbstverwaltung heißt Einflußverzicht des Staates, heißt Besitz eines gegen den Staat bestehenden Rechtsanspruchs auf Freiheit in der Verwaltung, heißt wirkliche Dezentralisation, Auftragsverwaltung heißt volle Befehlsgewalt der Zentrale gegenüber anderen als den eigenen Behörden, heißt Gebundenheit dieser Behörden, heißt Ausschluß der Verantwortlichkeit der Landesregierung gegenüber dem Land, heißt Ausschluß der Landesvertretung bei der Mitwirkung in den Angelegenheiten der Auftragsverwaltung. Auftragsverwaltung ist Zentralisation. Trotzdem wird versucht, die Auftragsverwaltung Dezentralisation zu nennen. Ein Mitglied der Länderkonferenz hat es sogar über sich gebracht, sie „gebundene Selbstverwaltung" zu nennen.

Starke Reichsgewalt, Stärkung der Reichsgewalt.

Scheinbar das gleiche, könnte man annehmen. Und doch ein gewaltiger Unterschied. Unter Stärkung der Reichsgewalt verstehen die Unitaristen Verstärkung der Zuständigkeiten der Reichsgewalt. Die Föderalisten sagen, daß die Häufung der Zuständigkeiten auf die Zentrale die Reichsgewalt nicht stärkt, sondern schwächt, daß die Reichsgewalt gerade durch die Entlastung von den Aufgaben der Länder sich stark für ihre eigentlichen Aufgaben machen kann. Ursprünglich sollte es in der obenerwähnten Entschließung der Länderkonferenz statt „starke Reichsgewalt" „Stärkung der Reichsgewalt" heißen. Es bedurfte einiger Verhandlungen, um die jetzige Fassung durchzusetzen.

Und endlich

Bundesstaat und Einheitsstaat.

Bundesstaat bedeutet die Souveränitäts**teilung** zwischen Gesamtstaat und Einzelstaat, die **vertikale** Verteilung der Aufgaben dergestalt, daß bestimmte Schichten öffentlicher Aufgaben der Glieder bestehen mit dem Recht alleiniger und jedem Einfluß einer anderen Gewalt entzogener Erledigung von der untersten bis zur obersten Instanz.

Einheitsstaat bedeutet die **alleinige** Staatsgewalt der Zentrale, die **horizontale** Gliederung der Aufgaben dergestalt, daß in **allen** öffentlichen Angelegenheiten die oberste Schicht der **einen** Staatsgewalt ausschließlich zugewiesen ist.

Wie Messers Schärfe diese Unterschiede. Und doch setzen auch hier die Verschleierungsversuche ein. Es wird geltend gemacht: Diese beiden Begriffe schlössen einander nicht aus. Sie seien nur „Schlagworte", von denen man sich freimachen müsse.

Man sieht hieraus: Nicht nur durch Schlagworte selbst lassen sich Verschleierungen hervorrufen, sondern auch dadurch, daß man klare und unbestrittene Begriffe als Schlagworte zu bezeichnen versucht.

c) In diesem Zusammenhang wird es auch am besten klar, worum es bei der Reichsreform geht:

Es ist das Maß des Einflusses, oder mit einem Fremdwort besser gesagt, das Maß der Ingerenz der Zentrale gegenüber den Gliedern.

Diese Ingerenz ist in der Form der vollen **Befehlsgewalt** im zentralisierten Einheitsstaat unbegrenzt.

Soweit **Selbstverwaltung** an Stelle der Zentralisation tritt, verzichtet die Zentrale durch ein von ihr erlassenes, jederzeit abänderungs- und aufhebungsfähiges Gesetz auf die Befehlsgewalt im einzelnen und beschränkt sich auf die Staatsaufsicht.

Im Bundesstaat aber fehlt dem Gesamtstaat jeder, auch der geringste Einfluß auf den Gebieten, auf denen die Glieder die

Staatsgewalt haben. Der Gesamtstaat kann ihnen diese Rechte auch nicht durch Gesetz entziehen. Daneben können, wie z. Zt. in Deutschland, Aufgabengebiete bestehen, auf denen dem Gesamtstaat die Ingerenz in der Form der Aufsicht zusteht. (Art. 15 R.V.).

d) Ueber die Frage der Taktik nur wenige Worte. Die Taktik der Föderalisten ist nicht kompliziert. Ihnen steht das Recht und die geltende Verfassung zur Seite. Auf seiten jener aber, die eine grundstürzende Veränderung im Sinne der Beseitigung der Länderrechte erstreben, wird mit Methoden gearbeitet, die sich anderer Mittel bedienen. Ein Doppeltes ist für diese Kreise bezeichnend. Der verfassungsrechtlichen Würdigung und der Beurteilung der verfassungspolitischen Tragweite der eigenen Vorschläge, also dem Grundsätzlichen, weichen sie bewußt aus. Um so mehr aber befleißigen sie sich in Vorschlägen von Einzelheiten, die einen ganz eindeutigen unitarischen verfassungsrechtlichen und verfassungspolitischen Sinn haben; und wenn sie hierauf zur Rede gestellt werden, erklären sie, die verfassungsrechtliche Bewertung usw. sei nicht Sache der Länderkonferenz, das müsse der Theorie überlassen bleiben. Und das, wiewohl sie selbst die grundsätzliche Bedeutung und Tragweite kennen, und obwohl diese Tragweite gerade ihr Ziel ist. So verständlich es ist, daß man sich scheut, eine Sache anders zu etikettieren als man sie anpreist, so wenig erfreulich ist dieses Verfahren.

Das zweite hervorstechende Merkmal ist die Methode der Formulierungen auf unitaristischer Seite. Die Formulierungen sind zumeist mehrdeutig hinsichtlich der Möglichkeiten ihrer Auslegung, wenn auch die Eindeutigkeit ihrer politischen Diskontierung von vorneherein beabsichtigt ist.

Beiläufig bemerkt wird auch der Wert der Ueberraschungs- und Durchpeitschungstaktik keineswegs verkannt.

C. Der sachliche Inhalt der Verhandlungen der Länderkonferenz.

Das von der Länderkonferenz beigebrachte Material und die Sten.Berichte über die Verhandlungen umfassen Bände. Es kann sich in diesem Rahmen nur darum handeln, den Kern herauszuschälen. Die Beratungsunterlagen 1928 sind vor kurzem in einem stattlichen Bande amtlich veröffentlicht worden. Welche Vorstellung haben die einzelnen Faktoren der Länderkonferenz von der Reichsreform?

1.) Die dermalige Reichsregierung hat ihre Auffassung in der Erklärung vom 23. 10. 28 niedergelegt. Von dem unwesentlichen Fassadenwerk abgesehen besagt diese:

a) das Reich ist neu zu gliedern;

b) die Organisation der Länder von oben bis unten ist nach einheitlichen Reichsgrundsätzen von reichswegen durchzuführen;

c) der Dualismus zwischen Preußen und Reich ist im Rahmen der Endlösung zu beseitigen;

d) die Auftragsverwaltung ist einzuführen;

e) alles für das Reich nicht Lebensnotwendige ist der Selbstverwaltung (Eigenverwaltung) der Länder zu übertragen, wobei sich das Reich mit einer Oberschicht von Gesetzen und Anordnungen begnügt.

Schon die Verwirklichung dieses Programms würde die Beseitigung der Hoheitsrechte der Länder bedeuten. Ueberall die horizontale Oberschicht!

2.) Preußens Haltung läßt trotz der grundstürzenden Veränderungen seit der Revolution eine gewisse Tradition erkennen.

Nach seiner Auffassung bestehen die Mängel der Verfassung in dem Dualismus zwischen Preußen und Reich, in der Verschiedenheit der Größe und des Rechtes der Länder, in dem gesonderten Bestand von Landesbehörden und Gemeindebehörden neben den Reichsbehörden unter getrennter Aufsicht und in der Kleinstaaterei.

Jeder Art von „Dualismus" abhold verlangt Preußen die Beseitigung des Dualismus zwischen Preußen und Reich durch „Vereinigung" der Reichsregierung mit der preußischen Regierung, aber nicht isoliert für sich, sondern, da es auch einen Dualismus zwischen dem Reich und den anderen deutschen Ländern gibt, unter gleichzeitiger Einbeziehung dieser Länder,

ferner Uebernahme der Verwaltung der kleinen Länder in Norddeutschland durch Preußen oder Aufgehen dieser Länder in Preußen, endlich die Auftragsverwaltung und zum Zwecke ihrer besseren Durchführung die Neuorganisierung der Länder von der Spitze bis zu den Unterbehörden von reichswegen.

3.) Württemberg und Bayern stimmen überein in der Beurteilung der Mängel unseres gegenwärtigen Systems:

Mangelnde klare Scheidung der Zuständigkeiten, mangelnde Sicherung für Innehaltung durch das Reich, insbesondere durch die Reichsbürokratie, infolgedessen die Aushöhlungspolitik und die fortgesetzten hieraus entstehenden Unzuträglichkeiten.

Als Kardinalforderung haben Bayern und Württemberg klare Scheidung und Sicherung der Zuständigkeiten auf der Grundlage der Staatshoheitsrechte der Länder verlangt.

Ein Unterschied besteht in der Stellung zum Dualismus zwischen Preußen und Reich. Württemberg stimmt der Beseitigung des Dualismus unter der Voraussetzung der Erhaltung und Sicherung der Staatshoheit der Länder zu. Bayern glaubt, die Schwierigkeiten im Verhältnis zwischen Preußen und dem Reich ließen sich auch auf anderem als so radikalem Wege beseitigen und würde unter dem Vorbehalt einwandfreier Sicherungen für die anderen Länder an der Mitwirkung einer besonderen Regelung dieses Verhältnisses bereit gewesen sein.

4.) Sachsen sieht die Schwierigkeiten des geltenden Systems nur zum Teil in der Aushöhlungspolitik, zum größeren Teil in der Gebietsunausgeglichenheit und dem Nichtvollzug des Art. 18 der Rv. über die Neugliederung der Länder. Sachsen möchte das Problem von der Gestaltung einer auf dem Grundsatze der Selbstverwaltung aufgebauten „Mittelinstanz“ in Norddeutschland anpacken, ein Vorschlag, der in Preußen Bedenken begegnet.

5.) Badens Haltung entspricht der Haltung Württembergs mit dem Abmaße, daß es geneigt wäre, in dem Bestande seiner Hoheitsrechte auf dem Gebiete der Gesetzgebung die eine oder andere Lockerung eintreten zu lassen, ohne indessen seiner Selbständigkeit im übrigen einen Abbruch widerfahren lassen zu müssen.

6.) Hessen hat durch seinen Staatspräsidenten Adelung seinen Standpunkt in einer Denkschrift niedergelegt, die bei weitgehendem Entgegenkommen gegen das Reich doch von Ländern mit staatlicher Struktur im Reich ausgeht. Hessen hat Bedenken gegen eine Reichsunmittelbarkeit Preußens insofern, als dadurch 7 Millionen Norddeutsche, die sich bis jetzt selbst verwalten durften, in einem zentralistischen Gebilde wie Preußen aufgehen sollen. Grundstürzende Aenderungen der Reichsverfassung hält auch Hessen nicht für möglich, wohl aber Bereinigung der deutschen Landkarte durch Beseitigung der Enklaven und durch Neugliederung. Hessen besteht bekanntlich aus zwei Hälften, die durch den sogenannten preußischen Schlauch entlang des Maines getrennt sind. Seine Forderung nach Herstellung einer organischen Gebietseinheit kann zweifellos Verständnis beanspruchen.

7.) Die übrigen Länder sind mit eigenen Vorschlägen nicht hervorgetreten. Im allgemeinen zeigt sich bei ihnen ein ausgeprägtes Gefühl für Selbständigkeit und Selbstverwaltung ohne Rücksicht auf die parteimäßige Zusammensetzung der Regierung. Es sei z. B. an Braunschweig erinnert, wo ein Antrag der Rechten auf Anschluß an Preußen von der Linksmehrheit abgelehnt wurde.

8.) Von den 3 Vertretern der Staatsrechtswissenschaft, die dem Ausschuß angehören (Triepel, Anschütz, Nawiasky) hat Prof. Nawiasky ein Fragenschema ausgearbeitet, das eine Gewähr für die umfassende Prüfung sämtlicher Fragen bietet. In 5 Hauptkapiteln (Aufgabenteilung, Teilung der Mittel, Einfluß der Länder auf das Reich, Einfluß des Reichs auf die Länder, und Streitigkeiten zwischen Reich und Ländern) sind alle in Betracht kommenden strittigen Einzelfragen unter Offenlassung der Lösung untergebracht. Hier hätte sich eine Möglichkeit zur *sachlichen* Förderung des Problems unter Ausschaltung *politischer* Rücksichten geboten. Vielleicht ist aber gerade deshalb dieser Vorschlag nicht als Grundlage der Verhandlungen genommen worden.

D. Der dermalige Stand der Angelegenheit.

Und nun zum Schluß das Wichtigste: der jetzige Stand der Angelegenheit.

Die 3 Themen des Unterausschusses: 1. *Zuständigkeitsfrage*, 2. *Finanzausgleich*, 3. *Organisation der Länder* haben dazu geführt, daß nunmehr Stellung zu den Einzelheiten genommen werden mußte. Als Referenten waren bestellt:

Zu 1) Ministerpräsident Dr. Held, Staatsminister Remmele (Baden), Reichsminister a. D. Koch-Weser, Ministerial-Direktor Dr. Brecht für Preußen;

zu 2) Reichsminister a. D. Hamm, Reichstagsabgeordneter Dr. Brüning, Prof. Nawiasky;

zu 3) Staatspräsident Dr. Bolz (Württemberg), Min.Dir. Dr. Brecht (Preußen), Min.Dir. Dr. Pötzsch-Heffter (Sachsen) und Bürgermeister Petersen (Hamburg).

Die Mehrzahl der Referenten neigt der unitarischen Richtung zu.

Zur Frage des Finanzausgleichs hat bis jetzt nur Prof. Nawiasky referiert.

Min.Präsident Dr. Held hat ein eingehendes Referat zur Zuständigkeitsfrage erstattet, das als Broschüre erschienen ist.

Der Kernpunkt seiner Vorschläge ist:

a) Klare Scheidung der Zuständigkeiten in Gesetzgebung und Verwaltung auf bundesstaatlicher Grundlage und klare Scheidung der Steuerquellen unter Wiederherstellung der Selbstverantwortung.

b) Wiederherstellung der Einheit der Verwaltung in der Hand der Länder,

c) Sicherung der Abgrenzung der Zuständigkeiten durch Ausbau des Reichsrats als Gesetzgebungsfaktor und Erschwerung von Verfassungsänderungen, die eine Verschiebung der Abgrenzung zum Ziele haben.

Die übrigen Referenten haben sich, nachdem ursprünglich Staatsminister Dr. Remmele ein gesondertes Referat erstattet hatte, sämtliche mit Einschluß Remmeles auf zwei gemeinschaftliche Referate geeinigt, die allerdings mit starken Vorbehalten versehen und nur dem äußeren Scheine nach „gemeinschaftlich" sind.

1.) Das Organisationsreferat.

Sein wesentlicher Inhalt ist in Kürze folgender:

a) die preußische Regierung wird mit der Reichsregierung zu einer einzigen Regierung „vereinigt".

b) Die preußischen Provinzen sollen als „Länder" neuer Art bezeichnet und behandelt werden, die aber keine eigene Gesetzgebung haben und deren Verfassung von der Zentrale bestimmt und der jetzigen preuß. Provinzialverfassung nachgebildet wird.

c) Die bisherige preußische Staatshoheit wird in Gesetzgebung und Verwaltung von der Zentrale ausgeübt, die Gesetzgebung vom Reichstag, wobei aber Preußen seinen Landtag fortbestehen lassen will.

d) Die Reichsratsstimmen werden gleichmäßig auf alle Länder alter und neuer Art verteilt, wobei Preußen ein Fünftel für die vereinigte Zentralregierung beansprucht.

e) Die Auftragsverwaltung wird eingeführt.

f) Die Länder alter Art (Bayern, Württemberg, Sachsen. Baden) müssen zwar nicht, aber sie dürfen ihre Regierung unabhängig vom Vertrauen des Landtags machen.

g) In jedem Land wird eine Reichsspitzenbehörde errichtet, die in Personalunion mit der Landesregierung, oder in engster Fühlung mit ihr die „gemeinsamen Angelegenheiten", besonders die Fragen der Verwaltungsvereinfachung berät.

Staatspräsident Dr. Bolz (Württemberg) hat seine Zustimmung zu einer solchen Regelung u. a. von einer doppelten wichtigen Voraussetzung abhängig gemacht.

a) Die Staatshoheitsrechte der alten Länder müssen ungeschmälert erhalten und so gesichert werden, daß sie gegen 14 Stimmen im Reichsrat nicht gemindert werden dürfen.

b) Die Auftragsverwaltung darf nur für Angelegenheiten eingeführt werden, die bisher Reichsangelegenheiten waren.

Das hervorstechendste Merkmal des Organisationsreferats ist, daß die preußischen Provinzen der Form nach bleiben, was sie sind.

2.) Das gemeinschaftliche Zuständigkeitsreferat.

Das gemeinschaftliche Organisationsreferat hatte die Form der Länder bestimmt. Was bei den Ländern alter Art hierbei noch ungeändert gelassen wurde, holte das Zuständigkeitsreferat nach. Im übrigen war es dessen Aufgabe, den Inhalt der Länder zu bestimmen.

Hier schlägt es folgende Regelung vor:

a) Die Gesetzgebung des Reichs wird erweitert um
die Verwaltungsgerichtsbarkeit in den Ländern,
den Verwaltungsaufbau in den Ländern,
das allgemeine Verwaltungsrecht der Länder,

das Prüfungswesen und die Anerkennung der Prüfungen,

endlich das Gemeindewesen.

b) Die unmittelbare Verwaltung des Reichs soll grundsätzlich erweitert werden um die Justizverwaltung mit Dekonzentration auf die Oberlandesgerichte, wobei zu beachten ist, daß Dekonzentration nur eine bestimmte Art der Zentralisation bedeutet,

um Kriminal-, Sicherheits- und Fremdenpolizei,

um die kirchlichen Angelegenheiten, die wissenschaftlichen Anstalten (Universitäten!) und die Schulaufsicht,

um die Hoheitsaufsicht über die Gemeinden und die berufsständische Selbstverwaltung,

um die Gewerbeaufsicht

und um die Wasserstraßenverwaltung.

c) Die sog. Länder neuer Art erhalten zu ihren bisherigen Verwaltungszuständigkeiten noch die Landeskultur-Aemter (Flurbereinigungs- u. Meliorationswesen) und die überörtliche Landesplanung, in Auftragsverwaltung die zu ihren Zuständigkeiten gehörige Verwaltungspolizei.

Außerdem soll ihnen das Reich künftig diesen oder jenen Verwaltungszweig in Auftragsverwaltung geben können.

Ein Wechsel auf die Zukunft! Im übrigen sollen die preussischen Provinzen auch dem Inhalt nach bleiben, was sie sind.

d) Den Ländern Bayern, Sachsen, Württemberg u. Baden kann das Reich, wenn und solange es ihre Landtage mit Mehrheitsbeschluß wünschen, die neu auf das Reich übernommenen Angelegenheiten mit Ausnahme der Justiz je nach Wunsch in Selbst- oder Auftragsverwaltung geben, wobei zu beachten ist, daß die Kosten der Auftragsverwaltung grundsätzlich (!) das Reich tragen will. Bei Kriminal- und Fremdenpolizei, Gewerbeaufsicht und Wasserstraßen gibt es aber nur Auftragsverwaltung.

Im übrigen haben auch die Länder alter Art nur die Verwaltung wie die preußischen Provinzen.

e) Die Landesregierungen dürfen nicht mehr vom Vertrauen der Landtage abhängig sein, damit die Volksvertretung nicht in die Auftragsverwaltung des Reichs hineinreden kann.

Die Wirkung der Verwirklichung dieser Vorschläge wäre:

1.) Enteignung aller den alten Ländern aus eigenem Recht zustehenden Hoheitsrechte und teilweise, aber nur leihweise Rückgabe für eine Gnadenfrist, solange es die Mehrheit des Landtags noch wünscht.

2.) Entzug der den alten Ländern zustehenden Verfassungsfreiheit und des Rechtes zur Behördenorganisation.

3.) Freizügigkeit der Beamten; was das für uns in Süddeutschland praktisch bedeuten würde, bedarf keiner Erörterung.

4.) Aufrechterhaltung der vollzentralistischen Verwaltung der preußischen Provinzen in einem norddeutschen Einheitsblock, vergrößert um die übrigen norddeutschen Länder.

5.) Vollzentralistische Verwaltung der nach Ablauf der Gnadenfrist ebenfalls zu Provinzen neuer Art unter voller zentraler Befehlsgewalt gewordenen Länder alter Art.

6.) Nach Ablauf dieser Frist
den zentralistischen Einheitsstaat mit dem Präfektursystem für ganz Deutschland.

Mochte das gemeinschaftliche Organisationsreferat, das die wohlbedachten Sicherungsvorbehalte des Herrn württembergischen Staatspräsidenten noch enthielt, den Eintritt solcher Konsequenzen noch offen lassen. Das Zuständigkeitsreferat hat Klarheit gebracht. Wenn es auch die staatsrechtliche und verfassungspolitische Etikettierung seines Systems gerne „der Theorie überlassen" möchte, wie es selbst erklärt, die Karten sind aufgedeckt. Die Etikette heißt in der Tat: politische Unterwerfung der Länder und auch des deutschen Südens unter die volle Befehlsgewalt der einen Zentrale Berlin.

So bin ich zu dem zeitlichen Abschluß gelangt, den das Problem bis heute genommen hat und damit zum Schluß.

Am kommenden Freitag tritt der Unterausschuß unter dem Vorsitz des Reichsministers des Innern wieder zusammen. Zu Entscheidungen oder auch nur zu einem endgültigen Ergebnis der Länderkonferenz wird es nicht kommen. Der Ausschuß und die Länderkonferenz selbst werden noch das Wort zu nehmen haben.

Der größte Teil der Welt ist heute auf föderalistischer Grundlage aufgebaut. Die angelsächsische und deutsche Rasse vorab verdankt diesem Prinzip ihre Stärke, weil es das beste Prinzip der Einheit und Freiheit zumal für große Völker ist.

Der Bundesstaat als Prinzip der Freiheit, das war auch die Auffassung, die Herr Regierungsrat Ritter von Lex auf seiner jüngsten Weltreise aus angelsächsischem Munde zu erfahren Gelegenheit hatte. (Bayerische Verwaltungsblätter Heft 10 1929.)

„Kein Gedanke daran, daß sich der deutsche Süden je so von dem Norden unterjochen ließe, wie in Frankreich geschehen. Die deutsche Geschichte widerspräche dem..... Was folgt daraus? Gewiß nichts anderes, als daß, um verderbliche Konflikte zu vermeiden, eben kein Element nach einseitiger Herrschaft streben darf.... Wäre aber der Einheitsstaat erst da und äußerte seine vollen Wirkungen, so würde die Nation ihn hinterher nicht ertragen, sondern die ihr angelegte Zwangsjacke wieder zersprengen."

Auf daß diese von dem großen preußischen Staatsphilosophen und Seher Konstantin Frantz so beschriebenen Folgen nicht eintreten („Deutschland und der Föderalismus", Ausgabe 1921, S. 39, 51), um seiner deutschen Mission in der deutschen Geschichte willen, muß der deutsche Süden sich dagegen zur Wehr setzen, daß der Weg der Gemeinschaftsreferate beschritten wird.

Nachwort.

Inzwischen haben die Unterausschüsse der Länderkonferenz am 5. und 6. Juli und am 18. und 19. Nov. 1929 getagt. Zuerst wurde das gemeinschaftliche Zuständigkeitsreferat und alsdann das Organisationsreferat der Beratung und Beschlußfassung unterstellt, letzteres mit Ausnahme der Auftragsverwaltung und der Errichtung einer Reichsmittelbehörde in den Ländern. Gegenüber den Vorschlägen des Zuständigkeitsreferats sind folgende Aenderungen beschlossen worden:

a) Polizei-, Kulturverwaltung und jene Gebiete, über deren Verbleib bei den 4 alten Ländern der Landtag beschließen sollte, sollen diesen Ländern ohne solchen Beschluß des Landtags als „Reservatrechte" verbleiben.

b) Die Sicherung dieser Rechte durch einen wirksamen erhöhten Verfassungsschutz ist abgelehnt worden.

c) Landeskulturämter, Siedelungs- und Meliorationswesen sind von dem Zuständigkeitskatalog der sog. Länder neuer Art gestrichen worden, so daß der zentralistische Charakter der Regelung für den Norden noch schärfer als bisher hervortritt.

Dagegen wurde durch die Beschlüsse des Unterausschusses vom 19. 11. 29 zum Organisationsreferat da und dort eine Lockerung des zentralistischen Charakters vorgenommen, ohne daß allerdings diesen Einzelheiten eine entscheidende Bedeutung zukommt. Die Erörterungen der Einzelheiten des Lösungsversuchs — und das ist das Entscheidende — hatte zur Folge, daß die vorhandenen Gegensätze aus ihrer bisherigen Verdeckung hervortraten und daß namentlich tiefgehende Meinungsverschiedenheiten hinsichtlich des Maßes der Dezentralisation im norddeutschen Gebiet offenbar wurden. Die Gegensätze bestehen nicht etwa nur zwischen den Unitaristen und Föderalisten, sondern auch und gerade zwischen den Unitaristen unter sich. Aus dem Echo der Verhandlungen in der öffentlichen Meinung klang eine gewisse Resignation hinsichtlich der Beurteilung der Aussichten für die sogenannte differenzierte Gesamtlösung. Das offizielle Preußen hat jedenfalls bis heute noch keine eindeutige Erklärung über seine Haltung abgegeben. Fast hat es den Anschein, als ob jene unitaristisch-zentralistische Richtung in Preußen, die über die sogenannte „Verwaltungsangleichung“ zur Reichsreform in ihrem Sinne gelangen will, den Sieg über jene Richtung davongetragen hat, die sich nur von einer vorausgehenden Reichsreform eine Verwaltungsreform im unitaristisch-zentralistischen Sinne erhofft.

Föderalismus und Demokratie in der Schweiz im Vergleich zu den deutschen Verhältnissen.

Von o. ö. Professor der Rechte Dr. Nawiasky, München.

Der Verfasser hat die Absicht, diesen Vortrag in größerem Zusammenhang zu veröffentlichen, weshalb hier von einem Abdruck abgesehen wird.

Die Aufgaben der Bezirke und ihrer Organe.

Von Oberregierungsrat Dr. Bohl.

Keine Organisationsform der Selbstverwaltung verdient es so sehr, daß man sich mit ihrer Konstruktion und ihren Aufgaben beschäftigt, wie der Bezirk. Bei der Gemeinde ist die Entwicklung und Ausgestaltung der Verfassung und des Aufgabengebiets zu einem gewissen Stillstand gelangt. Es haben sich bestimmte festumrissene Begriffe über den Inhalt der gemeindlichen Selbstverwaltung herausgebildet; das Aufgabengebiet der Gemeinden — ich spreche hier nicht von den Pflichtaufgaben, sondern von dem, was sich die Gemeinde selbst zur Aufgabe setzen kann — ist in Theorie und Praxis als unumschränkt anerkannt und es ist daher für eine Weiterentwicklung kein Raum mehr. Bei den Bezirken dagegen ist seit einem Jahrhundert eine Entwicklung zu beobachten, die ständig im Fluß ist. Die Distrikte, die Vorläufer der heutigen Bezirke, gehen in ihrem Bestand auf den Anfang des 19. Jahrhunderts zurück. Sie waren zunächst reine Zweckmäßigkeitsgebilde, bedingt durch die Notwendigkeit, den Aufwand für einzelne Zwecke, insbesondere für Straßenbauten auf leistungsfähigere Schultern als die der Gemeinden zu legen. Demgemäß wurden sie zunächst auch nur dort gebildet, wo eine solche Notwendigkeit auftrat; sie waren also zunächst reine Zweckverbände benachbarter Gemeinden oder wie man damals noch sagte und wie man in Oesterreich heute noch sagt, „Konkurrenzverbände“. Eine korporative Verfassung hatten diese alten Distrikte nicht, noch viel weniger natürlich das Recht der Selbstverwaltung. Erst das Distriktsratsgesetz vom Jahre 1852 brachte eine einheitliche Distriktsorganisation für ganz Bayern. Hiernach sollte jeder Amtsbezirk einer Distriktsverwaltungsbehörde grundsätzlich eine Distriktsgemeinde bilden. Bei einer organisatorischen Vereinigung mehrerer Landgerichtsbezirke in einem Verwaltungsdistrikt sollte jedoch jeder dieser ursprünglichen Landgerichtsbezirke als Distriktsgemeinde weiterbestehen können. Auf Grund dieser letzteren Bestimmung ergaben sich für die Mehrzahl der Bezirksamtssprengel mehrere Distriktsgemeinden. Die Bedeutung des Distriktsratsgesetzes vom Jahre 1852 liegt darin, daß es für ganz Bayern ein geschlossenes Netz von Distrikten gebildet, diesen Distrikten den Charakter von Körperschaften des öffentlichen Rechts verliehen, sie in ein räumliches Verhältnis zu den Bezirksamtssprengeln und in ein persönliches Verhältnis zu den Vorständen der Bezirksämter gesetzt, ihre Aufgaben klar umgrenzt und ihnen bestimmte Einnahmequellen zugewiesen hat. Was insbesondere das Aufgabengebiet der Distrikte angeht, so finden sich in dem Distriktsratsgesetz die ersten Ansätze einer Regelung, die dahingeht, die Distrikte nicht nur als Körperschaften zu betrachten, die gesetzlich bestimmte, ihnen vom Staate auferlegte Aufgaben zu erfüllen haben, sondern auch als Körperschaften, die sich selbst Aufgaben setzen dürfen, die also freiwillige Leistungen für Zwecke aufwenden dürfen, die nicht im gesetzlichen Aufgabenbereich der Distrikte liegen. Art. 29 des Distriktsratsgesetzes bestimmte, daß solche freiwillige Leistungen der Zustimmung des Distriktsrates bedürfen; diese freiwilligen Leistungen waren jedoch durch Art. 30 des Gesetzes begrenzt auf 5 v. H. der jährlichen Steuersumme. Von der Gewährung eines Selbstverwaltungsrechts an die Distrikte war jedoch in diesem Gesetze keine Rede; es wurde vielmehr der Grundsatz der staatlichen Vormundschaft beibehalten und zwar auch dann noch, als die Gemeindeordnungen des Jahres 1869 diesen Grundsatz für die Gemeinden beseitigt hatten. Diese staatliche Vormundschaft kam darin zum Ausdruck, daß die Verhandlungen des Distriktsrats durch die Distriktspolizeibehörde der vorgesetzten Kreisregierung vorgelegt werden mußten und von dieser verbeschieden wurden. Dieser Zustand dauerte im wesentlichen bis zum Erlaß des Selbstverwaltungsgesetzes an. Dieses Gesetz hat gerade auf dem Gebiete des Bezirksrechts eine völlige Umwälzung des bestehenden Rechtsstandes gebracht. Es hat, mit Ausnahme der Pfalz, die in einem Bezirksamtssprengel bestehenden Distrikte zu **einem** Bezirke vereinigt, es hat diesen Bezirken im wesentlichen das gleiche Selbstverwaltungsrecht gegeben wie den Gemeinden, es hat diese Selbstverwaltungskörper grundsätzlich von jedem Einfluß der unteren Staatsverwaltungsbehörde, des Bezirksamts, losgelöst und es hat endlich das Aufgabengebiet des Bezirkes völlig abweichend vom früheren Rechte geregelt. Das Aufgabengebiet der Bezirke wurde dem der Gemeinden angeglichen; dies kam zum Ausdruck im Art. 12 Abs. II SGG. der lautete „Aufgabe der Gemeinden, Bezirke und Kreise ist die Pflege des geistigen, sittlichen und wirtschaftlichen Wohles der Einwohner und deren Erziehung zur Gemeinschaft des ganzen Volkes“. Mit dieser Gleichsetzung der Aufgaben für die 3 kommunalen Selbstverwaltungskörper war die Beschränkung der freiwilligen Leistungen auf 5 v. H. der Steuersumme aufgehoben; es war aber auch der Grundsatz aufgegeben, daß die Bezirke in erster Linie Zweckverbände zur Erfüllung bestimmter vom Staate gesetzter Aufgaben waren. Neben diesen erweiterten Aufgabenkreis der Bezirke als Selbstverwaltungskörper traten gewisse Aufgaben und Befugnisse der Vertretungskörper des Bezirkes, nämlich ein gewisses Mitbestimmungsrecht an einer Reihe von staatlichen Verwaltungsangelegenheiten, ein Mitbestimmungsrecht bei der Besetzung der Bezirksamtsvorstandsstellen und das Recht, die Abberufung des Bezirksamtsvorstandes zu beantragen. Dieses Recht der Einwirkung auf die Besetzung der Bezirksamtsvorstandsstellen und die Abberufung der Bezirksamtsvorstände ist allerdings nach wenigen Monaten wieder beseitigt worden.

Auch das neue Bezirksrecht hat in die Organisation und das Aufgabengebiet der Bezirke von Grund auf umgestaltend eingegriffen. Es hat die Verbindung zwischen dem Bezirk als Selbstverwaltungskörper und der unteren staatlichen Verwaltungsbehörde wieder hergestellt und es hat die Gleichsetzung des Aufgabenkreises der Gemeinden und Bezirke beseitigt; während die Gemeinde den Kreis ihrer Aufgaben selbst frei bestimmen kann, hat der Bezirk zunächst seine gesetzlichen Pflichtaufgaben zu erfüllen und kann Aufwendungen für freiwillige Leistungen nur machen, wenn die Erfüllung der Pflichtaufgaben gewährleistet ist; das Maß der freiwilligen Leistungen ist zwar nicht mehr wie im alten Distriktsratsgesetz auf einen Bruchteil der Steuersumme beschränkt, immerhin aber enthält der Art. 3 Bez.O. eine Einschränkung des Aufgabenkreises der Bezirke gegenüber dem der Gemeinden und insofern auch eine Einschränkung des Selbstverwaltungsrechts des Bezirkes gegenüber dem der Gemeinden. Beides, sowohl die Organisationsänderung wie auch die Einschränkung des Aufgabenkreises, kann heute nicht als unumstrittener kommunalrechtlicher Grundsatz bezeichnet werden. Die Wiedereinschaltung der Bezirksämter und ihrer Vorstände war schon bei den Gesetzgebungsverhandlungen heiß umstritten und die Gemüter haben sich darüber heute noch nicht beruhigt. Die Gestaltung des Aufgabenkreises der Bezirke würde so, wie sie in der BezO. geregelt ist, zwar wohl im wesentlichen den in Bayern verwurzelten kommunalrechtlichen Grundsätzen entsprechen. Wir sehen aber in anderen deutschen Ländern eine Entwicklung, die letzten Endes darauf hinausläuft, den Aufgabenkreis und damit das Maß der Selbstverwaltung der Bezirke dem der Gemeinden nicht nur gleichzusetzen, sondern sogar überzuordnen. Ich verweise dabei in erster Linie auf den Streit, der zur Zeit in Preußen ausgefochten wird über die sog. Kompetenz-Kompetenz der Landkreise, d. h. über das Recht der Landkreise, ihr Aufgabengebiet selbst zu bestimmen und für die von ihnen gewählten Aufgabengebiete die Betätigung der Gemeinden auszuschalten. Setzen sich diese Entwicklungstendenzen in anderen deutschen Ländern endgültig durch, so wird es sich fragen, ob sich daraus angesichts der Bestrebungen, das kommunale Recht der deutschen Länder wenigstens im Wege einer gleichmäßigen Gesetzgebung der Länder selbst an einander anzugleichen, nicht gewisse Rückwirkungen auf die bayerische Gesetzgebung herausstellen. Endlich aber fragt es sich, wie lang man in Bayern den Bestrebungen, auch in den eigentlichen Staatsverwaltungsangelegenheiten das Laienelement mitregieren zu lassen, die kalte Schulter wird zeigen können. Auf jeden Fall habe ich zu Eingang meiner Ausführungen mit Recht sagen können, daß auf dem Gebiete des Bezirksrechts die Dinge im Fluß sind; sie sind allerdings ebenso im Flusse auf dem Gebiete des Kreisrechts. Wenn trotzdem das Bezirksrecht das weitaus größere Interesse beansprucht, so beruht das darauf, daß man sich den Bezirk als Selbstverwaltungskörper heute im Aufbau des Staates nicht mehr hinwegdenken könnte, während der Kreis als Selbstverwaltungskörper nicht als unbedingt unentbehrlich bezeichnet werden kann.

Ich werde bei meinen Erörterungen systematisch so vorgehen, daß ich zunächst über die sachlichen Aufgaben der Bezirke und dann über die Aufgaben der Organe des Bezirkes spreche.

Die sachlichen Aufgaben der Bezirke scheiden sich in die Pflichtaufgaben, die in Art. 2 behandelt werden und in die freiwilligen Leistungen, die in Art. 3 geregelt sind. Diese Unterscheidung zwischen Pflichtaufgaben und freiwilligen Leistungen kennen die Gemeindegesetze nur bei den Bezirken und Kreisen, nicht jedoch bei den Gemeinden. Daraus folgt natürlich nicht, daß die Gemeinde keine freiwilligen Leistungen übernehmen darf; bei der Gemeinde ergibt sich das Recht zur Uebernahme freiwilliger Leistungen aus der Tatsache, daß die Selbstverwaltung der Gemeinde und damit auch die Selbstbestimmung ihres Tätigkeitskreises nur durch Gesetze beschränkt ist. Die Gemeinde kann also freiwillige Leistungen in allen Fällen übernehmen, in denen ihr die Uebernahme solcher Leistungen nicht durch Gesetz verboten ist und für alle Zwecke, die nicht den Gesetzen zuwiderlaufen. Das Recht des Bezirkes zur Uebernahme freiwilliger Leistungen ist dagegen in doppelter Richtung eingeschränkt. Einmal können freiwillige Leistungen nur übernommen werden, wenn die Erfüllung der Pflichtaufgaben gewährleistet ist, und weiter dürfen freiwillige Leistungen nur für solche Unternehmungen und Einrichtungen aufgewendet werden, deren Durchführung einzelnen Gemeinden des Bezirkes unmöglich oder nur mit besonderen Schwierigkeiten möglich ist. Die erstere Voraussetzung der Uebernahme freiwilliger Leistungen, daß nämlich die Erfüllung der Pflichtaufgaben gewährleistet ist, darf nicht zu eng ausgelegt werden; die Erfüllung der Pflichtaufgaben ist nicht schon dann gewährleistet, wenn im Haushaltjahr, in dem die betreffende freiwillige Leistung zum erstenmal auftaucht, die haushaltmäßige Deckung für die Pflichtaufgaben vorhanden ist; es muß vielmehr auch darauf geachtet werden, daß die Uebernahme freiwilliger Leistungen dem Bezirk nicht die Möglichkeit benimmt, Pflichtaufgaben zu erfüllen, die in absehbarer Zeit erst anfallen; wenn also beispielsweise ein Bezirk als freiwillige Leistung den Bau einer Landwirtschaftsschule übernimmt, dafür eine Anleihe von 200 000 RM. aufnimmt und sich auf 20 Jahre mit einer jährlichen Zins- und Tilgungsquote von je 20 000 RM. belastet, so muß geprüft werden, ob nicht in den nächsten Jahren Pflichtaufgaben, beispielsweise der Neubau eines Bezirkskrankenhauses, notwendig werden, deren Erfüllung durch die Belastung mit der freiwilligen Leistung in Frage gestellt wird. Die Bestimmung des Art. 3 legt also den Bezirksverwaltungen, insbesondere dem Bezirksamtsvorstand, aber auch der Staatsaufsichtsbehörde nicht nur die Pflicht auf zu prü,en, ob in dem jeweiligen Haushalt trotz Uebernahme der freiwilligen Leistungen die Deckung für die Erfüllung der Pflichtaufgaben vorhanden ist, sondern auch die Pflicht, vorausschauend im Rahmen des Möglichen den künftigen Bedarf des Bezirkes für die Erfüllung seiner Pflichtaufgaben zu überblicken und dafür zu sorgen, daß die zu erwartenden Einnahmen auch in künftigen Jahren für die Erfüllung der Pflichtaufgaben ausreichen. Bei dieser vorausschauenden Prüfung dürfen als zu erwartende Einnahmen nur solche Posten angesetzt werden, die mit einiger Sicherheit anfallen werden; es wäre falsch, eine freiwillige Leistung zu übernehmen, trotzdem man sich in den künftigen Jahren mit der Deckung der Pflichtaufgaben nicht hinaussieht, und etwa damit zu rechnen, daß diese Deckung aus dem Lastenausgleichsstock erfolgen wird. Der Lastenausgleichstock ist eine Einrichtung, die nicht bestimmt ist zur Ausfüllung von Löchern, die entstanden sind durch eine liederliche Finanzwirtschaft und eine kurzsichtige Ausgabenpolitik. Wenn ich sehe, was von manchen Bezirken heute auf dem Gebiete der freiwilligen Leistungen übernommen wird, so kann ich schlimme Befürchtungen für die Zukunft nicht unterdrücken. Wir haben glücklicherweise neben einer großen Anzahl von sehr schlecht gestellten Bezirken noch eine Reihe von Bezirken, die ihre Haushalte abgleichen und darin auch größere freiwillige Leistungen unterbringen können. Aber auch diese Bezirke haben heute die unbedingte Pflicht zu sparen und insbesondere darauf zu sehen, daß Unternehmungen, die mit freiwilligen Leistungen gefördert werden, nicht zu großartig aufgezogen werden. Wir haben es in den letzten Jahren nur zu oft erlebt, daß bei anscheinend durchaus leistungsfähigen Gemeinden und Bezirken sich die Verhältnisse von einem Jahr zum anderen ins Gegenteil verkehrt haben; wenn dann einerseits der Haushalt zu stark mit Zins- und Tilgungsquoten für freiwillige Leistungen belastet ist und anderseits größere Pflichtaufgaben an den Bezirk herantreten, ist die finanzielle Katastrophe da.

Die Pflichtaufgaben der Bezirke zerfallen im wesentlichen in vier große Gebiete:

Straßenbau und Straßenunterhaltung, Bezirkskrankenhäuser, Bestellung eines Bezirksbaumeisters, Fürsorge. Ich kann es bei der Kürze der Zeit nicht als meine Aufgabe betrachten, eine systematische Darstellung eines jeden dieser Aufgabengebiete zu geben. Ich muß mich darauf beschränken, zu jedem Gebiet das zu sagen, was von besonderer Wichtigkeit ist oder nach meinen Beobachtungen am meisten zu Zweifeln Anlaß gibt.

Was zunächst den Straßenbau anlangt, so habe ich das Empfinden, als ob die Frage der Klassifizierung der bayerischen Straßen in Staatsstraßen, Bezirksstraßen und Gemeindeverbindungswege immer mehr in den Vordergrund treten würde. Von Tag zu Tag mehren sich die Anträge auf Umwandlung von Bezirksstraßen in Staatsstraßen. Ein Bezirk sieht, daß der Nachbarbezirk einen solchen Antrag gestellt hat und beeilt sich, einen gleichen Antrag zu stellen, um bei der großen Neueinteilung nicht zu kurz zu kommen. Die Begründung zu diesen Anträgen zu geben, ist kein Kunststück; denn infolge der Erschließung des gesamten Landes durch den gewaltig anwachsenden Kraftwagenverkehr haben tatsächlich zahlreiche Straßen eine Bedeutung erhalten, die über die Vermittlung des nachbarlichen Verkehrs mit anderen Bezirken erheblich hinausgeht. Trotzdem sind alle diese Anträge zur Zeit völlig zwecklos. Wenn einmal an eine Bereinigung der zur Zeit vielfach durch die Entwicklung weit überholten alten Verhältnisse herangetreten werden soll, dann wird das nie von Fall zu Fall, sondern nur großzügig und planmäßig für das ganze Land erfolgen können. Dann werden die nötigen Vorarbeiten von Amts wegen durchgeführt und es wird nach objektiven Grundlagen festgestellt werden, welche Bezirksstraßen sich zur Uebernahme als Staatsstraßen eignen, aber auch welche Staatsstraßen für die Uebernahme durch Bezirke in Frage kommen. Das gesamte Material wird in ein Straßengesetz verarbeitet werden. Dieses Straßengesetz wird jedoch erst kommen können, wenn einmal die Zeit des finanziellen Lavierens vorbei ist und wenn durch einen endgültigen Reichsfinanzausgleich die Möglichkeit besteht, auch das finanzielle Verhältnis zwischen Staat, Gemeinden, Bezirken und Kreisen endgültig zu gestalten. Eine Neuverteilung der Straßen zwischen Staat und Bezirken wird das finanzielle Verhältnis zwischen Staat und Bezirken sehr weitgehend berühren; es handelt sich hier nicht nur um die Frage der Verteilung der Kraftfahrzeugsteuer, denn die Bezirke haben ja bisher für ihre Straßen neben der Kraftfahrzeugsteuer in viel höherem Maße eigene Mittel aufgewendet. Die Entlastung, die den Bezirken in ihrer Gesamtheit durch die Uebernahme von Straßen auf den Staat zuteil wird, wird bei der gespannten Finanzlage des Staates niemals den Bezirken zugute kommen können, sondern es wird dem Staat dafür ein finanzieller Ausgleich zu Lasten der Bezirke zu geben sein. Der Staat ist ohnehin durch die Uebernahme dieser Straßen in viel höherem Maße belastet, als die Bezirke entlastet werden; denn es wird ihm die Aufgabe zufallen, einen großen Teil der übernommenen Straßen staatsstraßenmäßig auszubauen und zu unterhalten. Für den notwendigen Ausgleich zwischen Staat und Bezirken wäre nun allerdings ein Ausgleichsobjekt da, nämlich der Anteil der Bezirke an der Kraftfahrzeugsteuer. Damit ist es jedoch nicht getan; es müßte vielmehr noch ein Ausgleich unter den Bezirken selbst hinzutreten; denn es wäre ungerecht und unmöglich, daß die Gesamtheit der Bezirke die Lasten auf sich nimmt, die durch einen Ausgleich zu Gunsten des Staates entstehen, während nur ein Teil der Bezirke durch Abgabe von Straßen an den Staat einen Vorteil hat. In dieser ganzen Frage türmen sich, wenn man sich näher mit ihr beschäftigt, Schwierigkeiten über Schwierigkeiten und es ist daher unmöglich, sie auf dem schwankenden Boden des heutigen innerstaatlichen Finanzausgleichs zu lösen.

Einige Bemerkungen möchte ich auch machen zur Frage der Zuschüsse zu Bezirksstraßenbauten. Zur Gewährung solcher Zuschüsse steht nichts zur Verfügung als der Anteil der Bezirke an dem Erträgnis der Kraftfahrzeugsteuer. Der Staat leistet für seine eigenen Straßen zum Sachbedarf nichts aus eigenen Mitteln und er tut dies erst recht nicht für die Bezirksstraßen. Der Anteil der Bezirke an der Kraftfahrzeugsteuer — 27% des gesamten bayerischen Anfalles — wird vom Ministerium nur zu einem ganz geringen Teil zur unmittelbaren Gewährung von Zuschüssen für Bezirksstraßenbauten verwendet; solche unmittelbare Zuschüsse werden in höchst seltenen Fällen und nur für ganz besonders vordringliche Bauten gewährt. Im übrigen wird die Kraftfahrzeugsteuer nach einem Schlüssel, der sich sowohl auf der Länge der in einem Regierungsbezirk vorhandenen Bezirksstraßen wie auch auf der Länge der Staatsstraßen aufbaut, auf die Regierungsbezirke verteilt. Die Regierungen haben für die Weiterverteilung auf die Bezirke freie Hand; das Ministerium möchte sich hüten, sich in die weitere Verteilung, die sich aufbauen muß auf den besonderen Bedürfnissen und Verhältnissen des Regierungsbezirkes, einzumischen. Zweierlei möchte ich aber doch dazu sagen: Ich möchte vor dem Bestreben warnen, auf dem Umweg über diese Zuschüsse sozusagen die oberste Leitung des Bezirksstraßenwesens in die Hand der Regierungen zu bringen, großzügige Programme für den Ausbau der Bezirksstraßen des Regierungsbezirkes aufzustellen und Anregungen für die Durchführung zu geben. Wenn auch nach Art. 34 Abs. V Bez.O. die Genehmigung für den Bau oder den erheblichen Umbau von Bezirksstraßen der Regierung vorbehalten ist, so liegt doch die

Initiative für die Tätigkeit auf diesem Gebiet bei den Bezirken als Selbstverwaltungskörpern; es wäre falsch, der Selbstverwaltung die Selbstverantwortung für das ihr gesetzlich zugewiesene Tätigkeitsgebiet abzunehmen. Ich möchte weiter davor warnen, die Mittel aus der Kraftfahrzeugsteuer zu sehr festzulegen dadurch, daß die Zins- und Tilgungsbeträge größerer Straßenbauanleihen der Bezirke durch die Regierungen auf die Kraftfahrzeugsteuer übernommen werden. Manche Regierungen haben mit diesem System bereits begonnen und sichern auf die Tilgungsdauer solcher Anleihen, also unter Umständen auf 20 Jahre hinaus Zuschüsse aus dem Bezirksanteil an der Kraftfahrzeugsteuer zu. Ich halte das höchstens dann für unbedenklich, wenn es auf das äußerste Maß beschränkt wird. Die Kraftfahrzeugsteuer ist unter den Geldquellen der Bezirke keineswegs ein sicherer Posten. Es steht weder sicher fest, ob sie immer in der jetzigen Höhe den Ländern verbleiben wird, noch steht es fest, ob der jetzige für Bayern günstige Verteilungsschlüssel unter den Ländern beibehalten wird, und es steht auch nicht fest, ob die jetzige verhältnismäßig hohe Beteiligung der Bezirke an der Kraftfahrzeugsteuer mit 27% bestehen bleibt. Sollte die Regierung einmal nicht mehr in der Lage sein, solche Zusicherungen zu erfüllen, so wird das für den betreffenden Bezirk die finanzielle Katastrophe bedeuten. Dieses System hat aber noch einen Nachteil: wenn es einmal angefangen ist, dann muß es mit Rücksicht auf die übrigen Bezirke, die ebenfalls Forderungen anmelden, fortgesetzt werden und so werden von Jahr zu Jahr größere Beträge dem Straßenunterhaltungszweck entzogen und der Straßeneubautätigkeit zugewendet. Die Straßenunterhaltung ist aber meiner Ueberzeugung nach das weitaus Notwendigste. Wenn ein Bezirk nicht in der Lage ist, sein bisheriges Straßennetz richtig zu unterhalten, dann braucht er an einen Straßenneubau gar nicht zu denken. Das Ministerium des Innern ist daher fest entschlossen, dieses System der Uebernahme von Zins- und Tilgungsbeiträgen für eine größere Anzahl von Jahren trotz des Drängens vieler Bezirke nicht zu übernehmen; wir geben lieber einem Bezirk, der unbedingt bauen muß, einen einmaligen größeren Zuschuß und wahren uns dadurch für die kommenden Jahre die Handlungsfreiheit.

Noch ein Wort zur Frage des Straßenbaues: Ich warne davor, zu großzügig und zu bequem zu sein. Man glaubt manchmal, der Straßennot dadurch am einfachsten beikommen zu können, daß man eine große Straßenbaufirma mit der Ausarbeitung eines Projekts beauftragt; das Projekt wird dann mit entsprechender Großzügigkeit aufgestellt, die Firma will es natürlich selbst auch ausführen, sie ist bereit, für die Dauer von 10 Jahren auch die neugebaute Straße gegen Bezahlung eines bestimmten, jährlich steigenden Betrages in Unterhaltung zu nehmen und sie ist endlich bereit, die Ausführungskosten zu stunden und in jährlichen Raten mit entsprechenden Zinsen entgegenzunehmen. Seien Sie überzeugt, daß diese Firmen sich nicht nur die Aufstellung und Ausführung des Projektes gut zahlen lassen, sondern daß sie auch für die Unterhaltung der neugebauten Straße recht anständige Beträge verrechnen und für die Stundung der Ausführungskosten ebenso anständige Zinsen. So kommen dann Projekte zustande, die uns vorgelegt werden mit dem Bemerken, daß die Straße zwar unbedingt nötig sei, daß der Bezirk jedoch von den Herstellungskosten mit 500 000 RM. nur 20% übernehmen könne und daß erwartet werde, daß der Rest von dem Kreis und dem Landesanteil der Bezirke an der Kraftfahrzeugsteuer getragen werde. Solche Projekte werden dann bei uns als völlig unmöglich auf die Seite gelegt; es ist ganz ausgeschlossen, daß eine Bezirksstraße gebaut wird, an der sich der Bezirk selbst nur mit 20% beteiligt. Dann entdeckt man plötzlich im betreffenden Bezirk, daß man die Sache auch anders machen kann, daß man zunächst einmal an den dringendsten Notstand herangehen kann, daß man das schlimmste Stück der Straße oder das schmalste Stück einmal verbreitern kann, daß man dazu den Bezirksbaumeister einspannen kann, der die Arbeit in Regie ausführt, daß man nach Fertigstellung dieser Arbeit dann im nächsten Jahr an eine andere geht. Man entdeckt dabei sogar, daß man mit diesem System schon vor 5 Jahren hätte anfangen können und daß man dann wahrscheinlich schon so ziemlich fertig wäre. Man ist aber vor lauter Großzügigkeit gar nicht auf diesen Gedanken gekommen.

Im Zusammenhang mit den Straßenbaufragen darf ich noch ein Wort über die Bezirksbaumeisterfrage sagen. Die Wichtigkeit der Aufgabe, einen Bezirksbaumeister zu bestellen, kann gar nicht hoch genug eingeschätzt werden. Ein Bezirk, der einen schlechten Bezirksbaumeister hat, ist geschlagen. Das Mißlichste war bisher immer, daß das Bauwesen sich in Hoch- und Tiefbau teilt und daß kein Bezirksbaumeister zu haben ist, der beide Gebiete wirklich beherrscht. Die wenigsten Bezirke sind groß und leistungsfähig genug, um sich 2 Bezirksbaumeister, einen Hochbautechniker und einen Tiefbautechniker leisten zu können. So muß dann m. E. immer mehr zu dem Aushilfsmittel gegriffen werden, daß 2 benachbarte Bezirke sich zur gemeinsamen Aufstellung von Bezirksbaumeistern zusammenschließen, daß also der eine Bezirk einen Hochbautechniker und der andere einen Tiefbautechniker aufstellt, von denen jeder für beide Bezirke tätig zu sein hat. Ich möchte dringend bitten, daß bei Erledigung von Bezirksbaumeisterstellen diese Möglichkeit in Erwägung gezogen wird. Ueber die Ausbildung der Bezirksbaumeister und insbesondere auch über ihre Nebenbeschäftigung werden die Vollzugsvorschriften zu Art. 38 BezO., die noch im Laufe dieses Jahres erscheinen werden, das Nötige bringen.

Ueber die Fürsorge als Aufgabe der Bezirke möchte ich Ausführungen unterlassen, da hier eine gesetzliche Neuregelung bevorsteht. Nur ein Wort noch über die Aufgabe der Bezirke, Bezirkskrankenhäuser zu errichten. Diese Aufgabe war bisher schon eine der wichtigsten und es ist großes auf diesem Gebiete geleistet worden. Daß ganz Bayern heute mit einem Netz von Bezirkskrankenhäusern überzogen ist, die in ihrer Ausstattung zum größten Teil den städtischen Krankenhäusern vollständig gleichkommen, ist ein hohes Verdienst der bayerischen Bezirke. Es wäre dringend zu wünschen, daß diese Aufgabe auch in der Hand der Bezirke bleibt und daß sie den Bezirken bei der gegenwärtigen Finanznot nicht durch andere Körperschaften, insbesondere durch die Krankenkassen, aus der Hand gewunden wird.

Ich kann damit meine Ausführungen über die sachlichen Aufgaben der Bezirke schließen und übergehen zu den Aufgaben der Bezirksorgane. Organe des Bezirkes sind das Bezirksamt, sowie der Bezirkstag und Bezirksausschuß. Die Zuständigkeitsabgrenzung zwischen Bezirkstag und Bezirksausschuß ist klar geregelt und aus dem Gesetz ohne weiteres zu entnehmen; ebenso wenig bestehen Zweifel über die Grenzen der Zuständigkeit zwischen Bezirksamt einerseits, Bezirkstag und Bezirksausschuß anderseits. Zweifel haben sich eigentlich bisher nur darüber ergeben, inwieweit bei der Tätigkeit des Bezirksamts für den Bezirk eine Geschäftsführung im Sinne des Gesetzes vorliegt, die unentgeltlich vorzunehmen ist. Hier spielt insbesondere auch die Frage herein, ob Kosten der Reisen, die der Bezirksamtsvorstand für den Bezirk unternimmt, der Staat oder der Bezirk zu tragen hat. Die Frage ist nicht ganz einfach und wir sind zur Zeit mit ihrer Lösung beschäftigt. Da an der Entscheidung dieser Frage das Finanzministerium mitbeteiligt ist, vermag ich zu meinem Bedauern nicht mitzuteilen, in welchem Sinn diese Lösung erfolgen wird.

Ueber die Art, wie sich die Tätigkeit der Bezirksorgane abzuspielen hat, brauche ich wohl bei den Bezirkstagen und Bezirksausschüssen nichts zu sagen, wohl aber muß ich einiges bemerken über die Art, wie die Bezirksämter ihre Aufgabe als Geschäftsführer der Bezirke wahrnehmen sollen. Hier ist die gefährlichste Klippe des ganzen Gesetzes und wenn in den nächsten Jahren Versuche zur Aenderung der Bezirksordnung kommen werden, dann werden sie ganz gewiß hier einsetzen. Ich habe im vorigen Jahre am Schluß meines Vortrages über die neue Gemeindegesetzgebung betont, daß die Stellung der Bezirksämter im Bezirk ganz neuartig ist und sich auch mit der Stellung, die die Bezirksämter vor dem Selbstverwaltungsgesetz in den Distrikten hatten, in keiner Weise vergleichen läßt. Unter dem alten Distriktsratsgesetz hatten zwar die Bezirksämter die Geschäftsführung der Bezirke, die Bezirksämter waren jedoch keine Selbstverwaltungskörper; als das Selbstverwaltungsgesetz den Bezirken die Selbstverwaltung gab, beseitigte es die Geschäftsführung der Bezirksämter. Jetzt sind die Bezirksämter wieder Geschäftsführer der Bezirke und die Bezirke sind Selbstverwaltungskörper. Diese Tatsache, daß sie als Geschäftsführer in einen Selbstverwaltungskörper gestellt sind, werden sich die Bezirksämter immer vor Augen halten müssen. Sie werden daher diese Aufgabe auch nicht mit den Methoden der Staatsbürokratie, sondern nur mit den Methoden der Selbstverwaltung lösen können. Worin liegt der Unterschied? Wer nach den Methoden der Staatsbürokratie die Geschäfte eines Bezirkes führt, der betrachtet sich als Herrscher, den Bezirkstag und Bezirksausschuß dagegen als Organe, durch deren umgrenzte Befugnisse die grundsätzliche Herrschaftsgewalt des Bezirksamts eingeschränkt ist. Wer dagegen nach den Methoden der Selbstverwaltung die Geschäfte eines Bezirkes führt, der betrachtet den Bezirkstag und Bezirksausschuß als die primären Verwaltungsorgane und sich selbst in erster Linie als den Vollstrecker des Verwaltungswillens dieser beiden Vertretungskörper. Die Geschäftsführung des Bezirkes ist zwar ein Recht des Bezirksamts, das sich nicht aus dem Willen des Bezirkstags und Bezirksausschusses herleitet, und das Bezirksamt ist dafür nur seinen vorgesetzten Behörden verantwortlich. Damit ist aber keineswegs gesagt, daß das Gebiet der Geschäftsführung etwas ist, worüber dem Bezirksausschuß und Bezirkstag keine Auskunft gegeben zu werden braucht und worüber Erörterungen im Bezirkstag und Bezirksausschuß ausgeschlossen sind. Auf dem Gebiet der Geschäftsführung muß vielmehr für den Bezirkstag und Bezirksausschuß alles durchsichtig, klar und offen sein; wenn beispielsweise im Haushalt des Bezirkes eine Sammelposition für bestimmte Zwecke bewilligt ist, ohne daß die Beschlußfassung über die Verwendung im einzelnen dem Bezirksausschuß vorbehalten ist, so hat zweifellos das Bezirksamt als Geschäftsführer über die Verwendung zu bestimmen. Der Bezirksamtsvorstand wird jedoch, wenn im Bezirksausschuß Erörterungen über die Verwendung der Beträge gepflogen werden, keineswegs die Auskunft darüber ablehnen und den Standpunkt vertreten dürfen, daß das den Bezirksausschuß nichts angehe. Wenn eine solche Taktik eingeschlagen würde, so würde das neben der Hervorrufung des Mißtrauens gegen das Bezirksamt nur dazu führen, daß bei allen Ausgaben nach Art. 17 Abs. I Ziff. 1 BezO. die Beschlußfassung dem Bezirksausschuß vorbehalten wird und dem Bezirksamtsvorstand dadurch in unerwünschter Weise die Hände gebunden werden. Das Bezirksamt ist nur dem Bezirkstag und dem Bezirksausschuß für die Verwendung dieser Beträge nicht verantwortlich und es wird, wenn sachliche Auseinandersetzungen nicht zum Ziele führen, gegenüber böswilligen Angriffen diese Tatsache betonen können. Ein Recht, dem Bezirkstag und Bezirksausschuß die Auskunft zu verweigern, besteht lediglich dort, wo das Bezirksamt nicht als Geschäftsführer, sondern aus eigenem Rechte handelt; das ist der Fall bei der Dienstaufsicht über Beamte des Bezirkes und im Dienststrafverfahren (Art. 36, 37 BezO). Aber auch hier wird sich die Auskunfterteilung nur insoweit verbieten, als das durch die besonderen Verhältnisse des einzelnen Falles veranlaßt ist. Soweit ein solcher Anlaß nicht besteht, wird der Bezirksamtsvorstand seine Verpflichtung zur Amtsverschwiegenheit nicht verletzen, wenn er den Selbstverwaltungsorganen des Bezirkes, die ein durchaus berechtigtes Interesse an der dienstlichen Führung der Bezirksbeamten haben, in den gebotenen Grenzen Auskunft gibt.

Die Tatsache, daß die primäre Verwaltungsmacht bei Bezirkstag und Bezirksausschuß liegt, hat auch gewisse Folgen für die Initiative des Bezirksamtsvorstandes, die sich in der Hauptsache bei der Vorbereitung der Verhandlungen des Bezirkstages und Bezirksausschusses auswirkt. Es darf dabei niemals aus dem Auge verloren werden, daß es nicht Aufgabe des Bezirksamts ist, über die gewählten Vertretungskörper des Bezirkes zu herrschen, sondern den Willen dieser Vertretungskörper zu vollziehen. Der Bezirksamtsvorstand hat allerdings die Aufgabe, Führer in diesen Vertretungskörpern zu sein, bei der Bildung des Willens dieser Vertretungskörper seinen Einfluß dahin geltend zu machen, daß der Wille der Vertretungskörper in die Bahnen gelenkt wird, die vom Standpunkt des Bezirkes und des Gesamtstaates die richtigen sind. Wir haben allerdings zahlreiche Beispiele dafür, daß ein tatkräftiger Bezirksamtsvorstand durch die Energie seiner Persönlichkeit seinen Bezirkstag zu segensreichen Entschlüssen mitgerissen hat. Diese Tatkraft darf aber nie so weit gehen, daß sie zur Vergewaltigung oder Beiseiteschiebung des Bezirkstags und Bezirksausschusses wird und die Klugheit des Bezirksamtsvorstandes darf nicht dazu verleiten, den Bezirkstag und Bezirksausschuß einzuwickeln und ihn über die Tragweite seiner Beschlüsse hinweg zu täuschen. Es ist viel richtiger und der Selbstverwaltungsmethode viel entsprechender, die Tatkraft und Klugheit darauf zu verwenden, den Bezirkstag und Bezirksausschuß durch eingehende sachliche Aufklärung dazu zu bringen, daß er innerlich und in voller Erkenntnis der Bedeutung seiner Beschlüsse auf den Wegen mitgeht, die das Bezirksamt zum Wohle seines Bezirkes gehen will. Es wäre auch falsch, wenn der Bezirksamtsvorstand sich über die Ablehnung seiner Anträge persönlich gekränkt zeigen und im Gefühl der Verärgerung das Zusammenarbeiten mit Bezirkstag und Bezirksausschuß auf das Notwendigste beschränken wollte. Die Anregungen, die aus dem Bezirkstag und Bezirksausschuß kommen, werden — auch wenn sie nicht verwirklicht werden können — nie scharf von der Hand gewiesen werden dürfen, sondern sie werden sorgfältig geprüft werden müssen und die Gegengründe werden in aller Ruhe und Objektivität darzulegen sein. Auch wenn diese Anregungen sich auf ein Gebiet erstrecken, das nicht zur Zuständigkeit des Bezirkes als Selbstverwaltungskörper, sondern zur Zuständigkeit der staatlichen Verwaltungsbehörde gehört, werden sie nicht ohne weiteres unter Berufung auf die mangelnde Zuständigkeit abzulehnen sein; es schadet durchaus nichts, wenn sich der Bezirksamtsvorstand ab und zu mit den gewählten Vertretern der Bevölkerung auch einmal über solche staatliche Verwaltungsangelegenheiten unterhält; das trägt nur dazu bei, das Vertrauensverhältnis zwischen dem Bezirksamtsvorstand und der Bevölkerung seines Amtsbezirkes zu befestigen und wird bei kluger Behandlung keineswegs zu einer unbefugten Einmischung Unberufener in die staatliche Verwaltungstätigkeit führen. Der Zug der Zeit geht zweifellos nach einer stärkeren Beteiligung des Laienelements in der Staatsverwaltung. Man hat in Bayern diesen Bestrebungen gegenüber bisher die kalte Schulter gezeigt; es wird sich aber fragen, wie lange man sich diesen Bestrebungen noch entziehen kann. Jedenfalls aber wäre es erwünscht, wenn diese Beteiligung des Laienelements nicht durch gesetzlichen Zwang, sondern durch freie, ungezwungene Fühlungnahme mit den Volksvertretern erfolgen würde und wenn man in der Bevölkerung immer mehr das Gefühl bekäme, daß die Staatsverwaltung keine nach außen abgekapselte Geheimtätigkeit ist, sondern daß sie bestrebt ist, sich zwar nicht über die Einzelheiten der Verwaltung, wohl aber über die große Linie der Verwaltung mit den staatsbejahenden Teilen der Bevölkerung in gegenseitiger Fühlung zu halten.

Mit der Selbstverwaltungsmethode wäre es weiter nicht vereinbar, wenn ein Bezirksamtsvorstand das Bestreben hätte, den Bezirksausschuß möglichst selten einzuberufen und bei den Sitzungen des Bezirksausschusses und Bezirkstags die Tagesordnung möglichst schnell zu erledigen. Ich halte es durchaus für richtig, daß eine Reihe von Bezirksamtsvorständen zu der Gepflogenheit übergegangen ist, den Bezirksausschuß an voraus fest bestimmten Tagen, etwa alle 14 Tage, regelmäßig zusammentreten zu lassen.

Was endlich den Bezirkstagsvorsitzenden angeht, so wäre es durchaus falsch, diesen lediglich als Statisten zu behandeln, dem nur die formale Leitung der Verhandlungen des Bezirkstags obliegt. Wenn der Bezirkstagsvorsitzende diese Verhandlungen sachlich richtig leiten soll, dann wird es notwendig sein, ihn über die wichtigeren Angelegenheiten der Bezirksverwaltung auf dem Laufenden zu halten, ihm insbesondere schon vor der Tagung des Bezirkstags die Anträge des Bezirksamtsvorstandes auseinanderzusetzen und die sachliche Stellungnahme zu anderen Anträgen mit ihm durchzusprechen. Eine solche ständige Fühlungnahme des Bezirksamtsvorstandes mit dem Bezirkstagsvorsitzenden wird der Sache nur dienlich sein.

Ich weiß, daß ich Ihnen damit eine Reihe von Richtlinien gegeben habe, die graue Theorie sind, wenn nicht auf der anderen Seite, bei den gewählten Mitgliedern des Bezirkstags der Geist des Entgegenkommens und der Wille zur Zusammenarbeit mit dem Bezirksamt vorhanden ist. In diesem Falle fällt die Schuld an dem Schaden, der für den Bezirk aus der Disharmonie entsteht, auf diese Bezirkstagsmitglieder zurück und sie werden vielleicht durch diesen Schaden klug. Das beste Mittel, um diese Sprödigkeit und Abneigung gegen die führende Tätigkeit des Bezirksamts zu überwinden, wird allerdings das Bestreben sein, der kulturellen, wirtschaftlichen und sozialen Fortentwicklung des Bezirkes mit allen Kräften zu dienen. Ich mache mit großer Freude die Wahrnehmung, mit welcher Wärme sich die Bezirksämter dieser Aufgabe widmen. Gesellt sich zu diesem sachlichen Eifer auch noch die Methode der Selbstverwaltung, dann bin ich überzeugt, daß in wenigen Jahren jeder die führende Mitarbeit der Bezirksämter in den Selbstverwaltungsangelegenheiten des Bezirkes für eine Selbstverständlichkeit betrachten wird und daß damit die Organisation der Bezirke, wie sie die neue BezO. geschaffen hat, in sich gefestigt sein wird.

Vergleichendes aus der Organisation der Verwaltung.*)

Von Ministerialrat Dr. O. Kollmann.

Zu den meist gebrauchten Worten gehört in unserer Zeit das Wort Organisation. Auf allen Gebieten glaubt man Verbesserungen auf dem Weg der Aenderung der Organisation treffen zu können. Dabei wähnt man allgemeine Organisationsgrundsätze aufstellen zu können, die für Wirtschaft und öffentliche Verwaltung, Betriebs- wie Hoheitsverwaltung, gleichmäßig Geltung haben sollen. Ja man kann geradezu sagen, daß sich das Bestreben, zu organisieren, bis zu einem gewissen Grad zu einem Sport entwickelt hat. Galt die Organisationssucht zunächst der Wirtschaft, so hat sie sich seit einiger Zeit auf die öffentliche Verwaltung gestürzt und selbst vor dem Gefüge des Reiches nicht Halt gemacht.

Diese Glossen über die heutige, spezifisch deutsche Organisationsmode beziehen sich nur auf die Auswüchse. Vorausgesetzt, daß die Bedeutung der Organisation als eines Mittels zum Zweck festgehalten wird, ferner daß die Dinge sachlich und nicht eigennützig oder unter irgendwelchen anderen sachfremden Gesichtspunkten betrachtet werden, endlich daß hinlängliche Sachkunde bei denen vorhanden ist, die sich berufen fühlen, mitzureden, ist das Problem der Organisation der öffentlichen Verwaltung durchaus wert, einer kritischen Beurteilung unterworfen zu werden. Unsere Betrachtungen werden sich von vorneherein auf die sogen. innere Verwaltung und zwar im allgemeinen die Staatsverwaltung beschränken müssen. Vor einem Hörerkreis, der sich aus Beamten des höheren Verwaltungsdienstes zusammensetzt, braucht kaum bemerkt zu werden, daß im Rahmen eines Vor-

*) Auszug aus dem Vortrag.

trags auch in dieser Beschränkung nicht das gesamte Fragengebiet besprochen werden kann, daß vielmehr aus ihm nur eine Reihe wichtigerer Fragen herausgegriffen und einer kurzen Erörterung unterzogen werden können. Dabei soll der Blick, wo veranlaßt und möglich, von den bayerischen Verhältnissen auf außerbayerische Regelungen gerichtet werden; denn zuverlässige Urteile über die Zweckmäßigkeit der Verwaltungsorganisation im ganzen oder im einzelnen sind wohl nur möglich auf dem Weg der Vergleichung.

1. Die Aufgaben der Verwaltung.

Die Einrichtung der öffentlichen Verwaltung ist zunächst durch Umfang und Art der öffentlichen Aufgaben bedingt. Aufgabe der inneren Verwaltung im allgemeinen ist die Pflege der Volkswohlfahrt auf allen Lebensgebieten, durch Bewahrung der Volksgenossen vor Schaden, Förderung derselben in Wirtschaft und Kultur sowie Hilfeleistung, wo Not besteht. Mit dieser Gesamtaufgabe ist ein ungeheures Gebiet umfaßt; denn die Verwaltung betreut den Menschen von der Wiege bis zum Grabe.

In den deutschen Ländern sind die Aufgaben der Verwaltung im wesentlichen die gleichen; Verschiedenheiten bestehen nur darin, daß die öffentlichen Aufgaben mehr oder minder den Selbstverwaltungskörpern überwiesen sind. Gegenüber außerdeutschen Ländern kann wohl so ganz im allgemeinen ein Unterschied in der Richtung festgestellt werden, daß die Befriedigung eines wirklichen oder vermeintlichen allgemeinen Bedürfnisses in Deutschland rascher und unbedenklicher als anderswo als öffentliche Aufgabe erklärt wird, eine Erscheinung, die mehr auf die Bevölkerung und die Parlamente als auf die Behörden und Beamten zurückzuführen ist.

Die realen und die psychologischen Ursachen des Anwachsens der öffentlichen Aufgaben nicht nur an Geschäften bereits vorhandener Aufgabengebiete, sondern auch an neuen Gebieten begründen ein Gesetz der zunehmenden öffentlichen Aufgaben, von dem das aus der Finanzwissenschaft bekannte Gesetz des zunehmenden Staatsbedarfs nur ein Reflex ist. Ein wirklich fühlbarer Abbau öffentlicher Lasten kann nicht von Maßnahmen der Verwaltungsorganisation und sonstiger Geschäftsvereinfachung, könnte vielmehr nur von einem Abbau öffentlicher Aufgaben erwartet werden. Es berechtigt aber nichts dazu, sich der Hoffnung hinzugeben, daß ein solcher Abbau in nennenswertem Umfang gelingen wird, ja — unter den derzeitigen allgemeinen Verhältnissen — daß er überhaupt möglich ist. Bei allem, was auf diesem Gebiet bisher geschehen oder erörtert worden ist, hat es sich regelmäßig nur um die Ueberwälzung einer öffentlichen Aufgabe von einem Träger auf einen anderen gehandelt, also nichts wie eine Aufgaben- und Lastenverschiebung, die zudem meist zu höheren Aufwendungen geführt hat. Gerade weil es derzeit ziemlich aussichtslos erscheint, eine ins Gewicht fallende Minderung öffentlicher Aufgaben zu erreichen, dazu jede weitere Aufgabe wieder die Tendenz in sich hat, dauernde und sich steigernde Lasten zu schaffen, so ist wenigstens äußerste Zurückhaltung in der Begründung neuer öffentlicher Aufgaben in Reich, Staat und Selbstverwaltungskörpern geboten. Die Sicherungsmaßnahmen zu Gunsten der öffentlichen Sparsamkeit lägen zunächst für Staat und Gemeinden auf dem Gebiet des Haushaltsrechts und auf dem Gebiet des Steuersystems; daneben kommen aber noch rechtlich-organisatorische Sicherungen durch Einschaltung besonderer Organe in Frage, die in der Lage sind, den Gedanken der Sparsamkeit, wo es not tut, gegenüber den ordentlichen Vertretungsorganen durchzusetzen.

Der Erfüllung der öffentlichen Aufgaben in der Verwaltung dienen die Beamten der Verwaltung und die Normen für die Verwaltung.

2. Die Beamten der Verwaltung.

Das Ausschlaggebende im öffentlichen Leben und ganz besonders in der Verwaltung ist nicht die Norm, sondern der Mensch, der Beamte mit seinen Kenntnissen, seinen Ideen, seinem Pflichtbewußtsein, seiner Entschlußkraft und seiner Kunst, die Menschen zu beurteilen und zu behandeln, mit denen er es zu tun hat. Wenn man sich ein Bild von den Verwaltungsbeamten eines Landes gemacht hat, so darf man sich für befähigt halten, ein Werturteil über die Verwaltung eines Landes zu fällen.

Von hochzuschätzender, aber — wie schon angedeutet — bei weitem nicht allein maßgebender Bedeutung für die Leistungen des Verwaltungsbeamten ist seine Ausbildung und Fortbildung, seine Allgemeinbildung ebensosehr wie seine Fachbildung. Wir haben in Bayern wie in Baden, Hessen und Thüringen das wohlbewährte System der gemeinsamen Ausbildung zum höheren Justiz- und Verwaltungsdienst, die abschließende Staatsprüfung mit inbegriffen, in den übrigen größeren deutschen Ländern regelmäßig unter Preisgabe einer besonderen Ausbildung für die Verwaltung die Herübernahme für den höheren Justizdienst ausgebildeter Anwärter in die innere Verwaltung; in Preußen genügte bisher für den höheren Verwaltungsbeamten die in einer eigenen Prüfung erworbene Befähigung zum Verwaltungsdienst, während für den gerade wegen dieser Regelung der Vorbildung notwendigen Justitiar in der Verwaltung die Befähigung zum Richteramt verlangt wurde. In Oesterreich ist die Universitätsbildung wie für den Justizjuristen vorgesehen, dann ein Vorbereitungsdienst in der Verwaltung und sodann die sogen. politische Prüfung. In Deutschland scheint man daran zu sein, sich in den Grundzügen auf das bayerische System zu einigen, bei dem in der Universitätsausbildung das öffentliche Recht und die Wirtschaftswissenschaften und im Vorbereitungsdienst die Verwaltung stark betont werden. Und es ist zweifellos notwendig und gut, den höheren Verwaltungsbeamten im Vollbesitz der juristischen Ausbildung zu wissen, anderseits aber beim Richter, Staatsanwalt und Rechtsanwalt Verständnis für Wirtschaft und Verwaltung voraussetzen zu können.

Eine von der norddeutschen Verwaltung abweichende Einrichtung in Süddeutschland und Oesterreich ist die des etatmäßigen Nebenbeamten des höheren Dienstes bei den Bezirksämtern. Ich glaube, daß die süddeutschen Verwaltungen und Oesterreich mit Fug und Recht daran festhalten. Nicht nur daß dem Amtsvorstand Hand und Kopf freigehalten wird für seine eigentliche Aufgabe, allen Bedürfnissen der Bezirksbevölkerung nachzugehen und bei deren Befriedigung prüfend und schöpferisch tätig zu sein, — die ganze Einstellung unserer süddeutschen Bevölkerung verlangt eine sorgfältige rechtliche Behandlung der Verwaltungsfälle, eine rechtliche Begründung der Verfügungen und Entscheidungen, eine — ich möchte fast sagen liebevolle — Befassung der Verwaltungsbehörde auch mit ihren kleinen Angelegenheiten und Nöten, wobei die Bevölkerung es sich häufig nicht nehmen läßt, den Leiter des Amtes oder seinen Stellvertreter in Anspruch zu nehmen, was ein erfreuliches Vertrauensverhältnis zeigt, aber, alles zusammen genommen, dem Amtsvorstand ohne Nebenbeamten die Zeit und die Kraft nehmen würde für die vorher gekennzeichnete wichtigste Aufgabe seines Amtes.

Von steigender Bedeutung bei der gewaltigen Zunahme der Verwaltungsgeschäfte ist die Arbeit des mittleren Verwaltungsbeamten. In dieser Entwicklung sehe ich keine Beeinträchtigung der Aufgabe und Stellung des höheren Verwaltungsbeamten, sondern das Gegenteil, eine Hebung durch Beschränkung der Dienstaufgabe der höheren Beamten auf die Geschäfte, die seine Vorbildung erfordern und seiner Stellung entsprechen. Die Heranziehung der mittleren Beamten zu selbständiger Arbeit bis zur Grenze des Möglichen in der allgemeinen Staatsverwaltung wie in anderen Ländern setzt allerdings noch eine Verbesserung der Ausbildung voraus; es genügt nicht, daß ein erheblicher Teil der mittleren Beamten die Eignung zu solcher Arbeit besitzt, vielmehr muß die Eignung für die Gesamtheit dieser Beamten gesichert sein, um danach allgemein die Diensteinteilung treffen zu können. Auch wird der mittlere Verwaltungsdienst, wie bereits eingeleitet, grundsätzlich auf Referatshilfsarbeit sowie Kassen- und Rechnungsprüfung einzuschränken, der übrige Dienst mit Ausnahme des Schreibdienstes Kanzleibeamten zu übertragen und der Schreibdienst durch besondere, auch größeren Anforderungen in Kurzschrift und Maschinenschreiben gewachsene Kräfte im Angestelltenverhältnis zu besorgen sein.

Vom Standpunkt des Volkswohles, des Vertrauens der Bevölkerung zur Verwaltung und damit zum Staat selbst erscheinen kaum Zweifel daran berechtigt, daß vor allem der leitende Beamte der politischen Verwaltung, der Außenbehörde wie der Mittelstelle, ein Berufsbeamter, ein für seinen Beruf vorgebildeter Fachbeamter sein und bleiben soll, wie das insbesondere in den süddeutschen Verwaltungen jetzt noch allgemein der Fall ist. Je mehr das öffentliche Leben parteipolitisch beeinflußt wird, umsomehr gewinnt das fachkundige Berufsbeamtentum und zwar in besonderem Maß in der allgemeinen Verwaltung an Bedeutung für die gesetzmäßige und unparteiische Führung der Verwaltungsgeschäfte. Im übrigen dienen die Verwaltungsbeamten am besten zugleich dem Volke wie auch ihrem Berufsstand, wenn sie jederzeit durch absolut gerechte, gleichmäßige und wohlwollende Behandlung aller Schichten der Bevölkerung in ihrer Person der Gesamtbevölkerung die Vorzüge des Berufsbeamtentums, insbesondere und vor allem in der allgemeinen, in der politischen Verwaltung vor Augen halten.

3. Die Normen für die Verwaltung.

Im Gegensatz zu einer öfters vertretenen Auffassung ist festzustellen, daß die Verwaltung nicht bloß Vollziehung der Gesetze, daß sie vielmehr in ihrem für das Volk wertvollsten und dem Verwaltungsbeamten die höchste Befriedigung verschaffenden Teil mehr ist, nämlich die Sorge für das Beste der ihm anvertrauten Bevölkerung auf allen Lebensgebieten. Dem Verwaltungsbeamten ist das Gesetz einerseits Schranke, anderseits Mittel zum Zweck, Selbstzweck gewissermaßen nur dann, wenn er sich als Verwaltungsrichter auf den Richterstuhl setzt. Im übrigen spielt sich im Leben und damit auch in der Verwaltung doch auch heute noch gar vieles außerhalb des Zaunes der Paragraphen ab, der unternehmungsfreudige Verwaltungsbeamte freut sich wohl gar des paragraphenleeren Raumes und es entstehen abseits von Gesetz und Dienstbefehl viele Einrichtungen zum Nutzen der Bevölkerung nach den Ideen des Verwaltungsbeamten. Es darf aber nicht übersehen und verkannt werden — und gerade der Verwaltungsbeamte hat Anlaß, dies zu betonen, — daß in der Regel bei Schaffung öffentlicher Unternehmungen und Einrichtungen mehr oder minder, ausschlaggebend oder in Einzelheiten der Vorbereitung oder Durchführung, Rechtsfragen hereinspielen, die von solcher Bedeutung sind, daß es gerechtfertigt, ja geboten erscheint, dem Berufsverwaltungsbeamten eine führende Rolle in der Verwaltung zuzugestehen. Und in der Tat, wo ein Werk der Verwaltung aus der Verknüpfung von Rechtsanwendung, Technik im weitesten Sinn des Wortes, zweckmäßiger Finanzierung und richtiger Behandlung aller an der Vorbereitung und Durchführung beteiligten Menschen entsteht, da feiert die Verwaltungskunst ihre Triumphe. Höchster Ehrgeiz des Verwaltungsbeamten muß es aber daneben sein, die Verwaltung in jeder Beziehung gesetzmäßig zu führen und damit sowohl an der Verwirklichung des Gedankens des Rechtsstaats zu seinem Teil mitzuwirken als auch sich, der Verwaltung und dem Staat das dauernde Vertrauen der Bevölkerung zu der strengen Rechtlichkeit der Verwaltung zu sichern.

In sehr großem Umfang freilich ist es auch Aufgabe der Verwaltungsbehörden, Gesetze zu vollziehen und mehr oder weniger belangreiche Verwaltungshandlungen nach Dienstvorschriften und den Weisungen der vorgesetzten Stellen vorzunehmen. Und hier erhebt sich nun in allen Verwaltungen in

Deutschland wie außerhalb die Klage, daß das Uebermaß der Vorschriften mehr verwirrend als fördernd wirke. Es ist ohne jeden Vorbehalt zuzugeben, daß es höchste Zeit ist, dem reichen Segen an Vorschriften, wenn man diesen Ausdruck wagen darf, möglichst Einhalt zu tun und die Beachtung der Vorschriften durch Behörden und Bevölkerung auf dem Wege ihrer Beschränkung, aber auch ihrer Zusammenfassung sicherzustellen. Das Vordringlichste ist eine Neufassung unübersichtlich gewordener Vorschriften, die häufig Anwendung finden. Sodann bedarf es einer planmäßigen Sichtung und Vereinigung der älteren Vorschriften. Endlich muß dafür gesorgt werden, daß in Zukunft das ganze Vorschriftenwesen eine Einschränkung erfährt und daß es übersichtlich gestaltet wird. Diese Arbeiten sind in Bayern in Angriff genommen. Für die „Aufräumungsarbeit" ist allerdings zu bemerken, daß diese Arbeit auf dem Gebiet des Landesrechts außerordentlich viel größer ist als auf dem Gebiet des Reichsrechts, wo bekanntlich vor einigen Jahren ein Plan einer „Sammlung des Reichsrechts" aufgestellt worden, aber im Reichstag stecken geblieben ist. Ferner ist beizufügen, daß eine Einschränkung und Zusammenfassung besonders nötig ist für die sehr zahlreichen Polizeivorschriften; hier werden vor allem Maßnahmen in der Richtung zu treffen sein, daß Vorschriften für ein kleineres Gebiet in Zukunft nur dann erlassen werden, wenn örtliche Bedürfnisse eine Sonderregelung erfordern, daß aber im übrigen Polizeivorschriften für ein größeres Gebiet von einer Stelle ausgehen, wodurch neben einer größeren Gleichmäßigkeit der Regelung auch eine nicht näher darzulegende erhebliche Geschäftsvereinfachung bei der Erlassung wie beim Vollzug der Vorschriften erzielt werden wird. Schließlich ist noch zu betonen, daß das, was an solcher Vereinfachungsarbeit von Staatswegen geleistet wird, dann zu voller Auswirkung kommt, wenn auch im Wirkungskreis der Gemeinden und Gemeindeverbände die Folgerungen hieraus gezogen werden.

4. Grundforderungen zweckmäßiger Verwaltungsorganisation.

Diese Grundforderungen sind folgende:

a. Die Wahrung der Einheitlichkeit der Verwaltung.

Vor Beamten der allgemeinen Verwaltung braucht nicht dargelegt zu werden, welche Vorteile sich für die Verwaltung und für die Bevölkerung, insbesondere auch nach der finanziellen Seite, aus der möglichst vollkommenen Verwirklichung des Grundsatzes der Einheitlichkeit, ja geradezu der Einheit der Verwaltung ergeben. Der Grundsatz ist nicht etwa veraltet, sondern heute wichtiger denn je. Mit Recht steht er an der Spitze aller Verwaltungsreformforderungen. Je stärker die Gliederung der obersten Verwaltungsstellen ist, je mehr die Spezialisierung der Verwaltung sonst fortschreitet, umsomehr Bedeutung kommt der Zusammenfassung der Verwaltung bei den Behörden der allgemeinen Landesverwaltung zu. Ziemlich vollkommen berücksichtigt ist im Deutschen Reich der Grundsatz nur in den Mittelstellen und zwar in den bayerischen Regierungen, von denen nur — wie zu hoffen ist nicht auf die Dauer — die Landesfinanzverwaltung abgesplittert worden ist, während sich die gesamte innere Verwaltung mit verhältnismäßig geringen Ausnahmen und die Staatsforstverwaltung hier in e i n e r Stelle zusammenfinden, ferner in den preußischen Mittelstellen, den Oberpräsidien und Regierungen. Aehnliches gilt von den österreichischen Landesregierungen, die übrigens die Doppelnatur einer obersten Landesbehörde und einer Mittelstelle haben. Dagegen ist der Grundsatz der Einheitlichkeit der Verwaltung bei den Außenbehörden ganz folgerichtig nur in Oesterreich festgehalten worden, wo der Bezirkshauptmannschaft der Amtsarzt und Amtstierarzt, der Bausachverständige und der Sachverständige für das Forstwesen als Referenten eingegliedert sind; dagegen haben sich die deutschen Länder von diesem Grundsatz in der Bezirksverwaltung teilweise entfernt und die Geschlossenheit der Verwaltung insoweit von der Einsicht der beteiligten Beamten abhängig gemacht. Noch mehr wie die Schaffung von Landessonderverwaltungen widerspricht naturgemäß dem Gesichtspunkt einheitlicher Verwaltungsführung die Bildung von Reichssonderverwaltungen.

Einheitlichkeit der Verwaltung bedeutet aber nicht nur Zusammenfassung von allgemeiner Verwaltung und Sonderverwaltungen, sondern auch Vermeidung der Unterstellung der Verwaltung unter verschiedene Willensträger. Schon aus diesem Grunde bestehen starke verwaltungstechnische Bedenken gegen die neuerdings vorgeschlagene Einführung der sog. Auftragsverwaltung in die staatliche Verwaltungsorganisation; gedacht ist hier an eine Uebernahme der in Oesterreich bestehenden sog. mittelbaren Bundesverwaltung, während doch die Voraussetzungen in Oesterreich und Deutschland nicht die gleichen sind, zudem der

Vollzug der deutschen Reichsgesetze in den deutschen Ländern gewiß nicht minder gewährleistet ist als der der österreichischen Bundesgesetze in den österreichischen Ländern.

Derselbe Gesichtspunkt, Einheitlichkeit des Willens in der Verwaltung, ist auch nicht ohne Belang für die Frage, inwieweit an der Willensbildung staatlicher Verwaltungsorgane Organe von Selbstverwaltungskörpern oder deren Vertreter mitwirken. Es darf nicht übersehen werden, daß bei der heutigen Staatsverfassung erst recht gesichert werden muß, daß in Staatsangelegenheiten (im Gegensatz zu Selbstverwaltungsangelegenheiten) der Wille des Staates sich nicht am Willen der Selbstverwaltungskörper bricht. Abweichend von den anderen größeren Ländern in Deutschland hat sich der bayerische Gesetzgeber bei Erlassung der neuen Bezirksordnung zu einer reinlichen Scheidung von Staatsverwaltung und Selbstverwaltung bekannt.

b. Die Dezentralisation.

Bei der Einrichtung der Verwaltung wird man sorgfältig auch die Frage prüfen müssen, wie die Geschäfte am zweckmäßigsten, raschesten und billigsten erledigt werden. Von diesem Ausgangspunkt aus drängt sich der Grundsatz der Dezentralisation auf. Man unterscheidet die Dezentralisation im engeren Sinn und die Dekonzentration.

Dezentralisation im engeren Sinn ist die Besorgung öffentlicher, bisher dem Staat vorbehaltener Geschäfte durch Körper der Selbstverwaltung, sei es der gemeindlichen oder der wirtschaftlichen (beruflichen) Selbstverwaltung.

In den Zuständigkeiten der gemeindlichen Selbstverwaltung sind nach dem bisherigen Stand (in Preußen bereiten sich Aenderungen vor, die von der Gemeinde weg zum Kreis führen) die Unterschiede bei den deutschen Ländern, Oesterreich eingeschlossen, nicht besonders groß mit einer Ausnahme: der Ortspolizei. Diese ist in Oesterreich eigentliche Gemeindeangelegenheit, in Süddeutschland und Sachsen übertragene Gemeindeangelegenheit; in Preußen wird die Polizei im Namen des Staates ausgeübt: Je für eine Anzahl von Gemeinden, die „Amtsbezirke“, werden hiezu eigene „Amtsvorsteher“ bestellt und zwar vom Kreistag gewählt, vom Oberpräsidenten bestätigt und vom Landrat vereidigt (in Einzelheiten nach Landesteilen verschieden). Unter dem Gesichtspunkt der Verwaltungsreform käme eine möglichst weitgehende Abgabe öffentlicher Aufgaben und Geschäfte vom Staat an die Gemeinden und Gemeindeverbände in Betracht und man hat sich in dieser Richtung vielfach großen Hoffnungen hingegeben. Einer ergiebigen Durchführung einer solchen Organisationsmaßnahme steht vor allem im Weg, daß sich nach unserer gegenwärtigen Steuerverfassung im Zeichen des sog. Finanzausgleichs eine Art von Besitzstand an Steuerüberweisungen ergeben hat, von dem aus die Gemeinden und Gemeindeverbände bei einer derartigen Aenderung in der Erfüllung der öffentlichen Aufgaben eine finanzielle Schadloshaltung verlangen; würde diese gewährt, so würde lediglich eine Verschiebung der Aufgaben eintreten. Inwieweit Geschäfte (Zuständigkeiten) von Behörden des Staates auf solche der Gemeinden übertragen werden können, wird zu prüfen sein. Die Dezentralisation von Verwaltungsgeschäften an die Gemeinden wird in größerem Umfange wohl hauptsächlich in Betracht kommen durch Abgabe von Geschäften der Regierungen an unmittelbare Städte in der gleichen Art, wie solche Geschäfte von den Regierungen auf die Bezirksämter übergehen, soweit nicht die Beteiligung der Städte selbst an den Angelegenheiten in Parteistellung der Zuständigkeitsänderung entgegensteht.

Bei der Dezentralisation an wirtschaftliche Selbstverwaltungskörper (Bauernkammern, Industrie- und Handelskammern, Handwerkskammern) und an sonstige berufliche Selbstverwaltungskörper (Aerztekammern u. ä.) bestehen zunächst Schranken insoferne, als gewisse Geschäfte der unbeteiligten, neutralen Staats- oder Gemeindebehörde vorbehalten bleiben müssen, dann ähnliche finanzielle Erwägungen, wie sie vorher bei der gemeindlichen Selbstverwaltung angeführt werden mußten. Praktisch verhalten sich die Dinge in den verschiedenen deutschen Ländern ziemlich gleich mit einer Ausnahme, der Förderung der Landwirtschaft. Diese liegt in Norddeutschland fast ausschließlich in Händen der Landwirtschaftskammern, in den süddeutschen Ländern umgekehrt zum größten Teil in den Händen des Staates, eine durchaus nicht zufällige erhebliche Verschiedenheit.

In diesem Zusammenhang mag auch bemerkt werden, daß in Bayern noch verschiedene Verwaltungsgeschäfte in Kirchenangelegenheiten von den staatlichen Behörden behandelt werden, die in den anderen deutschen Ländern den Kirchenbehörden überlassen sind.

Dekonzentration ist die Abgabe von Geschäften von einer höheren an eine dieser untergeordnete Staatsbehörde.

Hier liegen nicht unbeträchtliche Möglichkeiten der Verwaltungsvereinfachung, die freilich nicht bestehen würden, wenn man sich im Laufe der Jahrzehnte nicht immer mehr entfernt hätte von den Grundsätzen der zwar in den Einzelheiten recht veralteten, in den Grundlagen aber trefflichen und noch heute modernen Formationsverordnungen für die bayerischen Ministerien und Regierungen aus dem Anfang des 19. Jahrhunderts. So wird auch jetzt wieder, im Zeichen der Verwaltungsreform, die Tätigkeit der Ministerien auf die Vorbereitung der Gesetze und die sonstige Normengebung, ferner auf die oberste Leitung und Aufsicht im Geschäftsbereich zu beschränken sein, die der Regierungen aber auf die Leitung und Aufsicht im Regierungsbezirk. Im übrigen sollen die Einzelheiten der Verwaltung, der Vollzug, den Außenbehörden überlassen bleiben. Ausnahmen hievon sollen nur gemacht werden, soweit besondere Gründe hiefür bestehen, so insbesondere, wenn einheitliche Sachbehandlung notwendig ist und diese weder durch Aufstellung von Richtlinien noch auf dem Aufsichts- und Beschwerdeweg erreicht werden kann, ferner wenn gewisse Geschäfte bei den Außenbehörden oder auch bei den Mittelstellen selten anfallen und eine besondere Sach- oder Fachkenntnis erfordern.

In unmittelbarem Gegensatz zu dem, was Vereinfachung und Sparsamkeit erheischen, nämlich möglichst weitgehende Dezentralisation schon für das kleinere Gebiet der Länder, stehen die in gar manchen Dingen schon verwirklichten Bestrebungen auf möglichst weitgehende Zentralisation im Reich. Der „dezentralisierte Einheitsstaat“ ist eine contradictio in adiecto. Auch wer etwa vorher gutgläubig der Fahne des „dezentralisierten Einheitsstaates“ gefolgt sein sollte, wird die nötige Aufklärung erhalten haben durch das fast höhnend klingende Wort eines führenden Förderers des Einheitsstaates: „Der Einheitsstaat oder, wenn das weicher klingt, der dezentralisierte Einheitsstaat steht vor der Tür.“

c. Die richtige Ausnützung der Arbeitskräfte.

Eine besonders wichtige Aufgabe ist die möglichst wirtschaftliche Verwendung der Arbeitskräfte. Diese Aufgabe liegt in der Hauptsache in den Händen der Amtsvorstände. Zunächst gilt es die richtige Verteilung der Geschäfte auf Haupt- und Hilfsbeamte, auf höhere, mittlere und Kanzleibeamte (Kanzleiangestellte) mit dem Ziel, die teuereren Kräfte, nämlich die höheren und die selbständig arbeitenden mittleren Beamten, von der Schreibarbeit zu entlasten, um sie stärker auszunützen — handschriftliche, einigermaßen größere Entwürfe müssen in der Verwaltung verpönt werden —. Weiter ist wichtig eine zweckmäßige Einteilung der Geschäfte selbst durch einen wohlüberlegten Geschäftsplan, bei dem gleichartige und zusammengehörige Geschäfte möglichst zu einem Arbeitsgebiet zusammengefaßt werden. Nach Maßgabe dieses Geschäftsplans sind dann die Sachbearbeiter für die einzelnen Arbeitsgebiete unter Berücksichtigung der besonderen Befähigung oder Veranlagung auszuwählen.

d. Die nötigen Arbeitsbehelfe.

Vor allem ist notwendig, daß eigene Kräfte für das Schreibwerk mit sehr guten Leistungen in Kurzschrift und Maschinenschreiben zur Verfügung stehen. Daneben muß aber allgemeine Beherrschung der Kurzschrift durch alle Beamten und Angestellten gefordert werden; auch die allmählich möglichst allgemeine Erlernung des Maschinenschreibens durch die Beamten ist erwünscht (in Bayern bereits eine Voraussetzung für die Aufnahme in den höheren Verwaltungsdienst).

Im übrigen kommen in Betracht z. B.:

planmäßige Ausgestaltung des Vordruckwesens, Aufstellung von Mustervorschriften, soweit nicht allgemeine Vorschriften erlassen werden können,

zusammenfassende, zeitgemäße Regelung des Geschäftsgangs und der Formen des Dienstverkehrs,

Vermehrung der Schreibmaschinen, Beschaffung neuer Vervielfältigungsmaschinen, Verbesserung des Registraturwesens.

e. Ein vernünftiges Maß in den Beschwerdemöglichkeiten.

Es kann kaum bestritten werden, daß in der Ausgestaltung des Rechts- und Verwaltungszugs vielfach des Guten zu viel geschehen ist. Auch bei voller Rücksichtnahme auf die berechtigten Wünsche der Bevölkerung wird man im allgemeinen zu einer

Einschränkung auf zwei Instanzen in der Verwaltung kommen können. Wichtig wäre freilich, daß dieser Grundsatz vor allem in der Rechtspflege, in deren Einrichtungen die Bevölkerung das Muster eines Verfahrens erblickt, zur Verwirklichung kommen würde.

5. Die Behördenverfassung.

a. Allgemeines.

Es kommen hier hauptsächlich zwei grundlegende Fragen der Organisation der Staatsverwaltung in Betracht.

Die eine Frage ist: Kollegial- oder Büroverfassung. Bei der Büroverfassung hat der Vorstand der Behörde oder dessen Stellvertreter oder Beauftragter die Entscheidung zu treffen und die Verantwortung hiefür zu tragen; bei der Kollegialverfassung liegt die Entscheidung bei der Mehrheit der Beamten, die das Kollegium bilden, und die Verantwortung bei der Behörde als solcher, soweit die Verantwortung überhaupt faßbar ist. Das Bedürfnis nach rascher Erledigung und einheitlicher Führung der Verwaltung drängt nach der Büroverfassung. In der allgemeinen Verwaltung sind in Bayern — abgesehen von der Verwaltungsrechtspflege — die Regierungen bisher noch kollegial organisiert; jedoch ist die kollegiale Beratung und Beschlußfassung bis auf wenige Reste bereits beseitigt. Sonst ist in Bayern eine Kollegialverfassung noch vorhanden und auch praktisch noch gegeben beim Obersten Rechnungshof und beim Oberbergamt. In Preußen ist die Kollegialverfassung für Schulsachen in der Mittelstelle überhaupt aufrechterhalten, außerdem bei der Regierung in Kirchen-, Domänen- und Forstsachen, ferner beim Oberbergamt; bei den preußischen Regierungen ist im übrigen die Kollegialverfassung beseitigt worden, allerdings unter gleichzeitiger Einführung der Laienbeteiligung in den Bezirksausschüssen, womit für eine große Zahl von Angelegenheiten das bisherige Fachbeamtenkollegium durch ein gemischtes Kollegium von Fachbeamten und Laien ersetzt worden ist. In Württemberg werden die Zentral- und Mittelstellen heute noch geradezu als Landeskollegien bezeichnet; das Kollegialverfahren freilich ist auch hier weitgehend eingeschränkt worden. In Oesterreich sind die Landesregierungen als vom Landtag, wenn auch nicht notwendig aus dessen Mitte gewählte Vollzugsausschüsse des Landtags naturgemäß Kollegien, in denen freilich nicht parlamentarische Angelegenheiten, sondern

Verwaltungsangelegenheiten, „Verwaltungsagenden", behandelt werden; das Amt der Landesregierung, die der Landesregierung beigegebene, aus Berufsbeamten zusammengesetzte Behörde, hat Büroverfassung. Kollegialverfassung haben in Oesterreich insbesondere die Schulbehörden, namentlich die Landesschulräte, und die Agrarbehörden.

Die andere Organisationsfrage der Behördenverfassung ist die der Laienbeteiligung. Vorweg ist zu bemerken, daß es sich hier nicht um die Frage der Selbstverwaltung, sondern der Staatsverwaltung handelt. Für die allgemeine Staatsverwaltung geht das geltende bayerische Recht von dem Standpunkt aus, daß die Führung der Verwaltung am einfachsten, raschesten und billigsten und dabei gesetzmäßig und objektiv durch Berufsbeamte allein erfolgt; Garantien dafür, daß hiebei nach Gesetz und in Ermessensfragen objektiv und zweckmäßig verfahren wird, liegen in der Möglichkeit der Beschwerde, in der Aufsicht der vorgesetzten Stellen, in der Beamtenhaftung, hinsichtlich der Gesetzmäßigkeit ferner bei Polizeiangelegenheiten in der Nachprüfung durch den Strafrichter, bei anderen Verwaltungsgelegenheiten in der Nachprüfung durch den Verwaltungsrichter, auch in der Rechtseinrichtung der Verfassungsbeschwerde. Hatte das Bayerische Selbstverwaltungsgesetz von 1919 nicht etwa auf die Beteiligung von Laien bei Erledigung gewisser Staatsverwaltungsgeschäfte sich beschränkt, sondern für eine Anzahl staatlicher, insbesondere polizeilicher Angelegenheiten eine Mitwirkung oder Entscheidung eines Selbstverwaltungsorgans vorgesehen, so hat sich die Bayerische Bezirksordnung des Jahres 1927 hievon wieder entfernt; die Bezirksordnung beschränkt sich auf die Bestimmung, daß der Bezirksausschuß vom Bezirksamt in wichtigen Fragen der Staatsverwaltung zur Beratung in Anspruch genommen werden kann. Nicht ohne Belang für die Frage der Laienbeteiligung in der Staatsverwaltung ist, daß heute die staatliche Verwaltung durch ihre Spitze, den Minister, nach Maßgabe des Verfassungsrechts in eine stärkere Beziehung zum Parlament und damit zu dem durch dieses vertretenen und geltend gemachten Volkswillen gebracht ist. Eine innere Berechtigung für die Laienbeteiligung an der allgemeinen Staatsverwaltung kann anerkannt werden von zwei anderen Gesichtspunkten aus: einmal unter dem Gesichtspunkt einer gewissen Erziehung zum Staat und zum öffentlichen Leben, ferner unter dem Gesichtspunkt einer Werbung des Vertrauens für die Verwaltungsführung, das zweite ein

Gesichtspunkt, der umsomehr ausscheidet, je mehr jeder Verwaltungsbeamte in seiner ganzen Tätigkeit durch strengste Objektivität und — bei aller Sachlichkeit — grundsätzlich wohlwollende Einstellung die Bevölkerung zu gewinnen weiß.

b. Einzelnes.

aa. Die Ministerien.

An Ministerien haben wir im Reich 11, darunter allein 5 für Wirtschaft, Arbeit und Verkehr. Bayern hat nach der im Sommer 1928 vorgenommenen Aufhebung von 2 Ministerien derzeit 6 Ministerien. In Preußen bestehen 8 Ministerien, wobei der Ministerpräsident mitzuzählen ist, weil er ein eigenes Ressort verwaltet, das ziemlich genau dem des bayerischen Ministeriums des Aeußern ohne dessen Gewerbeabteilung entspricht: Dieses Ressort umfaßt die auswärtigen Angelegenheiten, die Militärangelegenheiten, das Archivwesen und die Amtliche Pressestelle; ferner werden hier die Angelegenheiten des sog. Staatsministeriums, das ist nach der Ausdrucksweise der Bayerischen Verfassungsurkunde des Gesamtministeriums, erledigt. Sachsen zählt 7 Ministerien, darunter ein Ministerium der Auswärtigen Angelegenheiten; Württemberg 5, darunter ein Wirtschaftsministerium, in dem mit befriedigendem Erfolg landwirtschaftliche, gewerbliche und soziale Angelegenheiten zusammengefaßt sind; Baden 4; Thüringen seit kurzem (weil die Zahl der Ministersitze um 2 vermehrt werden sollte) 5; Hessen 4. In Oesterreich sind 7 Ministerien eingerichtet, darunter das Bundeskanzleramt, das das Ressort des Aeußern und des Innern umfaßt. In der Tschechoslowakei bestehen 16 Ministerien. Auch Frankreich kennt keinerlei Sparsamkeit in der Zahl der Ministerposten und Ministerien.

bb. Die Mittelstellen in der Verwaltung.

Die Bedeutung der Verwaltungsmittelstellen liegt in der rationellen Zusammenfassung der öffentlichen Verwaltung in allen ihren Zweigen zu einheitlicher Tätigkeit unter Ausgleichung von Ressort- und Sonderinteressen für bestimmte größere Teile des Staatsgebiets sowie in der starken Entlastung der Ministerien von Geschäften, die naturgemäß nicht von den Außenbehörden erledigt werden können, vom Standpunkt zweckmäßiger Organisation dringend geboten, um ein übermäßiges Anschwellen der Ministerien mit dessen ungünstigen Folgen zu vermeiden. Im Einzelnen aber zeigt sich die Bedeutung der Verwaltungsmittelstellen — abgesehen von ihrer Stellung in der Verwaltungsgerichtsbarkeit — in ihrer Tätigkeit als Dienstaufsichtsbehörden und Beschwerdestellen.

In den bayerischen Regierungen zusammen mit den an sie angeschlossenen Behörden usw. ist nahezu die gesamte Staatsverwaltung in der Mittelstelle vereinigt. Die bayerischen Regierungsbezirke zählen im Durchschnitt 9 499 qkm und 922 000 Einwohner.

Preußen hat zwei Stufen von Verwaltungsmittelstellen, die (12) Oberpräsidien und die (34) Regierungen. Die Aufgaben der bayerischen Regierungen verteilen sich in Preußen auf diese beiden Stellen, wobei jedoch der weitaus größte Teil auf die Regierungen entfällt; deshalb sind hinsichtlich der Größe die bayerischen Regierungsbezirke nicht mit den preußischen Provinzen, sondern mit den preußischen Regierungsbezirken zu vergleichen. Die durchschnittliche Fläche eines preußischen Regierungsbezirks beträgt 8580 qkm, die durchschnittliche Einwohnerzahl 1 002 000; jedoch hat Preußen eine große Zahl von Regierungsbezirken, die der Einwohnerzahl nach kleiner sind als bayerische Regierungsbezirke. Die preußischen Regierungen, denen auch die Schlichtungsausschüsse angegliedert sind, teilen sich in die Präsidialabteilung (für die Angelegenheiten der inneren Verwaltung), in die Abteilung für Kirchen- und Schulangelegenheiten und in die Abteilung für Steuern, Domänen und Forsten; neben dem Regierungspräsidenten steht der Bezirksausschuß als Beschlußbehörde und Verwaltungsgericht.

In Sachsen heißen die Verwaltungsmittelstellen Kreishauptmannschaften. Ihre Zahl ist 5. Ihre Zuständigkeit ist nicht so umfassend wie die der preußischen und der bayerischen Regierungen. Die Kreishauptmannschaften haben eine durchschnittliche Fläche von 2998 qkm und eine durchschnittliche Einwohnerzahl von 998 000.

In Württemberg sind die 4 Kreisregierungen vor einigen Jahren aufgehoben worden. Gleichwohl hat auch Württemberg Verwaltungsmittelstellen und zwar im Verhältnis mehr als Bayern; diese Mittelstellen sind in Württemberg nach Sachgebieten organisiert und für das ganze Land zuständig.

In Oesterreich ist die Einheitlichkeit der Verwaltung im Amt der Landesregierung in ähnlicher Weise wie bei den bayerischen und preußischen Regierungen hergestellt.

Aehnliches gilt für die Landesbehörden in der Tschechoslowakei.

Auch in Frankreich ist die gesamte Verwaltung des Innern mit Einschluß der Finanzverwaltung beim Präfekten für das Departement zusammengefaßt. Die Verwaltungsgerichtsbarkeit ist vor einigen Jahren abgetrennt worden. Die Zahl der Departements ist 90. Ihre durchschnittliche Einwohnerzahl ist also viel kleiner als die der bayerischen und der preußischen Regierungsbezirke.

cc. Die Bezirksverwaltungsbehörden.

Unter teilweise verschiedener Bezeichnung der Behörde wie ihres Leiters ist die Bezirksverwaltungsbehörde im Deutschen Reich und auch in Oesterreich ziemlich gleichmäßig organisiert. Dagegen ist die Durchschnittsgröße der Bezirke in den verschiedenen Ländern recht verschieden.

In Preußen gibt es 420 Landkreise. An der Spitze des Landkreises steht der Landrat. Wie der Oberpräsident ehedem commissarius perpetuus in der Provinz war und später zur Verwaltungsinstanz wurde, so war der Landrat ursprünglich Kommissar der Regierung beim Kreis (Selbstverwaltungskörper). Heute hat der Landrat eine Doppelnatur: Er leitet die staatliche Kreisverwaltung, die übrigens gegenüber der staatlichen Bezirksverwaltung in Süddeutschland sich durch geringere polizeiliche Aufgaben unterscheidet, und führt zugleich die Geschäfte der Kreisselbstverwaltung. Bei der Staatsverwaltung wirkt der Kreisausschuß als Beschlußbehörde und Verwaltungsgericht mit.

Sachsen hat nur 28 Amtshauptmannschaften. In Geschäftsaufgabe und Zuständigkeiten entsprechen sie den bayerischen Bezirksämtern; nur sind die Amtshauptmannschaften nicht Verwaltungsgerichte. Der Bezirksausschuß wirkt auch in Staatsgeschäften mit.

Die 61 württembergischen Oberämter unterscheiden sich ihrer Organisation und Zuständigkeit nach ebenfalls nicht von den bayerischen Bezirksämtern. Wie die sächsischen Amtshauptmannschaften sind sie nicht Verwaltungsgerichte; für gewisse staatliche Verwaltungsgeschäfte ist der Bezirksrat eingeschaltet.

Aehnliches gilt von den badischen Bezirksämtern — nur daß diese der Verbindung mit der Bezirksselbstverwaltung entbehren — und von den hessischen Kreisämtern.

Die österreichischen Bezirkshauptmannschaften zeichnen sich durch die strenge Zusammenfassung der Verwaltung aus. Verwaltungsgerichte sind sie nicht. Eine Bezirksselbstverwaltung in Verbindung mit der Bezirkshauptmannschaft gibt es nicht.

Die Bezirksverwaltungsbehörden der Tschechoslowakei führen dagegen eine Bezirksselbstverwaltung.

Die französischen Unterpräfekten sind durch die Poincarésche Verwaltungsreform des Jahres 1926 um 106 vermindert worden. Jetzt bestehen noch 279, mit verhältnismäßig geringen Zuständigkeiten — die Hauptzuständigkeiten liegen bei der Präfektur —, ohne Bezirksselbstverwaltung und ohne Verwaltungsgerichtsbarkeit.

6. Das Verwaltungsverfahren.

Von Reichs wegen ist in Deutschland das Verwaltungsverfahren in Versicherungs-, Versorgungs- und Abgabenangelegenheiten eingehend, für weitere Angelegenheiten in den anderwärts als anwendbar erklärten Vorschriften der Gewerbeordnung über das Rekursverfahren in gewissen Grundlinien geregelt. In Bayern besteht nur eine fragmentarische Regelung in Sondergesetzen, so z. B. im Wassergesetz, im Forstgesetz, im Flurbereinigungsgesetz, in der Bauordnung; allgemein gilt der Grundsatz des rechtlichen Gehörs. Preußen besitzt teilweise eine allgemeine gesetzliche Regelung im sog. Beschlußverfahren, das einheitliche Verfahrensvorschriften für bestimmte verschiedenen Gebieten angehörige Angelegenheiten enthält. Württemberg ist ohne allgemeine Regelung des Verwaltungsverfahrens, bereitet aber eine solche vor. Dagegen ist in Baden bereits 1884 in Verordnungsform und in Thüringen 1926 durch Gesetz das Verwaltungsverfahren als solches geordnet worden. Eine sehr ins Einzelne gehende Regelung hat in neuester Zeit auch Oesterreich getroffen. Nach dem Vorbild dieser Regelung ist dann in der Tschechoslowakei das Verwaltungsverfahren geregelt worden.

Es ist nicht zu bezweifeln, daß eine einheitliche, nicht zu sehr ins einzelne gehende Regelung des Verwaltungsverfahrens, wie sie in Bayern in Vorbereitung ist, auch zu einer Vereinfachung und Erleichterung der Geschäfte führt. Systemlos verschiedenartige Regelungen in den einzelnen Gesetzen kommen damit in Wegfall. Dabei können gewisse Unsicherheiten und Zweifel hinsichtlich des Rechtsbestandes der Verwaltungsakte beseitigt werden. Auch käme in Betracht, den Verwaltungsbehörden gewisse Befugnisse zur ordnungsmäßigen und ungestörten Durchführung von Verhandlungen zu geben. Besonders aber wäre das Beschwerdewesen gleichmäßig zu regeln und hiebei auf das Notwendige einzuschränken.

7. Die Verwaltungsrechtspflege.

In Bayern ist die Verwaltungsrechtspflege auf bestimmte, in den Gesetzen einzeln aufgeführte Fälle beschränkt. Jedoch ist eine allgemeine Anfechtung staatsaufsichtlicher Verfügungen wegen Verletzung des gemeindlichen Selbstverwaltungsrechts zugelassen. Bei der geplanten Neuregelung der Verwaltungsrechtspflege in Bayern wird eine zeitgemäße Ausdehnung des Verwaltungsrechtsschutzes hinsichtlich der sog. Rechtskontrolle der Verwaltung, anderseits eine Einschränkung durch Ausscheidung der künstlich in die Form der Verwaltungsgerichtsbarkeit gebrachten Angelegenheiten der tätigen (aktiven) Verwaltung in Betracht kommen. Als Verwaltungsgerichte werden von den Behörden der allgemeinen Verwaltung die Bezirksverwaltungsbehörden und die Regierungen, Kammern des Innern, diese in besonderen „verwaltungsrechtlichen Senaten“, tätig. Der Verwaltungsgerichtshof setzt sich aus Richtern zusammen, die dem höheren Verwaltungsdienst entstammen; auch in dieser Beziehung bewährt sich die einheitliche Vorbildung für den höheren Justiz- und Verwaltungsdienst.

Auch in Preußen besteht der Aufzählungsgrundsatz; daneben ist allgemein die Anfechtungsklage gegen Polizeiverfügungen zugelassen. Verwaltungsgerichte sind der Kreisausschuß, der Bezirksausschuß und das Oberverwaltungsgericht. Der Kreisausschuß ist erste Instanz, soweit nicht der Bezirksausschuß zuständig ist. Der Bezirksausschuß ist grundsätzlich erste Instanz, außerdem Berufungsinstanz gegenüber dem Kreisausschuß. Das Oberverwaltungsgericht ist Berufungsinstanz gegenüber Entscheidungen des Bezirksausschusses in erster Instanz und Revisionsinstanz gegenüber Entscheidungen des Bezirksausschusses in zweiter Instanz; außerdem gehen Anfechtungsklagen gegen Polizeiverfügungen vom Regierungspräsidenten nach Abweisung der Beschwerde durch den Oberpräsidenten an das Oberverwaltungsgericht. Von den Räten des Oberverwaltungsgerichts muß je die Hälfte die Befähigung zum Richteramt und zum höheren Verwaltungsdienst haben.

In Sachsen entscheiden die Verwaltungsgerichte über bestimmte, im Gesetz aufgezählte „Parteistreitigkeiten des öffentlichen Rechts"; außerdem besteht die allgemeine Anfechtungsklage. In Parteistreitigkeiten entscheidet in erster Instanz die Kreishauptmannschaft, in zweiter das Oberverwaltungsgericht; an dieses richtet sich auch die Anfechtungsklage wegen Rechtsverletzung oder wesentlicher Verfahrensmängel gegen (regelmäßig zweitinstanzielle, aber auch erstinstanzielle) Verwaltungsverfügungen und zwar auch der Ministerien, soweit nicht durch Gesetz eine Verwaltungsverfügung als endgültig bezeichnet ist. Zum Richter des Oberverwaltungsgerichts kann ernannt werden, wer die Befähigung zum Richteramt oder zum höheren Verwaltungsdienst besitzt.

In Württemberg hat früher ebenfalls ein gemischtes System einzeln aufgezählter Streitigkeiten (Parteistreitigkeiten und Feststellungsklagen) und einer allgemeinen Anfechtungsklage, in Württemberg Rechtsbeschwerde genannt, bestanden. Nunmehr werden in Württemberg auch die einzeln aufgezählten Streitigkeiten zunächst im Verwaltungsweg behandelt; sodann kann die Rechtsbeschwerde zum Verwaltungsgerichtshof erhoben werden. Dem Verwaltungsgerichtshof gehören hauptamtlich Richter an, die aus dem höheren Verwaltungsdienst hervorgegangen sind; der Vorstand und die Hälfte der übrigen Mitglieder, die nebenamtlich tätig sind, müssen die Befähigung zum Richteramt haben.

Von den übrigen deutschen Ländern mag folgendes erwähnt werden: Baden kennt Parteistreitigkeiten, außerdem eine Anfechtungsklage allgemein gegen polizeiliche Verfügungen der Staatsaufsichtsbehörden und sonst noch in bestimmten einzelnen Angelegenheiten, Hessen Parteistreitigkeiten und Anfechtungsklagen sowie eine allgemeine Anfechtungsklage gegen polizeiliche Verfügungen.

In Oesterreich übt der Verwaltungsgerichtshof als einziges Verwaltungsgericht auf Beschwerde allgemein die Rechtskontrolle über Verfügungen der Verwaltungsbehörden des Bundes, der Länder und der Gemeinden und zwar nach Erschöpfung des Verwaltungszugs aus.

Aehnlich ist bisher die Regelung in der Tschechoslowakei. Künftig sollen auch Bezirks- und Landesverwaltungsgerichte in Verbindung mit den Behörden der allgemeinen Verwaltung eingerichtet werden.

In Frankreich waren früher Verwaltungsgerichte erster Instanz die Präfekturräte unter der Leitung des Präfekten oder seines Stellvertreters; seit der Verwaltungsreform des Jahres 1926 bestehen 22 Verwaltungsgerichtshöfe für die insgesamt 90 Departements. 2. Instanz ist der Staatsrat; er kann mit der allgemeinen Anfechtungsklage angerufen werden.

Wir haben bei der vergleichenden Betrachtung der Organisation der Verwaltung schon innerhalb des Deutschen Reichs neben vielem Gleichmäßigen auch recht viel Verschiedenartiges gefunden. Da drängt sich die Frage auf: Wäre es nicht das Richtige, auf weitgehende Vereinheitlichung der Organisation der inneren Verwaltung hinzuarbeiten? Hier möchte ich, da eine bayerische Stimme Andersdenkenden leicht als befangen gilt, einem unverdächtigen Beurteiler, dem Direktor der Sächsischen Girozentrale, Dr. von Loeben, das Wort geben, der in einem Aufsatz folgendes ausgeführt hat: „Es ist durchaus nicht das erstrebenswerte Ziel für die innere Verwaltung, eine Organisation der Verwaltung aufzubauen, die nach völlig einheitlichen Gesichtspunkten von oben herab aufgezogen wird. Die innere Verwaltung ist örtlich gebunden; auf die beste Anpassung an die örtlichen Verhältnisse kommt es an, selbst wenn dabei das schönste Schema in die Brüche geht." Und in der Tat, es sind nicht sachliche, sondern politische Erwägungen, aus denen über die natürliche Entwicklung hinaus, die in gar manchen Dingen allmählich zur Angleichung führt, eine Uniformierung betrieben wird. Auch nicht berechtigte Erwägungen der Sparsamkeit; denn die Organisation der preußischen Verwaltung, die dabei als Muster gelten soll, ist nicht etwa, wie man öfter leichthin behauptet hat, billiger als die Verwaltungsorganisation Bayerns und anderer Länder.

Wir haben uns nur mit der Organisation der Verwaltung beschäftigen können. Organisation aber ist, wie eingangs betont, nur Form und bei der Verwaltung geht es um die Sache selbst, Schaffung bestmöglicher Verhältnisse auf allen Lebensgebieten für die Gesamtbevölkerung. Dieser Verwaltungserfolg aber hängt davon ab, daß jeder Verwaltungsbeamte nicht nur mit Eifer, Umsicht und Tatkraft sich seiner Aufgabe widmet, sondern daß er auch mit warmem Herzen, mit erkennbarem Wohlwollen seinem

Amte nachkommt. Waltet er mit solchem Berufsethos seines Amtes, so genießt er vielleicht das Schönste, was das menschliche Leben bietet: innere Befriedigung an dem vielseitigsten Beruf, dem Beruf des Verwaltungsbeamten.

Ausgewählte Abschnitte aus dem Gebiete des Volksschulrechtes.

Von Ministerialrat Ludwig Osthelder.

Bei meinem Vortrage muß ich mich mit Rücksicht auf die Kürze der mir zugemessenen Zeit darauf beschränken, aus dem großen Gebiete des Volksschulrechtes einige wenige Punkte herauszugreifen, die mir — sei es mit Rücksicht auf die augenblicklich gegebenen Verhältnisse oder nach den Erfahrungen, die ich als Referent des Kultusministeriums für das Gebiet des Volksschulwesens zu sammeln Gelegenheit hatte — gerade jetzt einer besonderen Erörterung wert erscheinen und die namentlich auch für die äußeren Vollzugsbehörden wichtig sein dürften.

1. Ich beginne mit dem Kapitel, das in seiner finanziellen Auswirkung wohl das bedeutungsvollste ist, das ist die Neuerrichtung von Schulen und Lehrstellen. In der Zeit nach dem Kriege bis zum Jahre 1926 befand sich die Unterrichtsverwaltung in dieser Hinsicht in einer glücklichen Lage. Auf der einen Seite hatte der Geburtenrückgang während des Krieges zu einer ganz gewaltigen Abnahme der Schülerzahl geführt, auf der anderen Seite hatte man aber davon abgesehen, dieser Erscheinung auch bei der Aufstellung des Staatshaushaltes Rechnung zu tragen und hatte keine Verminderung der budgetmäßig vorgesehenen Stellen vorgenommen. Die Unterrichtsverwaltung schwamm also in einem Ueberflusse von Stellen und konnte ohne Schwierigkeit auftretende Wünsche, soweit sie sachlich berechtigt erschienen, befriedigen. Dieses Bild hat sich in den letzten Jahren sehr gewandelt. Die schwachen Kriegsjahrgänge verlassen jetzt die Volkshauptschule, die starken Geburtenjahrgänge der Nachkriegsjahre sind in ihr drinnen, und wenn wir jetzt auch wieder eine absteigende Kurve der eintretenden Schulneulinge haben, so

werden gleichwohl bis zum Jahre 1932 die Zugänge die Abgänge beträchtlich übersteigen. Dabei verbietet es die Finanznot des Staates, bei der Aufstellung der Staatshaushalte die Zahl neuer Lehrstellen vorzusehen, die wirklich notwendig wäre, um die gesetzlichen Bestimmungen zu vollziehen, geschweige denn mit staatsaufsichtlichem Drucke gegen widerstrebende Gemeinden vorzugehen. Wir werden vielmehr froh sein müssen, wenn es uns gelingt in Fällen, in denen zweifellos schulische Notstände bestehen und die Gemeinden von sich aus bereit sind, durch Bereitstellung des sächlichen Schulbedarfes diesen abzuhelfen, auch unsererseits die erforderlichen Lehrstellen zur Verfügung zu stellen.

Vom 1. Januar 1930 an sind für die Errichtung von Lehrstellen bekanntlich die im Art. 8 des Schulbedarfgesetzes bestimmten Schülerdurchschnittszahlen (50 bei ungeteilten Schulen, 60 bei geteilten Schulen gegen bisher 60 und 75 auf Grund der Uebergangsvorschrift in Art. 55 des Gesetzes) maßgebend. Dabei enthält Art. 8 Abs. I und II nach seinem Wortlaute (im Gegensatze zu den Art. 9—10 a) streng genommen nicht nur eine Ermächtigung zur Stellenerrichtung auch gegen den Willen der Gemeinde, sondern auch einen Gesetzesbefehl an die Vollzugsbehörden in allen Fällen, in denen die Voraussetzungen für die Stellenerrichtung gegeben sind, diese auch tatsächlich anzuordnen. Abs. IV ermächtigt allerdings die Regierungen, in besonderen Fällen Ausnahmen zuzulassen, d. h. von der Stellenerrichtung abzusehen, und davon wird natürlich in weitgehendem Maße Gebrauch gemacht werden müssen, denn die Finanznot des Staates wie der Gemeinden stellt eben besondere Fälle nach dieser Vorschrift dar.

In diesem Sinne hat das Kultusministerium auch in einer Entschließung vom 16. April 1929 ausgesprochen, von einer Aufforderung an die Gemeinden, die den neuen Schülerhöchstzahlen entsprechenden Schulräume bereitzustellen, sei bis auf weiteres abzusehen, soweit nicht dringende schulische Rücksichten eine Ausnahme erforderten. Zunächst sei auf die Beseitigung solcher überfüllter Schulen und Schulklassen hinzuwirken, bei denen den Anforderungen der Uebergangsbestimmungen in Art. 55 (also Teilung ungeteilter Schulen mit mehr als 60, von Klassen geteilter Schulen mit mehr als 75 Schülern) noch nicht genügt sei. Bei den baulichen Maßnahmen, die sich dabei als notwendig erweisen, seien jedoch die nunmehrigen Schülerhöchstzahlen zur Grundlage zu nehmen, also Höchstgrenze der Belegung für neue Schulsäle bei ungeteilten Schulen 50, bei Klassen geteilter Schulen 60. Die gesetzlichen Bestimmungen stellen bekanntlich für den Vollzug auf den Durchschnitt der letzten 5 Jahre ab, die Praxis hat jedoch dazu geführt, auch den Durchschnitt der folgenden Jahre zu berücksichtigen, soweit eine Berechnung auf Grund der standesamtlichen Geburtsregister möglich ist; ein Verfahren, das sich augenblicklich umso mehr empfiehlt, als der Geburtenrückgang der Kriegsjahre ein für die Durchschnittsberechnung im Beharrungszustande nicht zutreffendes Bild ergibt.

In der erwähnten Ministerialentschließung vom 16. April und in einer Nachtragsentschließung vom 9. Mai l. Js. wurden auch umfangreiche Erhebungen über die bestehenden Verhältnisse angeordnet, die mit Rücksicht auf die Knappheit der verfügbaren Stellen und das Inkrafttreten der Vorschrift in Art. 8 des Schulbedarfgesetzes über die Schülerhöchstzahlen unbedingt geboten erschienen. In der Lehrerpresse sind uns diese Erhebungen zum Teil als Ausdruck der Absicht zu weiterem allgemeinem Stellenabbau ausgelegt worden. Das ist allerdings nicht der Fall, die Erhebungen sollen uns vielmehr eine Grundlage bieten, um bei Aufstellung des neuen Staatshaushaltes unsere unbedingt notwendigen Forderungen auf Genehmigung neuer Lehrstellen vertreten zu können. Auf der anderen Seite wird es jedoch unvermeidlich sein, in den nächsten Jahren noch genau zu prüfen, ob nicht an einzelnen Schulen Lehrstellen vorhanden sind, die infolge des geringen Besuchsstandes aufgehoben werden können. Denn es wird ganz unmöglich sein, die Bewilligung der Gesamtzahl neuer Stellen zu erreichen, die notwendig wären, um die neuauftretenden Bedürfnisse auf Errichtung neuer Klassen zu befriedigen. Dies wird nur dann einigermaßen gelingen, wenn neben den allenfalls durch den Staatshaushalt neu bewilligten Stellen auch noch anderweitig entbehrliche Lehrstellen zur Uebertragung auf andere Schulen freigemacht werden können.

In Verbindung damit darf ich auch das **Gesamtproblem der Errichtung neuer Schulen und Lehrstellen vom rechtlichen Standpunkt** aus berühren, wie es in Art. 8 bis 10 a des Schulbedarfgesetzes seinen gesetzgeberischen Niederschlag gefunden hat. Die ursprüngliche Fassung des neuen Schulbedarfgesetzes hatte bekanntlich nur die Art. 8—10 enthalten. Sie behandeln die Voraussetzungen, unter denen eine Gemeinde mit Rücksicht auf die Schülerzahlen, auf die Entfernungsverhältnisse und auf die Bekenntnisminderheit zur Errichtung neuer Schulen und Lehrstellen angehalten werden kann, und sie entsprechen im wesentlichen durchaus gleichartigen Bestimmungen des Schulbedarfgesetzes vom Jahre 1902. Nur der Art. 10, der die Schulerrichtung für Bekenntnisminderheiten behandelt, brachte gegenüber dem Art. 5 Abs. III des Schulbedarfgesetzes von 1902 insofern eine Aenderung, als er diese Errichtung nicht nur gegenüber Bekenntnisschulen der anderen Konfession, sondern auch gegenüber Simultanschulen zuläßt. Infolgedessen ist Art. 10 des Schulbedarfgesetzes von 1919 im Hinblick auf die Sperrvorschrift in RV. Art. 174 Satz 1 zur Zeit noch nicht vollziehbar, vielmehr gilt in dieser Hinsicht noch Art. 5 Abs. III des Schulbedarfgesetzes von 1902.

In der Vollzugspraxis war von jeher anerkannt, daß die Bestimmungen in Art. 8—10 des neuen Schulbedarfgesetzes bzw. die entsprechenden Bestimmungen des Schulbedarfgesetzes von 1902 zwar das Ermessen der Staatsregierung hinsichtlich der hier geregelten Fälle gesetzlich begrenzten, daß aber im übrigen das Organisationsrecht der Staatsregierung unberührt bleibe. Da die Rechtsprechung des Verwaltungsgerichtshofes jedoch diese Praxis in einem Falle nicht als berechtigt anerkannt hatte, erwies es sich als notwendig, jenes freie Organisationsrecht der Staatsregierung auch gesetzlich festzulegen. Dies geschah durch die Anfügung des Art. 10a durch das Gesetz vom 1. August 1923. Hier ist ausgesprochen, daß auch abgesehen von den Fällen der Art. 8 bis 10 die Bereitstellung der Mittel zur Errichtung einer neuen Volksschule oder Lehrstelle angeordnet werden kann, wenn hiefür nach dem Ermessen der zuständigen Schulaufsichtsbehörde aus besonderen Gründen ein dringendes Bedürfnis besteht. Die Begründung zu diesem Gesetze führt als Beispiele solcher besonderer Gründe an: Unzulänglichkeit der vorhandenen Schulräume, besonders beschwerliche Schulwege und Notwendigkeit der Bildung kleinerer Schulklassen, um einen bestimmten Kreis von Schulpflichtigen unterrichtlich besonders zu fördern. Wenn diese Voraussetzungen, deren Feststellung im pflichtmäßigen Ermessen der Schulaufsichtsbehörden liegt und einer verwaltungsrichterlichen Nachprüfung entzogen ist, erfüllt sind, kann die Errichtung einer neuen Schule oder Lehrstelle angeordnet werden, auch wenn die Voraussetzungen der Art. 8 oder 9 nicht gegeben wären. Es wird aber auch nichts im Wege stehen, wenn die Voraussetzungen für die Errichtung einer neuen Schule oder Schulklasse nach Art. 10a erfüllt sind, diese als Konfessionsschule der Bekenntnisminderheit zu organisieren, auch wenn an sich die in Art. 5 Abs. III des Schulbedarfgesetzes von 1902 geforderten Schülerzahlen nicht erreicht sind, und das gleiche wird der Fall sein, wenn einmal Art. 10 des neuen Schulbedarfgesetzes in Geltung ist. Das Inkrafttreten dieser Bestimmung ist ja allerdings vom Erlaß eines Gesetzes zum Vollzuge des Art. 146 Abs. II RV. abhängig und ein solches wird wohl auch eine grundlegende Aenderung der landesrechtlichen Bestimmungen über die Errichtung von Bekenntnisschulen und Simultanschulen zur Folge haben. In Gemeinden mit Simultanschulsystem wird allerdings zur Zeit im Hinblick auf die Bestimmungen in § 7 der V. vom 26. August 1883 über die Errichtung der Volksschulen und die Bildung der Schulsprengel die Einrichtung einer Bekenntnisschule gegen den Willen des Gemeinderates nicht zulässig sein, wenn nicht ein Fall des Art. 10a des SchBG. gegeben ist. Dies ist aber auch die einzige Bestimmung unseres geltenden Schulrechtes, die den Gemeinden einen rechtlich irgendwie erheblichen Einfluß auf die weltanschauliche (konfessionelle) Gestaltung des Volksschulsystems einräumt.

In diesem Zusammenhang ist auch die Frage des **Abteilungsunterrichts** und des **Wechselunterrichts** kurz zu besprechen. In beiden Fällen handelt es sich, wenn ich den Ausdruck gebrauchen darf, um gewisse primitive Unterrichtsformen, die ein unerwünschtes Uebel sind, jedoch in der Not der Verhältnisse hingenommen werden müssen. Abteilungsunterricht liegt bekanntlich dann vor, wenn eine überfüllte Klasse von dem gleichen Lehrer in dem gleichen Schulsaal in zwei getrennten Abteilungen unterrichtet wird, während bei Wechselunterricht zwar zwei Klassen und zwei Lehrkräfte vorhanden sind, aber gleichfalls nur ein Schulsaal zur Verfügung steht, so daß die beiden Abteilungen in dem gleichen Raume, jedoch zu verschiedenen Zeiten und von zwei verschiedenen Lehrern unterrichtet werden. Beide Einrichtungen sind als Notbehelf dann zugelassen, wenn die Gemeinden augenblicklich nicht in der Lage sind, die erforderlichen weiteren Schulsäle bereitzustellen, sie sind aber unerwünscht, da sie notwendig zu einer Verkürzung der vorgeschriebenen Unterrichtszeit und bei Abteilungsunterricht zu Ueberlastung des Lehrers führen, während derselbe andrerseits beim Wechselunterricht nicht genügend ausgenützt ist. Die Frage des Wechselunterrichts hat bei dem augenblicklich bestehenden Mangel an verfügbaren Lehrstellen erhöhte Bedeutung gewonnen, es geht natürlich auf die Dauer nicht an, einerseits Lehrstellen für unvollkommenen Wechselunterricht zu verzetteln und andrerseits die Errichtung neuer Lehrstellen in wirklich vordringlichen Fällen ablehnen zu müssen. Die Einführung von Wechselunterricht bedarf daher schon seit längerer Zeit der Genehmigung des Ministeriums, in einer Entschließung vom 4. April dieses Jahres ist aber den Regierungen überdies noch besonders zur Pflicht gemacht worden, die Fälle, in denen bisher Wechselunterricht eingeführt worden ist, auf die Notwendigkeit der weiteren Beibehaltung dieser Einrichtung nachzuprüfen und den Wechselunterricht überhaupt tunlichst einzudämmen. Wenn auch wirklich leistungsunfähige Gemeinden zu Baumaßnahmen nicht gezwungen werden können, so wird der sachgemäße Vollzug dieser Entschließung doch in manchen Fällen dazu beitragen können einer etwa bestehenden Baumüdigkeit auf Seite der Gemeinden entgegenzuwirken.

2. Mit der Frage der Stellenerrichtung und Stellenbesetzung in engem Zusammenhange steht die Frage der Dienstwohnungen. Eine alte Klage, die immer wieder auftaucht und wohl einer gewissen Berechtigung nicht entbehrt, geht dahin, die Dienstwohnungsverhältnisse der Lehrerinnen seien ungünstiger als die der Lehrer. Für die Lehrerinnen sind bekanntlich in erster Linie die Dienstwohnungen 2. Ordnung bestimmt, die nach der M.B. vom 25. 5. 06 aus 2 Zimmern bestehen sollen. Die M.B. vom 19. 8. 24 hat es für die Dauer der bestehenden Schwierigkeiten zugelassen, sich bei Neu- und Umbauten mit nur einem Wohnzimmer zu begnügen. In der Praxis hat diese Bestimmung öfter zu Schwierigkeiten geführt, zumal die älteren Lehrerinnendienstwohnungen häufig unzureichend sind. In der letzten Zeit ist auch wiederholt darüber geklagt worden, daß auch in solchen Fällen, in denen ein weiteres Zimmer — etwa durch Aufgabe des bisher für die Gemeindeschreiberei benützten Raumes — verfügbar wird, dieses oft nur unter vermeidbaren Schwierigkeiten der Lehrerin zur Verfügung gestellt werde. Es würde jedenfalls den Absichten des Ministeriums entsprechen, wenn den Wünschen der Lehrerinnen, soweit sie berechtigt und erfüllbar sind, Rechnung getragen werden könnte.

Eine irrige Ansicht, die man vielfach noch antrifft und die mit der Rechtslage zusammenhängt, wie sie früher bestand, geht dahin, daß die einzelnen Dienstwohnungen mit einer bestimmten Lehrstelle verbunden seien und im Falle des Stellenwechsels stets dem Nachfolger des bisherigen Inhabers der Dienstwohnung übertragen werden müßten. Eine solche Auffassung wäre unzutreffend. Denn die Schulaufsichtsbehörden sind nicht gehindert, die Benützung der Lehrerdienstwohnungen von Fall zu Fall besonders zu regeln und dabei aus besonderen Gründen auch einem Volksschullehrer oder einer Lehrerin eine Dienstwohnung zuzuweisen, die bisher mit einer anderen Lehrstelle verbunden war. Von dieser Möglichkeit wird in der Regel stets dann Gebrauch zu machen sein, wenn an einer Schule dienstältere Lehrkräfte wirken, denen bisher keine Dienstwohnung zugewiesen war.

3. Ein besonders dorniges Kapitel unseres Volksschulrechtes bildet die Verteilung des Schulbedarfes im zusammengesetzten Schulsprengel. Nach § 1 der VO. vom 26. August 1883 (GVBl. S. 407) sollte eigentlich jede Gemeinde wenigstens eine Volksschule besitzen und mit ihrer Markung einen Schulsprengel bilden. Sie wissen aber aus Ihrer Praxis zur Genüge, daß diese ideale Lösung in weiten Teilen Bayerns die Ausnahme bildet, während die Regel darin besteht, daß ganze Gemeinden mit anderen oder mit Teilen solcher oder auch nur Teile von Gemeinden unter sich zu einem Schulsprengel zusammengefaßt sind. Man spricht in solchen Fällen von einem zusammengesetzten Schulsprengel und bezeichnet die Schule dieses Sprengels als Sprengelschule. Es liegt nahe, daß die politische Gemeinde als solche an einer Schule, die nur aus einem kleinen Teile der Gemeindemarkung, z. B. aus einer einzelnen Ortschaft besucht wird, weniger Interesse nimmt als an einer Schule, die für die ganze Gemeinde oder für den überwiegenden Teil des Gemeindegebietes bestimmt ist. Man hat aus dieser Anschauung heraus früher die Auffassung vertreten, daß die Aufbringung des Bedarfes für die Sprengelschule nicht Sache der politischen Gemeinden, sondern der einzelnen Sprengelbestandteile (Ortschaften, Weiler usw.) selbst sei (sog. Sprengelprinzip). Die Anwendung dieses Grundsatzes führte jedoch in vielen Fällen zu einer unerträglichen Ueberlastung der eingeschulten Gemeindeteile, während die vielleicht sehr leistungsfähigen übrigen Teile der Gemeinde überhaupt nicht herangezogen werden konnten. Bereits das frühere Schulbedarfgesetz von 1902 hat daher mit dem Sprengelprinzip restlos gebrochen und hat bestimmt, daß bei zusammengesetztem Schulsprengel die Aufbringung des nicht gedeckten Bedarfes der Sprengelschule den

ganz oder mit Teilen zum Schulsprengel gehörenden politischen Gemeinden obliege (sog. Gemeindeprinzip).

Der Maßstab für die Verteilung des Schulbedarfes auf die einzelnen, unter Umständen ja ganz verschieden am Schulsprengel beteiligten Gemeinden hat im Laufe der Jahrzehnte manche Wandlung erfahren. Seine jüngste Regelung hat er durch die Novelle zum Schulbedarfgesetz vom 24. April 1928 (GVBl. S. 323) erhalten.

Nach dieser Vorschrift wird die eine Hälfte des Schulbedarfes nach der Zahl der Schulkinder im Schulsprengel auf die verschiedenen Gemeinden verteilt. Damit wird zum ersten Male seit der gesetzlichen Regelung des bayerischen Schulfinanzrechtes im Jahre 1861 die tatsächliche Ausnützung der Sprengelschule durch die Gemeinden oder Gemeindeteile als Verteilungsmaßstab mitherangezogen, nachdem es der Billigkeit entsprechen dürfte, die tatsächliche Ausnützung der Sprengelschule, die für die Bedarfsgestaltung doch oft recht wesentlich ist, auch bei der Bedarfsverteilung nicht unberücksichtigt zu lassen.

Für die Verteilung der anderen Hälfte des Schulbedarfes ist maßgebend die in den einzelnen Sprengelbestandteilen steckende Steuerkraft. Diese Steuerkraft ist sachlich umgrenzt durch die Benennung bestimmter genau bezeichneter Steuern, nämlich der Einkommensteuer und Körperschaftssteuer und der bayerischen Ertragssteuern. Diese Regelung ist erheblich komplizierter als die vorausgehende vom Jahre 1921, die der Verteilung des Schulbedarfes nach der Fassung des Vollz.Ges. z. Landessteuergesetz vom 30. Juni 1921 lediglich das Einkommensteuersoll zugrunde legte. Aber der Gesetzgeber war gezwungen auch die bayerischen Ertragssteuern heranzuziehen. Infolge der Entwicklung der Einkommensteuergesetzgebung, die ja ausschließlich dem Reich obliegt, ist ein nicht geringer Teil der Bevölkerung, namentlich der landwirtschaftlichen, zur Zeit überhaupt nicht mehr einkommensteuerpflichtig. Dies führte bei der Verteilung des Schulbedarfes namentlich dann zu großen Härten, wenn in einer Sprengelschule Gemeinden oder Gemeindeteile mit verschiedener steuerlicher Leistungsfähigkeit, z. B. Gemeinden mit überwiegend landwirtschaftlicher Bevölkerung und solche mit überwiegend industriell oder gewerblich beschäftigten Bewohnern zusammengefaßt waren. Hieraus ergaben sich schon bei der Verteilung des laufenden Schulbedarfes, namentlich aber dann erhebliche Schwierigkeiten und Hemmnisse, wenn größere Aufwendungen für Schulhausbauten notwendig wurden. Man hätte daran denken können als Verteilungsmaßstab für die zweite Hälfte des Schulbedarfes lediglich die bayerischen Ertragssteuern zu wählen, nachdem dieser Schlüssel den Gemeinden aus der Verteilung der Bezirksumlagen geläufig ist. Dabei würde jedoch das Aufkommen an Einkommensteuer und Körperschaftssteuer unberücksichtigt bleiben. Hieraus hätte sich dann wieder umgekehrt eine Bevorzugung solcher Gemeinden ergeben, in denen einkommensteuer- und körperschaftsteuerpflichtige Personen sich finden, also besonders der Städte und Märkte, zum Nachteile der Gemeinden, die solche Steuerpflichtige nicht oder nicht in gleichem Verhältnisse aufzuweisen haben.

Nach der sachlichen Seite ist die Steuerkraft der einzelnen Sprengelbestandteile durch die Benennung bestimmter Steuern zweifelsfrei abgegrenzt. Nach der persönlichen Seite ist diese Abgrenzung nicht so einfach durchzuführen. Maßgebend sind nach dem Gesetze die Steuerbeträge, mit denen die Beteiligten im Schulsprengel zu den oben genannten Steuern veranlagt sind. Der Begriff der „Beteiligten" ist vom Gesetzgeber nicht erläutert worden, ist daher im Wege der Auslegung zu ermitteln. An sich ergibt sich die Steuerkraft eines bestimmten Gebietes nach der persönlichen Seite aus dem Steuersoll sämtlicher in diesem Gebiete veranlagten natürlichen und juristischen Personen. Wir werden daher grundsätzlich davon auszugehen haben, daß unter den Beteiligten alle natürlichen und juristischen Personen zu verstehen sind, die in der zum Schulsprengel gehörenden Gemeinde oder in dem betreffenden Gemeindeteile mit den im Gesetz aufgeführten Steuern veranlagt sind.

Dieser Grundsatz erleidet jedoch eine Einschränkung. Nach § 5 der VO. vom 26. August 1883 erstreckt sich der Sprengel einer Volksschule grundsätzlich auf alle innerhalb der Grenzen des Sprengels wohnenden Familien ohne Unterschied des Glaubensbekenntnisses. Andrerseits sind nach § 7 dieser VO. die Volksschulen regelmäßig Bekenntnisschulen, d. h. es dürfen an ihnen nur Lehrer des betreffenden Bekenntnisses angestellt werden. In Bayern bildet daher die Regel die Bekenntnisschule mit konfessionell-gemischtem Schulsprengel. Wir haben aber auch namentlich in den bekenntnismäßig gemischten Regierungsbezirken häufig den Fall, daß auf dem gleichen Gebiet eigene Bekenntnisschulen für die verschiedenen Glaubensbekenntnisse oder wenigstens für eines dieser Bekenntnisse errichtet sind. Da diese Schulen auch nur für Schüler eines bestimmten Bekenntnisses bestimmt sind, handelt es sich hier um Bekenntnisschulen mit nach Bekenntnissen getrenntem Schulsprengel. Für den nach Bekenntnissen getrennten Schulsprengel ist in § 6 der VO. vom 26. 8. 83 ausdrücklich angeordnet, daß er sich nur auf die Familien derjenigen Kirchengesellschaft erstreckt, für welche die betreffende Schule errichtet ist. Wenn daher in dem nach Bekenntnissen getrennten Schulsprengel ausschließlich die Bekenntnisgenossen zum Sprengelvolk gehören, dann entspricht es der Rechtskonsequenz, daß bei der Verteilung des Schulbedarfes in einem zusammengesetzten Schulsprengel solcher Art als Beteiligte nur die Bekenntnisgenossen und die auf dem Gebiete des Schulfinanzrechtes ihnen gleichzustellenden juristischen Personen anerkannt werden.

Art. 12 Abs. II des SchBG. in seiner jetzigen Fassung berücksichtigt 6 verschiedene Steuern. Er ermöglicht daher eine sehr genaue Erfassung der Steuerkraft der eingeschulten Gemeinden oder Gemeindeteile. Er ist aber nicht einfach zu handhaben. Ich darf wegen der Einzelheiten auf die eingehende Vollz.Bek. vom 10. Dezember 1928 (GVBl. S. 428) hinweisen. Wenn es sich um Gemeinden mit wirtschaftlich ähnlich gelagerten Verhältnissen handelt, ist es durchaus nicht erforderlich mit einem derart genauen Maßstabe zu messen. In sehr vielen Fällen haben die Gemeinden schon früher sich damit geholfen, daß sie einen einfacheren Verteilungsmaßstab vereinbart haben. Dies war jedoch, wie der VGH. mehrfach entschieden hat, unzulässig. Es ist eine weitere grundlegende Aenderung des bisherigen Rechtes durch die Novelle vom 24. April 1928, daß den Gemeinden nunmehr die Möglichkeit eingeräumt ist, anstelle des gesetzlichen Verteilungsmaßstabes irgend einen anderen einfacheren Maßstab zu vereinbaren. Die Bezirksverwaltungsbehörden können den Gemeinden und den Verwaltungsgerichten viele Arbeit ersparen, wenn sie ihre Gemeinden immer wieder darauf hinweisen, daß es bei einfacher gelagerten Verhältnissen ein Unding wäre mit dem peinlich genauen Verteilungsmaßstabe zu messen. Zweierlei ist allerdings bei dem vereinbarten Verteilungsmaßstabe zu beachten: die Abweichung vom gesetzlichen Verteilungsmaßstab ist nur zulässig, wenn sämtliche am Schulsprengel beteiligten Gemeinden und die verstärkte Gemeindeverwaltung hiermit einverstanden sind. Ferner: Auch bei dem vereinbarten Maßstab entscheidet im Falle später entstehender Streitigkeiten über die Verteilung und Aufbringung des Schulbedarfes in dem zusammengesetzten Schulsprengel gemäß VGG. Art. 10 Ziff. 20 der Verwaltungsgerichtshof. Auch die Vereinbarungen über den gewählten Verteilungsmaßstab sind daher sorgfältig vorzubereiten und auf das genaueste festzulegen. Vielleicht wird es sich auch empfehlen, derartige Vereinbarungen immer nur auf befristete Zeit zu treffen, einmal weil sich doch die bei ihrem Abschlusse als maßgebend in Erwägung gezogenen Verhältnisse ändern können, dann aber auch deshalb, weil es nach der Rechtsnatur dieser Vereinbarungen sehr zweifelhaft ist, ob ihre Aufhebung im Falle unbefristeten Abschlusses nicht der Zustimmung aller beteiligten Gemeindeverwaltungen bedürfte. Das Gleiche müßte gegebenenfalls natürlich auch für ihre Aufhebung vor Ablauf der für ihre Geltungsdauer vereinbarten Zeit gelten. Ich verweise zu dieser Frage auf die Ausführungen unseres Kollegen von Lex in Nr. 17 der Bayerischen Gemeinde- und Verwaltungszeitung von diesem Jahre.

4. Eine Materie, die im Laufe der letzten 10 Jahre auch viel Staub aufgewirbelt hat, ist die Frage der verheirateten Lehrerinnen. So sehr es außer jedem Zweifel steht, daß die grundsätzlich ablehnende Stellung, die die bayerische Unterrichtsverwaltung gegen die Verwendung verheirateter Lehrerinnen an den Volksschulen einnimmt, in weitesten Kreisen der Bevölkerung vollstes Verständnis findet, so sehr ist auf der anderen Seite das Schwanken zu bedauern, das die Gesetzgebung in dieser Frage in den letzten Jahren eingenommen hat. Nunmehr ist ja in der Frage bis auf weiteres ein gewisser Beharrungszustand eingetreten, da die Ausnahmebestimmungen der Personalabbauverordnungen des Reiches und des Landes gleichmäßig ab 1. April 1929 außer Kraft getreten sind und damit der dem Art. 128 Abs. II RV. entsprechende normale Rechtszustand wieder eingetreten ist. Demzufolge müssen nunmehr unwiderrufliche Lehrerinnen, die sich verehelichen, grundsätzlich im Dienste belassen werden, wenn sie nicht selbst um ihre Entlassung nachsuchen. Zu diesem Zwecke haben sie sich zu erklären, ob sie im Dienste verbleiben oder um ihre Entlassung von einem bestimmten Zeitpunkt an nachsuchen wollen. Verbleiben sie im Dienste, so könnte gegenüber allenfallsigen Unzuträglichkeiten, die sich aus der Eheschließung ergeben, nur dienstaufsichtlich — nötigenfalls auch durch Versetzung — oder disziplinär vorgegangen werden. Dagegen kann das Dienstverhältnis widerruflicher Lehrerinnen, die sich verheiraten, nach wie vor auf Grund des Art. 5 Abs. II VLG. gelöst werden. Zur Herbeiführung eines

zuverlässigen Vollzuges ist vorgeschrieben, daß jede Lehrerin (auch die unwiderrufliche), die sich verehelichen will, die Anzeige von der beabsichtigten Eheschließung mindestens 4 Wochen vorher beim zuständigen Bezirksschulrat einzureichen und dabei Namen, Stand und Wohnort des künftigen Ehemannes anzugeben hat. Der Bezirksschulrat hat diese Anzeigen stets sofort der Regierung vorzulegen, damit diese die veranlaßten weiteren Entschließungen mit Beschleunigung treffen kann. Eine Mitwirkung des Bezirksamtsvorstandes ist in diesen Fällen nur dann veranlaßt, wenn die Lehrerin im Dienste zu bleiben wünscht. In diesem Falle hat sich die Bezirksschulbehörde darüber zu äußern, ob gegen die Ehe dienstliche Bedenken bestehen, sei es mit Rücksicht auf die Person des künftigen Ehemannes oder aus sonstigen Gründen. Hiewegen etwa erforderliche Erhebungen wären vom Bezirksamte zu pflegen. Schulamtsbewerberinnen sind im Falle der Verheiratung stets aus der Liste der Bewerberinnen zu streichen. Wenn mündliche Aufschlüsse über die dienstlichen Verhältnisse der verheirateten Lehrerinnen erbeten werden, empfiehlt es sich stets zu bemerken, daß diese Aufschlüsse nur nach dem gegenwärtigen Stande der Gesetzgebung erteilt werden können und dabei vielleicht auch weiter zu betonen, daß angesichts des wiederholten Wechsels in den gesetzlichen Bestimmungen, hinsichtlich deren Bayern von der Gesetzgebung des Reiches abhängig ist, zur Vermeidung späterer Enttäuschungen eine Eheschließung sich nur dann empfiehlt, wenn durch die Stellung des Mannes die wirtschaftliche Versorgung gesichert erscheint.

5. Der letzte, aber gerade vom Standpunkte der anwesenden Herren Kollegen nicht unwichtigste Punkt, auf den ich endlich noch zu sprechen kommen möchte, ist die Stellung des Bezirksamtsvorstandes in der Bezirksschulbehörde, also vor allem sein Verhältnis zum Bezirksschulrate. Hier sind gerade auch aus Kreisen der Bezirksamtsvorstände hin und wieder Stimmen laut geworden, als ob es für den Amtsvorstand jetzt schwieriger sei das richtige Verhältnis zu dem Bezirksschulrate herstellen als es früher gegenüber dem geistlichen Distriktsschulinspektor der Fall war. Und es sind auch Stimmen laut geworden, als ob auch die Unterrichtsverwaltung selbst durch ihre Maßnahmen in den letzten Jahren gerade nicht dazu beigetragen habe, die Stellung des Bezirksamtsvorstandes in dieser Hinsicht zu stärken. Beides kann ich nicht als richtig anerkennen. Was den letzten Punkt anlangt, so möchte ich doch nachdrücklich betonen,

daß die Zuständigkeiten zwischen Bezirksamtsvorstand und Bezirksschulrat im wesentlichen durchaus in gleicher Weise ausgeschieden sind, wie es früher gegenüber dem Distriktsschulinspektor der Fall war. Und die ersteren Bedenken sind, so hoffe ich und glaube ich mich auch in meiner eigenen dienstlichen Praxis der letzten Jahre überzeugt zu haben, durch die Erfahrungen der Herren Bezirksamtsvorstände selbst zerstreut worden.

Wenn aber der Bezirksamtsvorstand die Stellung, die ihm die Organisation der Bezirksschulbehörde zuweist, richtig wahrnehmen will, dann wird es allerdings notwendig sein, daß er auch die Zuständigkeiten, die ihm nach den bestehenden Vorschriften zukommen, beachtet. Die Ausscheidung der Zuständigkeiten zwischen Bezirksamtsvorstand und Bezirksschulrat ist durch Ziff. 48e der Vollz.V. z. SchAG. vom 16. August 1923 erfolgt. Dort sind einerseits die besonderen Angelegenheiten des Bezirksamtsvorstandes und des Bezirksschulrates, die jeder von beiden ohne Mitwirkung des andern zu erledigen hat, und andrerseits die gemeinsamen Angelegenheiten aufgeführt, die beide zusammen erledigen müssen. Bei den Angelegenheiten der ersteren Art gibt es wohl kaum Zweifel. Was jedoch die Behandlung der gemeinsamen Angelegenheiten anlangt, so enthält vor allem die Unterziffer VI der erwähnten Ziff. 48 der Vollz.V. zum SchAG. in Abs. 2 eine Bestimmung, die in diesem Zusammenhange von besonderer Wichtigkeit ist. Dort ist nämlich bestimmt, in welchen von diesen gemeinsamen Angelegenheiten die Vorbehandlung dem Bezirksamtsvorstand und in welchen sie dem Bezirksschulrat obliegt und wenn Sie das Verzeichnis vergleichen, werden Sie finden, daß die Vorbehandlung in der Mehrzahl der hier geregelten Fälle dem Bezirksamtsvorstande zugewiesen ist. Zur Erläuterung dieser Bestimmung darf ich ein Beispiel herausgreifen, das sind die Fälle von Dienststrafverfahren. Es wäre nicht richtig, wenn der Bezirksamtsvorstand in solchen Fällen etwa die Durchführung der gesamten Erhebungen und die Vernehmung von Zeugen dem Bezirksschulrat überlassen würde. Zwar sind hier Ausnahmefälle denkbar, wo ein solches Verfahren sachgemäß sein könnte, z. B. dann, wenn die dem Volksschullehrer zur Last gelegten Verfehlungen ausschließlich auf schultechnischem Gebiete lägen oder wenn es sich darum handelte, Schulkinder zu vernehmen. In der weit überwiegenden Mehrzahl der Fälle wäre ein solches Verfahren jedoch falsch. Die sachliche Stellungnahme, soweit es sich nicht um rein schultechnische Fragen, sondern um solche von allgemein administrativer Bedeutung handelt, die Durchführung der veranlaßten Erhebungen und insbesondere auch die Vernehmung von Zeugen ist vielmehr Aufgabe des Bezirksamtsvorstandes oder des von ihm damit beauftragten bezirksamtlichen Beamten. Die erwähnte Bestimmung der Vollz.V. zum SchAG. trägt diesem Gedanken auch mit dem Satze Rechnung: „Spätestens vor Abschluß der Verhandlungen, soweit veranlaßt auch in ihrem Verlauf, ist das andere Mitglied der Bezirksschulbehörde mit seiner Aeußerung zu hören." Daraus kann man ohne weiteres folgern, daß es nicht der Absicht der bestehenden Vorschriften entspräche, diese ganzen Verhandlungen dem andern Mitgliede zu überlassen. —

Man hat in den letzten zehn Jahren, seit der verlorene Krieg, der Umsturz und die dadurch hervorgerufene Verwirrung, aber auch die durch die neueste Entwicklung geborenen Gedanken an so vieles gerührt haben, was früher als unumstößliche Maxime galt, auch oft von einer Krise der Volksschule gesprochen, und dieses Wort war wohl nicht unberechtigt. In manchem ist diese Krise überwunden, in mancher Beziehung dauert sie noch fort. Es liegt auch in der Hand der am Volksschulwesen zur Mitarbeit berufenen juristischen Verwaltungsbeamten und vor allem der Bezirksamtsvorstände, ihr Teil dazu beizutragen, daß diese Krise zu einem glücklichen Ende geführt wird. Ein wesentlicher Faktor dabei wird aber sein, daß der Bezirksamtsvorstand die richtige Fühlung mit der Lehrerschaft seines Bezirkes zu halten und zu pflegen versteht. Nicht dadurch, daß er jedem nur als der gefürchtete Vorgesetzte vor Augen steht, sondern dadurch, daß er in der Lehrerschaft seines Bezirkes mit den wertvollsten Helfer zur Kulturpflege im besten und edelsten Sinne des Wortes erkennt und daß er es versteht, die Lehrerschaft vor allem auch in diesem Sinne an sich heranzuziehen und dem Zwecke dienstbar zu machen, unser Volk einer Zukunft entgegenzuführen, die besser sein soll als die Gegenwart, in der wir leben.

Die Neuordnung des Verhältnisses zwischen Staat und Kirche.

Von Ministerialrat W. Emnet.

Das Rechtsverhältnis zwischen Staat und Kirche war in Bayern, wie überwiegend auch in den übrigen deutschen Gliedstaaten, bis zur Staatsumwälzung nach dem System der Staatskirchenhoheit geregelt. Dieses kirchenpolitische System war im wesentlichen verankert in Tit. IV §§ 9 und 10 der alten Verfassungsurkunde, in ihrer 2. Beil., dem Religionsedikte, und in seinen beiden Anhängen, dem Konkordate von 1817 und dem Protestantenedikte von 1818. Weder die Reichsverfassung von 1871, die sich mit dem Rechte der Religionsgesellschaften nicht befaßt hatte, noch die KGO. von 1912, die sich im Rahmen der damaligen Verfassungsbestimmungen gehalten und einen Ausschnitt des Staatskirchenrechtes, nämlich die Verwaltung des Ortskirchenvermögens neu kodifiziert hatte, haben die Rechtsgrundlagen dieses kirchenpolitischen Systems berührt.

Dagegen war die verfassungsmäßige Neuordnung der staatsrechtlichen Verhältnisse im Jahre 1919 von tiefgreifendem Einfluß auf die Gestaltung der Beziehungen zwischen Staat und Kirche in ganz Deutschland. Zunächst räumt Art. 10 Ziff. 1 der nunmehrigen RV. dem Reiche die Grundsatzgesetzgebung für die Rechte und Pflichten der Religionsgesellschaften ein im Sinne der bedingt konkurrierenden Reichszuständigkeit. Im einzelnen regelt dann diese Verfassung ihrerseits selbst einen Teil dieses Rechtsgebietes im 3. Abschnitte des 2. Hauptteiles (Art. 135—141). Nach Behandlung der religiösen Grundrechte der Erwachsenen in Art. 135 und 136 trifft der Gesetzgeber in Art. 137 die grundlegenden Bestimmungen über das Verhältnis von Staat und Kirche.

An die Spitze des Art. 137 ist die Vorschrift gestellt, daß keine Staatskirche besteht. Die Vorschrift hat nicht die Bedeutung der Abschaffung des sog. Staatskirchentums, das ja in Deutschland schon längst vor der Weimarer Verfassung verschwunden war; der Satz bezielt vielmehr nur die ausdrückliche Beseitigung der engen Verbindung, wie sie zwischen dem Staate und den evang. Kirchen in der Form des landesherrlichen Kirchenregiments bestanden hatte. Aus der Vorschrift des Art. 137 Abs. 1 läßt sich daher nicht die Folgerung ableiten, daß die Reichsverfassung grundsätzlich auf dem Standpunkte der Trennung von Staat und Kirche stehe. Vielmehr ist für die Beurteilung des kirchenpolitischen Systems der Reichsverfassung der sachliche Inhalt der nächstfolgenden Bestimmungen des Art. 137 von ausschlaggebender Bedeutung; dabei ist besonders zu betonen, daß die Vorschriften des Art. 137 sofort wirksames, für die Landesgesetzgebung gemäß Art. 13 Abs. 1 verbindliches Recht geschaffen haben und hiernach ohne weiteres zwingende Geltung beanspruchen, insoweit sie nicht in den einzelnen Ländern noch einer Durchführung im Sinne des letzten Absatzes bedürfen. Im einzelnen ist folgendes zu bemerken:

a) Abs. 2 des Art. 137 gewährleistet die Freiheit der Vereinigung zu Religionsgesellschaften. Damit ist der früher in Bayern im Gegensatze zu dem größten Teile der übrigen deutschen Staaten bestandene Genehmigungszwang für die Zusammenschließung zu Religionsgesellschaften weggefallen.

b) Abs. 3 Satz 1 des Art. 137 verleiht den Religionsgesellschaften das Selbstbestimmungsrecht in der Ordnung und Verwaltung ihrer Angelegenheiten innerhalb der Schranken des für alle geltenden Gesetzes. Für die Auslegung ist von besonderer Bedeutung, daß nach übereinstimmender Rechtsauffassung das Wort „alle“ substantivisch gemeint ist. „Ihre“ Angelegenheiten sind jene, die nicht durch das für alle geltende Gesetz, sei es im ganzen oder in beschränktem Umfange, der Regelung durch die Religionsgesellschaften entzogen sind. Durch diese weittragende Bestimmung ist grundsätzlich ausgesprochen, daß die Religionsgesellschaften in der Ordnung ihrer Angelegenheiten nicht durch die Reichs- oder Landesgesetzgebung beschränkt werden können. Das frühere System der besonderen Staatskirchenhoheit ist damit verschwunden. Dies hat zur Folge, daß alle entsprechenden Schranken des Religionsediktes usw. beseitigt sind, soweit sie nicht durch die Landesverfassung in rechtlich zulässigem Umfang ausdrücklich aufrechterhalten sind (wie z. B. § 19 Abs. 4 VU. Simultaneen). Beseitigt sind hiernach beispielsweise die früheren Vorschriften über das Placet und den recursus ab abusu, weiterhin jene über die Gewährung staatlicher Hilfe bei Pfründeentsetzungen, die Bestimmungen über die Pfarrkonkursprüfung, über die Anstellung und Entlassung der weltlichen Kirchendiener, schließlich jene über das Stolgebührenwesen vorbehaltlich der Behandlung der Gebühren der weltlichen Kirchendiener im Zusammenhange mit der Benutzung kirchlichen Eigentums und ortskirchlicher Anstalten nach der KGO. Art. 14 und 54. Die Dreiteilung des alten bayerischen Verfassungsrechtes nach inneren, gemischten und weltlichen Angelegenheiten, die an einer gewissen Systemlosigkeit gelitten hatte, ist damit weggefallen. Ein eigener Fall des Anwendungsgebietes des Selbstbestimmungsrechts der Religionsgesellschaften ist in Art. 137 Abs. 3 Satz 2 RV. besonders herausgestellt, nämlich die Freiheit der kirchlichen Aemterverleihung, auf die im Verlaufe der Darstellung noch näher einzugehen sein wird. Zu betonen ist ferner allgemein, daß das verfassungsmäßige Selbstbestimmungsrecht allen Religionsgesellschaften eingeräumt ist, gleichviel ob sie rechtsfähig sind, ob sie die Rechtsstellung öffentlicher Körperschaften besitzen oder nicht. Beseitigt sind hiernach gewisse Beschränkungen der alten Landesverfassung gegenüber Privat-Kirchengesellschaften (z. B. Verbot des Gebrauches der Glocken und sonstigen Auszeichnungen — vergl. Art. 135 RV.).

Die Unterverbände der Religionsgesellschaften, in Bayern die Religionsgemeinden (Kirchengemeinden) sind in Art. 137 Abs. 3 nicht aufgeführt, können also hieraus nicht unmittelbar das Recht zur Selbstbestimmung ableiten. Mittelbar aber genießen sie dieses mit der ihnen übergeordneten Religionsgesellschaft, soweit das kirchliche Verfassungsrecht im Rahmen des staatlichen Körperschaftsrechtes ihnen die selbständige Ordnung ihrer Angelegenheiten überläßt; daher ist die Fassung des § 18 Abs. 3 VU. in dieser Richtung nicht zu beanstanden. Die sogenannten geistlichen Gesellschaften (Orden, Kongregationen, Bruderschaften) fallen nicht unter Art. 137 Abs. 3; sie sind vielmehr nach Art. 124 RV. zu beurteilen, wonach für religiöse Vereine und Gesellschaften Assoziationsfreiheit besteht. Damit ist die frühere staatliche Klosteraufsicht weggefallen (vergl. § 18 Abs. 1 VU.), jedoch vorbehaltlich der im einzelnen Falle für die Unternehmungen solcher Gesellschaften bestehenden allgemeinen staatlichen Beschränkungen, wie z. B. nach der Verordnung vom 10. Mai 1905 über die Erziehungs- und Unterrichtsanstalten. Ebenso ist dadurch das Einspruchsrecht der Verwaltungsbehörde nach § 61 Abs. 2 BGB. gegen die Eintragung eines Vereines mit religiösem Zweck in das Vereinsregister beseitigt.

c) Art. 137 Abs. 4 regelt die bürgerliche Rechtsfähigkeit der Religionsgesellschaften dahin, daß sie nach den allgemeinen Vorschriften des bürgerlichen Rechtes erworben wird. Alle entgegenstehenden Beschränkungen und Sondervorschriften in dieser Beziehung sind aufgehoben.

d) Während die bisher erörterten Vorschriften des Art. 137 gleichmäßige Grundsätze für alle Religionsgesellschaften aufstellen, wird in den beiden folgenden Absätzen 5 und 6 eine besondere Gattung von Religionsgesellschaften herausgehoben, die entsprechend der historischen Entwicklung und wegen ihrer hohen Bedeutung für das Staatswesen auch fernerhin eine Vorzugsstellung genießen; das sind diejenigen Religionsgesellschaften, die die Rechtsstellung öffentlicher Körperschaften besitzen. Das Gesetz bestimmt, daß die Religionsgesellschaften Körperschaften des öffentlichen Rechtes bleiben, soweit sie es bisher waren, ferner, daß anderen Religionsgesellschaften auf ihren Antrag die gleichen Rechte zu gewähren sind, wenn sie durch ihre Verfassung und die Zahl ihrer Mitglieder die Gewähr der Dauer bieten (vergl. § 18 Abs. 2 BU.). Die Regelung der Zuständigkeit zur Verleihung der Körperschaftsrechte und ihres Inhaltes ist Sache des Landesrechtes. Reichsrechtlich ist nur noch in Art. 137 Abs. 6 den Religionsgesellschaften dieser Art allgemein die Erhebung von Kirchensteuern nach Maßgabe der landesrechtlichen Bestimmungen garantiert. In Bayern bestehen hiernach die großen christlichen Bekenntnisse, nämlich die katholische Kirche, die evang.-lutherische Kirche r. d. Rhs. und die vereinigte protestantische Kirche der Pfalz sowie die reformierte Kirche als öffentliche Religionsgesellschaften fort. Auf Grund des neuen Verfassungsrechtes wurden späterhin diese Rechte einigen Religionsgesellschaften neu verliehen (vergl. Dr. Hofmann „Das Recht der Religionsgesellschaften in Bayern“ S. 10).

Bei Würdigung der Vorschriften über die Beilegung öffentlicher Körperschaftsrechte an gewisse Religionsgesellschaften ist hervorzuheben, daß es nicht die Absicht der RV. war, mit diesen Bestimmungen zum Ausdruck zu bringen, es sei der Landesgesetzgebung ermöglicht, auf dem Wege des Körperschaftsrechtes den beteiligten Religionsgesellschaften ihr in Art. 137 Abs. 3 gewährleistetes Selbstverwaltungsrecht beschränken zu können. Es besteht hiernach von diesem Standpunkte kein Gegensatz zwischen Abs. 3 und Abs. 5 des Art. 137. Die teilweise im Schrifttum vertretene sogen. Korrelativitätstheorie ist daher abzulehnen.

Dies der wesentliche Inhalt des die Materie grundsätzlich regelnden Art. 137 RV. Die weiteren Vorschriften in Art. 138 bis 141 können für diese Darstellung übergangen werden. Zusammenfassend ist zu sagen: Das in Art. 137 zum Ausdruck gebrachte Rechtssystem kann bezeichnet werden als eine Neuordnung des Verhältnisses zwischen Staat und Kirche im Sinne einer gewissen Lockerung, jedoch nicht völligen Lösung dieser beiden Gewalten („hinkende Trennung“ nach Stutz). Welche Folgerungen haben sich nun aus dieser Regelung für die bayerische Landesgesetzgebung, soweit sie nicht ohne weiteres als beseitigt zu gelten hatte, ergeben und sind von ihr verwirklicht worden (vergl. Art. 137 Abs. 8 RV.)?

1. Die VU. enthält in ihrem 4. Abschnitt eine Reihe von Vorschriften über die Gewissensfreiheit und die Religionsgesellschaften, die in der Ueberschrift als Durchführungsbestimmungen zu Art. 135 ff. RV. bezeichnet sind. Eine Anzahl von diesen zum Teil schon erwähnten Bestimmungen entbehrt der selbständigen Bedeutung, insoweit sie die Rechtssätze der RV. wiederholen; ihre Aufnahme in die Landesverfassung könnte jedoch im Einzelfall unter Umständen für die Anrufung des Staatsgerichtshofes rechtserheblich sein. Zu den übrigen einschlägigen Vorschriften ist allgemein zu bemerken, daß das bayer. Landesverfassungsrecht wie schon früher zwischen Religionsgesellschaften und Religionsgemeinden unterscheidet. Ferner sind hervorzuheben die Bestimmungen des § 17 Abs. 2 und 3 VU. über die Zugehörigkeit der Kinder zu einer Religionsgesellschaft und den Austritt aus einer Religionsgesellschaft, die die früheren verfassungsrechtlichen Vorschriften ersetzt haben und mit dem Art. 137 RV. nicht im Widerspruch stehen. § 17 Abs. 2 hat jedoch nach herrschender, aber nicht unbestrittener Rechtsauffassung als beseitigt zu gelten durch das Reichsgesetz über die religiöse Kindererziehung vom 15. 7. 1921. Die Bestimmungen des § 17 Abs. 3 erstrecken sich nur auf Religionsgesellschaften öffentlichen Rechtes und auf Personen, die in Bayern ihren Wohnsitz oder ständigen Aufenthalt haben und Mitglieder einer Religionsgesellschaft sind, die nach staatlichem Recht innerhalb Bayerns gebildet ist.

2. Das kirchliche Steuerrecht ist geregelt durch das religionsgesellschaftliche Steuergesetz von 1921 in der Fassung vom 1. 8. 1923 / 27. 6. 1927. Die Vorschriften des Art. 20—25 der KGO. und des protestantischen Kirchensteuergesetzes vom 15. 8. 1908 sind damit beseitigt. Materiell ist das nunmehrige Kirchenumlagenrecht im großen und ganzen dem früheren Rechte der KGO. nachgebildet, besonders auch hinsichtlich der Bauumlagenpflicht der juristischen Personen; diese steht dem Wortlaute des § 18 Abs. 3 BU. nicht entgegen und ist auch reichsrechtlich nach der Entstehungsgeschichte des Art. 137 Abs. 6 RV. gedeckt. Die wesentlichen Aenderungen gegenüber dem früheren Rechtszustande gehen dahin, daß das rel.St.G. auf der Grundlage des Zuschlagssystems — nach der RV. wäre auch anderweitige Regelung nicht unzulässig — die Umlagenberechtigung allen Religionsgesellschaften und Religionsgemeinden des öffentlichen Rechts einräumt, während sich die KGO. nur mit dem Umlagenrechte der katholischen und evangelisch-protestantischen Kirche und lediglich in Form der Ortskirchenumlagen befaßt hatte. Im Gesetze sind die Religionsgesellschaften (in der katholischen Kirche die Diözesen) und die Religionsgemeinden öffentlichen Rechts als Steuerverbände erklärt und zwar mit der Maßgabe, daß die Ausgestaltung ihrer Verwaltungsorgane grundsätzlich der Kirche überlassen ist. Eigene neue Rechtspersönlichkeiten sind damit nicht geschaffen worden. Das Verhältnis zwischen der Religionsgesellschaft und dem religionsgesellschaftlichen Steuerverbande sowie zwischen der Religionsgemeinde und dem religionsgemeindlichen Steuerverband ist vielmehr ähnlich zu beurteilen wie jenes zwischen der bürgerlichen Gemeinde und dem Ortsfürsorgeverband oder dem Kreis und dem Landesfürsorgeverbande.

3. Durch das rel. St.G. sind die Vorschriften der KGO. über die Vertretungsorgane der Kirchengemeinden als Körperschaften und der Kirchenstiftungen nicht berührt worden. Dieses Rechtsgebiet ist neu geregelt worden durch das Gesetz über die ortskirchlichen Vertretungskörper vom 21. 12. 1921, das den beteiligten Kirchen die Anordnungen über Zusammensetzung, Berufung oder Wahl, Ersetzung und Austritt der Mitglieder sowie über den Geschäftsgang der Kirchenverwaltungen unter Aufstellung gewisser Mindestforderungen in Anlehnung an das rel. St.G. einräumt. Damit ist die Möglichkeit der Wahrung der früheren Einheit der Vertretungskörper für die Ortskirchenstiftungen und die Kirchengemeinden, und zwar letzterer in ihrer Eigenschaft als

Körperschaften wie als Steuerverbände, eröffnet. Die einschlägigen Bestimmungen der KGO. (Art. 36—52 und Art. 96 b) sind dadurch außer Kraft gesetzt. Hiernach besteht insbesondere keine staatliche Zuständigkeit mehr auf dem Gebiete der Kirchenverwaltungswahlen. Die frühere Kirchengemeindeversammlung ist weggefallen, da sie in den einschlägigen kirchlichen Satzungen nicht als Vertretungskörper vorgesehen ist.

4. Die kirchliche Vermögensverwaltung unterliegt nach der RV. grundsätzlich der kirchlichen Selbstverwaltung, während sie früher eine weltliche Angelegenheit war. Das bayr. Kirchenvermögensrecht ist gekennzeichnet durch die scharfe Unterscheidung zwischen dem Ortskirchenvermögen und dem Pfründegute. Die hauptsächlichen Rechtsträger, nämlich die Kirchen- und Pfründestiftungen als öffentliche Stiftungen, standen schon nach dem früheren und stehen nach dem jetzigen Verfassungsrechte (§ 25 VU.) unter staatlicher Beaufsichtigung. Da mangels allgemeiner Vorschriften über das Stiftungswesen diese Beaufsichtigung gegenüber den kirchlichen Stiftungen nicht wirksam ausgeübt werden könnte, müssen die Bestimmungen der KGO. über die ortskirchlichen Stiftungen (soweit sie nicht, wie bereits erörtert, anderweitig außer Kraft gesetzt sind) sowie die Vorschriften über die Pfründestiftungen und die Pfründeaufsicht als fortdauernd geltend erachtet werden; dies entspricht auch der Willensmeinung des Landtags.

Anders ist die Frage der Staatsaufsicht über die Kirchengemeinden zu beurteilen. Da für sie die stiftungsrechtlichen Bestimmungen nicht gelten und in Bayern kein allgemeines Gesetz über öffentliche Körperschaften besteht, unterliegen die bayr. Kirchengemeinden im Hinblick auf Art. 137 Abs. 3 RV. grundsätzlich keiner Staatsaufsicht mehr. Es besteht lediglich noch eine Aufsicht durch die Religionsgesellschaft (vergl. Art. 12 Abs. III a des rel. St.G.). Die einschlägigen Beschränkungen der KGO. sind hiernach gegenüber den Kirchengemeinden weggefallen. Daher sind insbesondere beseitigt die Vorschriften der Art. 32—34, soweit sie sich auf die Aufnahme von Anlehen durch Kirchengemeinden beziehen; solche Schuldaufnahmen bedürfen vorbehaltlich der Beachtung des Art. 5 Abs. 2 des rel. St.G. keiner staatsaufsichtlichen Genehmigung. Ebenso gelten im allgemeinen nicht mehr die Vorschriften in Art. 73 ff. KGO., soweit sie sich auf Kirchengemeinden erstrecken. Insoweit diese Vorschriften jedoch Zwecke der Denkmalspflege verfolgen, in welcher Beziehung auch sonstige öffentliche Körperschaften weitgehenden Beschränkungen unterliegen, läßt sich ihre fortdauernde Geltung auch für das Kirchengemeindevermögen wohl vertreten. Beseitigt sind ferner beispielsweise auch die Bestimmungen über die Anlegung der Gelder der Kirchengemeinden; die einschlägige M.B. vom 14. 6. 1918 gilt nur noch für Kultusstiftungen.

Im übrigen darf wegen der Einzelheiten der derzeitigen Kirchenvermögensverwaltung, namentlich wegen des Kassen- und Rechnungswesens auf Hofmann a. a. O. S. 28 ff. und die daselbst angeführte M.E. vom 9. 9. 1922, die jedoch nicht in allen Punkten der nunmehrigen Rechtsentwicklung und Rechtsauffassung völlig entspricht, Bezug genommen werden.

Angesichts der geschilderten Rechtslage ist festzustellen, daß die KGO. nur noch als Torso besteht. Sie werden an mich die Frage richten, welche Vorschriften von ihr eigentlich noch gelten und welche nicht. Diese Frage ist trotz der dargelegten allgemeinen Grundsätze nicht einfach zu beantworten; ihre Lösung erfordert eine sorgfältige Prüfung bei jeder einzelnen Bestimmung. Es ist z. B. nicht ganz unbestritten, ob und wieweit die Vorschriften in Art. 12 ff. über die Ortskirchenbedürfnisse auch bezüglich der Kirchenstiftungen durch die entsprechenden kirchlichen Satzungsbestimmungen (vergl. Art. 17 ff. der Steuerverbandssatzung für die bayerischen Diözesen vom 4. 11. 1924) außer Kraft gesetzt sind. Hierwegen darf auf die auch sonst recht gehaltvollen Ausführungen von RR. Dr. Kihn in den Bayr. Verwaltungsblättern 1929 Heft 3 ff. verwiesen werden. Diese Satzung hat den Umkreis der Ortskirchenbedürfnisse teilweise erweitert, wogegen keine rechtlichen Bedenken bestehen, da die Zweckbestimmung hierüber der Kirche frei gegeben ist (vergl. Art. 1 des rel. St.G.). Auf diese Weise ist eine wichtige Aenderung in der Baulast für die katholischen Pfründewohngebäude bewirkt worden, die hier nur gestreift werden kann und in den Entscheidungen des VGH. S.Bd. 48 S. 13 und 18 näher dargestellt ist. Die weitere mit den vorangeführten Vorschriften im Zusammenhang stehende, in den letzten Jahren öfters praktisch gewordene Frage, ob die Kirchengemeinden verbunden sind, für pflichtmäßige regelmäßig aus älterer Zeit stammende Leistungen der Kirchenstiftungen zum Diensteinkommen der Seelsorgegeistlichen ersatzweise aufzukommen, ist zur Zeit Gegenstand eines Verwaltungsstreitverfahrens und wird der oberstrichterlichen Entscheidung zugeführt werden.

Zu den sonstigen noch nicht erörterten Vorschriften der KGO. (vgl. auch Hofmann a. a. O. S. 32) ist kurz zu bemerken, daß die Bestimmungen in Art. 26 ff. über die Kirchengemeindedienste vorläufig noch Geltung beanspruchen können, da es sich hier um Rechte, nicht um lästige Beschränkungen der Kirche handelt. Jedoch kann im einzelnen Falle sich unter Umständen Anlaß zur Prüfung in der Richtung ergeben, ob die angesonnene Verpflichtung nicht im Widerspruch zu Art. 136 Abs. 4 RV. steht, wonach niemand zu einer kirchlichen Handlung oder Feierlichkeit oder zur Teilnahme an religiösen Uebungen gezwungen werden kann. Ferner sind die Vorschriften über die Reichnisse im allgemeinen als fortbestehend zu erachten.

5. Die Bildung und Umbildung von Kirchengemeinden wurde früher im Zusammenwirken zwischen Staat und Kirche vollzogen. Nunmehr greift auch hier das kirchliche Selbstbestimmungsrecht Platz. Soweit jedoch dabei neue juristische Persönlichkeiten geschaffen oder bestehende juristische Personen in ihrem Bestande, besonders dem territorialen, berührt werden, ist die Mitwirkung des Staates auch fernerhin erforderlich; denn die Einordnung in den Rechtsverkehr, in die staatliche Rechtsordnung ist Aufgabe des Staates. Daher ist für die Umbildung von Kirchengemeinden durch Art. 2 Abs. 2 des rel. St.G. und die M.E. vom 1. 8. 1923 eine entsprechende Beteiligung (Erinnerungsrecht) des Staates vorgeschrieben. Ebenso ist bei Neubildung von Kirchengemeinden, z. B. bei Errichtung von Tochterkirchengemeinden, wenn für sie die Eigenschaft einer Körperschaft des öffentlichen Rechts und damit die Umlagenberechtigung angestrebt werden will, die staatliche Verleihung dieser Eigenschaft beim Unterichtsministerium zu erwirken; dieses entscheidet mangels einer verbindlichen reichsrechtlichen Vorschrift nach freiem, jedoch pflichtmäßigem Ermessen, wobei entsprechend den Grundsätzen des Art. 137 Abs. 5 Satz 2 RV., wie sie für die Religionsgesellschaften gelten, verfahren zu werden pflegt. Wegen der fortdauernden Anerkennung der bereits früher bestandenen Religionsgemeinden öffentlichen Rechts ist auf § 18 Abs. 1 VU. zu verweisen. Auch bei Gesamtkirchengemeinden ist deren Bildung eine kirchliche Angelegenheit; die Verleihung der Eigenschaft einer Körperschaft des öffentlichen Rechts und eines Steuerverbandsbezirkes an sie bemißt sich nach Art. 18 des rel. St.G.

6. Die Errichtung von Seelsorgepfründen und -stellen war früher eine gemischte Angelegenheit, nunmehr ist die Kirche grundsätzlich frei in der Errichtung ihrer Aemter und Stellen. Wenn jedoch die staatlichen Mittel der Einkommensergänzung — staatliche Dotationen hierfür ebenso wie Staatszuschüsse für Kultusbauten werden im Hinblick auf § 17 Abs. 4 VU. nicht mehr gewährt — in Anspruch genommen werden, ist die staatliche Zustimmung nach Art. 5 des Gesetzes vom 8. 4. 1925 über die Ergänzung des Einkommens der Seelsorgegeistlichen erforderlich. Diese Zustimmung ist jedoch nicht mehr ein Ausfluß der Staatskirchenhoheit, sondern dient zur Wahrung der finanziellen Belange des Staates. Abgesehen davon bleiben jedenfalls die für die sonstigen damit zusammenhängenden Rechtsvorgänge begründeten staatlichen Zuständigkeiten, wie z. B. vom Standpunkte des Stiftungsrechtes, des Umlagenrechtes und des Körperschaftsrechtes unberührt (vgl. die M.E. vom 1. 8. 1923).

7. Die kirchliche Aemterverleihung ist nach der ausdrücklichen Bestimmung in Art. 137 Abs. 3 Satz 2 RV. nunmehr grundsätzlich der staatlichen Einwirkung entzogen. Mit dieser Rechtslage ist es jedoch vereinbar, daß die Kirche freiwillig dem Staate gewisse Zugeständnisse macht, wie sie in Art. 13 und 14 des neuen Konkordates und Art. 26 ff. / 19 ff. der evangel. Verträge niedergelegt sind. Aus diesem Gebiete ist besonders hervorzuheben, daß die staatlichen Patronats- und Präsentationsrechte für katholische Pfarreien und Benefizien gemäß Art. 14 § 3 des Konkordates aufrechterhalten sind, soweit sie auf besonderen kanonischen Rechtstiteln, d. h. jenen der Stiftung, Ausstattung oder Bauführung beruhen. Damit hat der Staat auf den weitaus größten Teil seiner Präsentationsrechte verzichtet. Zu betonen ist jedoch hierbei, daß die frühere Form der staatlichen Ernennung beseitigt ist, nachdem der im seinerzeitigen bayerischen Staatskirchenrechte herrschend gewesene Dualismus von Amt und Pfründe weggefallen ist. Die staatliche Präsentation wirkt sich nur noch aus in Form eines Vorschlages, worauf der Bischof Amt und Pfründe überträgt. Diese letzteren Erörterungen führen schließlich

8. zur Würdigung der neuen Kirchenverträge. Durch die neue Reichsverfassung wurde der Fortbestand des Konkordates von 1817 an sich nicht berührt. Jedoch hat sich ein neues konkordatmäßiges Abkommen und im Zusammenhange damit der

Abschluß entsprechender Verträge mit den evangelischen Kirchen infolge der veränderten staats- und verfassungsrechtlichen Verhältnisse als notwendig erwiesen. Der wesentliche Inhalt der nunmehrigen Kirchenverträge von 1925 läßt sich kurz dahin zusammenfassen, daß zunächst allgemeine Vorschriften über das Verhältnis von Staat und Kirche im engen Anschluß an die Bestimmungen der RV. getroffen sind; hierauf folgen die — gegenüber dem alten Konkordate völlig neuen — Bestimmungen über das Schulwesen und zuletzt solche über die Staatsleistungen an die Religionsgesellschaften. Aus den ersteren Vorschriften ist hervorzuheben, daß durch Art. 2 Abs. 2 mit Art. 15 § 2 des Konkordates die amortisationsgesetzlichen Erwerbsbeschränkungen nach Art. 7 ff. A.G. z. BGB. gegenüber den geistlichen Gesellschaften beseitigt sind. Was die Staatsleistungen anlangt, so ist zu bemerken, daß kein rechtlicher Zusammenhang zwischen den Staatsleistungen, sei es den pflichtmäßigen oder den freiwilligen, und dem nunmehrigen Selbstverwaltungsrechte der Religionsgesellschaften besteht. Aus der Fortgewährung dieser Staatsleistungen wie aus den entsprechenden Vorschriften der RV. (Art. 138, 174) und der VU. (§ 18 Abs. 2 und 4) kann nicht die Zulässigkeit einer besonderen Staatsaufsicht gegenüber den Religionsgesellschaften, namentlich auf dem Gebiete der Vermögensverwaltung, abgeleitet werden. Die Frage insbesondere, von welchen Voraussetzungen und Beschränkungen der Staat die Verabfolgung seiner freiwilligen Leistungen an die Kirchen abhängig machen will, ist keine solche verfassungsrechtlicher oder überhaupt juristischer Natur, sondern eine solche der Zweckmäßigkeit und nach staats- und finanzpolitischen Erwägungen zu entscheiden.

Die Kirchenverträge und die vorausgegangenen sonstigen gesetzlichen Maßnahmen haben, wie aus dem Gange der Darstellung ersichtlich, keine erschöpfende Gesamtregelung des Verhältnisses zwischen Staat und Kirche in Bayern gebracht, wie es z. B. im wesentlichen in Württemberg durch das Gesetz über die Kirchen vom 3. 3. 1924 geschehen ist. Die endgültige Bereinigung des zum Teil unsicheren Rechtszustandes wird das in § 25 Abs. 2 VU. vorgesehene Stiftungsgesetz zu bringen haben. Die kirchlichen Stiftungen werden grundsätzlich dem allgemeinen Stiftungsrechte zu unterstellen sein; eine beschränkende Sonderbehandlung gegenüber den anderen Stiftungen wäre verfassungswidrig. Im Rahmen des Stiftungsgesetzes wird die kirchliche

Vermögensverwaltung überhaupt, soweit sie noch eine solche Regelung erfordert und zuläßt, zweckmäßig unter Einräumung entsprechender Selbstgesetzgebungsbefugnisse an die Kirchen im Wege der satzungsmäßigen Ordnung etwa nach dem Vorbilde des neuen badischen Kirchenvermögensgesetzes zu regeln sein.

Die Reichsanstalt für Arbeitsvermittlung und Arbeitslosenversicherung und ihre Beziehungen zur Staats- und Gemeindeverwaltung.*)

Von Ministerialrat Dr. Ziegler.

I. Einleitung.

Das AVAVG. vom 16. Juli 1927 (RGBl. I S. 187) hat die Entwicklung einerseits der öffentlichen Arbeitsvermittlung mit Einschluß der Berufsberatung, anderseits der Arbeitslosenfürsorge zu einem organisatorischen Abschluß gebracht. Beide Sachgebiete gehörten ursprünglich zum Aufgabenkreis der Gemeinden. Der öffentliche Arbeitsnachweis verdankt seine Entstehung und Entwicklung der sozialpolitischen Initiative der Gemeinden, die sich dabei von den örtlichen Bedürfnissen leiten ließen. Maßgebend für das Interesse der Gemeinden an dieser Frage waren vor allem die Rückwirkungen größerer Arbeitslosigkeit auf die Armenlasten der Gemeinden, aber auch die moralischen und politischen Folgen des Uebergangs größerer Kreise in die öffentliche Armenpflege. Der gemeindliche Arbeitsnachweis der Vorkriegszeit war das typische Beispiel freiwilliger Gemeindearbeit, kommunaler Wirtschaftspflege und insbesondere waren es süddeutsche Großstädte, wie München, Stuttgart, Frankfurt, die um die Jahrhundertwende hier dankenswerte kommunale Pionierarbeit geleistet haben, während in Norddeutschland die Verbandsarbeitsnachweise vorwiegend waren. Ein gewisser Zwang zur Errichtung von Arbeitsnachweisen konnte erst auf Grund von Kriegs- und Demobilmachungsverordnungen ausgeübt werden; in dieser Richtung darf für Bayern auf die grund-

*) Der Inhalt dieses Vortrags ist durch die inzwischen durch Gesetz vom 12. 10. 1929 (RGBl. I S. 153) erfolgte Änderung des AVAVG. in einzelnen Punkten überholt.

legende M.E. vom 14. September 1916 (MABl. S. 269) verwiesen werden, wodurch die Gemeinden mit über 10.000 Einwohnern verpflichtet wurden, einen öffentlichen unparteiischen Arbeitsnachweis (gemeindliches Arbeitsamt) einzurichten und zu unterhalten. Einen Schritt weiter ging das Arbeitsnachweisgesetz vom 22. Juli 1922, das ohne Rücksicht auf das örtliche Bedürfnis die Schaffung eines lückenlosen Netzes von öffentlichen Arbeitsnachweisen über das gesamte Reichsgebiet bezweckte und diese zwar in der Verwaltung der Gemeinden beließ, aber neben die Aufsicht der Staatsaufsichtsbehörden eine besondere „Fachaufsicht" der Landesämter für Arbeitsvermittlung setzte. Die Landesämter waren nach dem ANG. Landes-, bezw. in Preußen Provinzialbehörden und dienten neben der Erledigung des zwischenörtlichen Ausgleichs auf dem Arbeitsmarkt vor allem der Aufsicht über die örtlichen Arbeitsnachweise. Das AVAVG. vom 16. Juli 1927 endlich hat die Arbeitsnachweise (nun „Arbeitsämter" genannt) aus dem Zusammenhang mit der allgemeinen Gemeindeverwaltung gelöst und sie zu Dienststellen der Reichsanstalt gemacht; ebenso wurden auch die Landesämter für Arbeitsvermittlung als „Landesarbeitsämter" in die Reichsanstalt eingegliedert. Diese ist nunmehr die einzige Trägerin der öffentlichen Arbeitsvermittlung im ganzen Reich.

Die Erwerbslosenfürsorge war nach der VO. vom 13. 11. 1918 ebenfalls eine Aufgabe und zwar eine Pflichtaufgabe der Gemeinden, die an ihrem Aufwand neben dem Reich und dem Lande beteiligt waren. Die Gemeinde blieb Trägerin der Erwerbslosenfürsorge auch dann, als durch die sogen. „Mittelaufbringungsverordnung" vom 15. 10. 1923 der größte Teil des Aufwands in Form von Beiträgen auf die Arbeitgeber und Arbeitnehmer abgewälzt wurde. Mit der Einführung der Beitragspflicht näherte sich die Erwerbslosenfürsorge schon der Form der Versicherung; es herrscht das Versicherungsprinzip in der Mittelaufbringung, dagegen das Fürsorgeprinzip in den Unterstützungsleistungen (Bedürftigkeitsprüfung!). Das AVAVG. führt diese Entwicklung zu Ende, indem es die Erwerbslosenfürsorge vollständig durch die Arbeitslosenversicherung ersetzt und als deren alleinigen Träger die Reichsanstalt für Arbeitsvermittlung und Arbeitslosenversicherung bestimmt. Damit ist auch auf diesem Gebiet der Bruch mit der Vergangenheit und die Loslösung einer wichtigen sozialen Einrichtung von der Gemeinde vollzogen worden.

II. Die Reichsanstalt.

Die Reichsanstalt ist eine Körperschaft des öffentlichen Rechts (§ 1 AVAVG.), aufgebaut auf dem Grundsatz der wirtschaftlichen Selbstverwaltung, die allerdings durch die Aufsichtsrechte des RAM. und insbesondere durch die Bestimmung, daß ihr Haushalt der Genehmigung der Reichsregierung bedarf (§ 43 AVAVG.) sehr weitgehende Einschränkungen erleidet.

Die wirtschaftliche Selbstverwaltung wird ausgeübt durch die Organe, nämlich den Vorstand und den Verwaltungsrat bei der Hauptstelle in Berlin, die Verwaltungsausschüsse bei den Landesarbeitsämtern und bei den Arbeitsämtern. Alle Organe bestehen je in gleicher Zahl aus Vertretern der Arbeitgeber, der Arbeitnehmer und der öffentlichen Körperschaften, d. h. bei den Arbeitsämtern der Gemeinden und Gemeindeverbände (Bezirke), bei den Landesarbeitsämtern des Staates sowie der Gemeinden und Gemeindeverbände, bei den Organen der Hauptstelle ebenfalls der Länder, der preußischen Provinzen sowie der Gemeinden und Gemeindeverbände. Die Vertreter der öffentlichen Körperschaften werden für die Arbeitsämter von den Gemeindeaufsichtsbehörden (in Bayern den Regierungen, K. d. J.) bestellt, die dabei im allgemeinen an die Vorschläge der Gemeinden und Bezirke gebunden sind (§ 5 Abs. 4 AVAVG.); bei den Landesarbeitsämtern werden sie bestellt durch die Obersten Landesbehörden (in Bayern Staatsministerium für Landwirtschaft und Arbeit, Abt. Arbeit) (§ 7 Abs. 2 AVAVG.). Für den Verwaltungsrat bestellt die Vertreter der öffentlichen Körperschaften, jene 3. Kurie neben denjenigen der Arbeitgeber und Arbeitnehmer, der Reichsarbeitsminister auf Vorschlag des Reichsrats (§ 10 Abs. 1 AVAVG.), für den Vorstand ebenfalls der Reichsarbeitsminister auf Grund von Vorschlagslisten, welche die Gruppe der Vertreter der öffentlichen Körperschaften im Verwaltungsrat aufzustellen hat (§ 13 AVAVG.). Das Land Bayern ist im 48köpfigen Verwaltungsrat der Reichsanstalt durch ein ordentliches Mitglied und einen Stellvertreter, im 15köpfigen Vorstand durch ein ordentliches Mitglied vertreten. Die 7 Vertreter der öffentlichen Körperschaften im Verwaltungsausschuß des LAA. Bayern verteilen sich auf 4 Staats- und 3 Gemeindevertreter.

Die **Gliederung der Reichsanstalt** entspricht dem allgemein üblichen Behördenaufbau:

Hauptstelle in Berlin,
Landesarbeitsämter als Mittelstellen,
Arbeitsämter als Außenstellen (§ 2 AVAVG.).

Die **Bezirkseinteilung** der Landesarbeitsämter und Arbeitsämter soll ohne Rücksicht auf die politischen Grenzen und die Grenzen der Verwaltungsbezirke unter **Berücksichtigung der wirtschaftlichen Zusammenhänge erfolgen** (§ 2 Abs. 2).

Mit der Eingliederung der Landesarbeitsämter (1. 2. 28) und Arbeitsämter (1. 10. 1928) in die Reichsanstalt wurde die Zahl der Aemter stark verringert, bei den Landesarbeitsämtern von 22 auf 13, bei den Arbeitsämtern von 885 auf 361 (in Bayern von 98 auf 42). Da die Abgrenzung der 13 Landesarbeitsämter häufig als das Vorbild für die künftigen „Reichsprovinzen" bezeichnet worden ist, sollen sie hier aufgezeichnet werden:

1.) Ostpreußen in Königsberg
2.) Schlesien in Breslau
3.) Brandenburg in Berlin
4.) Pommern in Stettin
5.) Nordmark in Hamburg
6.) Niedersachsen in Hannover
7.) Westfalen in Dortmund
8.) Rheinland in Köln
9.) Hessen in Frankfurt a. M.
10.) Mitteldeutschland in Erfurt
11.) Sachsen in Dresden
12.) Bayern in München
13.) Südwestdeutschland in Stuttgart.

Aus rein geographischen Gründen und wegen der vermeintlichen (in Wirklichkeit nicht in dem angenommenen Umfang vorhandenen) besonders engen wirtschaftlichen Beziehungen zu Baden wurde die **Pfalz** grundsätzlich dem Landesarbeitsamt Südwestdeutschland (Württemberg, Baden und Hohenzollern) zugeteilt, die Durchführung dieses Beschlusses aber zunächst zurückgestellt. Weitere Pläne auf Angliederung bayerischer Gebietsteile an außerbayerische Landesarbeits- bezw. Arbeitsämter (Neu-Ulm an Ulm, Aschaffenburg an Hanau oder Frankfurt usw.) konnten vereitelt werden; dabei hat sich erwiesen*), daß die historisch gewordenen Landesgrenzen viel stärker im Volksbewußtsein wurzeln als dies unitaristische Theoretiker gemeinhin anzunehmen geneigt sind.

Die Finanzierung der Reichsanstalt ist so gedacht, daß die Reichsanstalt die Versicherungsleistungen und ihre Verwaltungskosten aus den Beitragseinnahmen, die von Arbeitgebern und Arbeitnehmern je zur Hälfte zu entrichten sind, bestreiten soll (§ 142 AVAVG.). Nur wenn unter besonders ungünstigen Verhältnissen die Beitragseinnahmen nicht ausreichen (Höchstsatz: 3% des für die Bemessung maßgebenden Arbeitsentgeltes — § 153 Abs. 3 AVAVG.), kann die Reichsanstalt Darlehen (nicht: Zuschüsse) des Reichs in Anspruch nehmen (§ 167 AVAVG.). Die ungünstige Konjunktur in Verbindung mit dem heurigen ungewöhnlich langen und strengen Winter hat dazu geführt, daß seit Januar 1929 die Reichsanstalt Darlehen in hohen Beträgen vom Reich aufnehmen mußte (275 Millionen) und dadurch wesentlich zur Verschlechterung der Kassenlage des Reichs beitrug. Wenn auch zurzeit die Arbeitslosenziffer sich unter 800 000 — der Höchstzahl, die aus eigenen Kräften der Reichsanstalt bei 3% Beiträgen alimentiert werden kann, gelegen ist, so ist angesichts des Umstandes, daß die Reichsanstalt stark beim Reich verschuldet ist und einen Notstock nicht ansammeln kann, rebus sic stantibus auch für den nächsten Winter eine Inanspruchnahme von Reichsdarlehen mit Sicherheit zu erwarten. Eine Reform der Versicherung ist deshalb und aus einer Reihe anderer Gründe unabweisbar geworden und wird zur Zeit vorbereitet.

Neben der Arbeitslosenversicherung besteht noch eine besondere Krisenfürsorge, hauptsächlich für langfristig Arbeitslose (§ 101 AVAVG.), deren Kosten zu $^4/_5$ vom Reich, zu $^1/_5$ von den Gemeinden getragen werden, und ferner besteht seit Dezember 1928 eine Sonderfürsorge bei berufsüblicher Arbeitslosigkeit (§ 101 a AVAVG.), von deren Aufwand $^4/_5$ das Reich, $^1/_5$ die Reichsanstalt trägt.

Auf das Problem der Saisonarbeitslosigkeit, so hochinteressant seine Behandlung vom wirtschaftlichen wie vom sozial-

*) Eine Bemerkung, die mit Rücksicht auf die heutigen Reichsreformpläne nicht uninteressant ist.

politischen Standpunkte aus wäre, einzugehen, muß ich mir im Hinblick auf den Rahmen des Themas und die geringe zur Verfügung stehende Zeit leider versagen.

III. Die Beziehungen der Reichsanstalt zur Staats- und Gemeindeverwaltung.

Trotz der äußerlichen Abtrennung der Arbeitsämter und Landesarbeitsämter von der Verwaltung der Gemeinden und der Länder bestehen vielfache Beziehungen, die sich teils unmittelbar aus den Bestimmungen des Gesetzes, teils aus dem Wesen der Geschäftsaufgaben der Reichsanstalt ergeben.

1. Beziehungen auf Grund des Gesetzes.

a) Bildung der Bezirke der Landesarbeitsämter und Arbeitsämter durch den Vorstand im Benehmen mit den obersten Landesbehörden (§ 2 Abs. 2 AVAVG.). Dadurch besteht wenigstens eine beschränkte Möglichkeit, auf die Bezirksabgrenzung Einfluß zu üben. Wie schon oben bemerkt, haben in solchen Fällen sich die historisch gewordenen Zusammenhänge als stärker erwiesen, als die aus der neuesten Zeit stammenden wirtschaftlichen Beziehungen. Daß die Bezirke der Arbeitsämter innerhalb Bayerns vielfach die Grenzen der politischen Verwaltungsbezirke überschneiden, ist vom Standpunkt der Verwaltung aus bedauerlich, läßt sich aber im Hinblick auf die wirtschaftlichen Zusammenhänge wohl nicht ganz vermeiden. Es war das Bestreben der bayerischen Staatsregierung, bei Bildung der Arbeitsamtsbezirke möglichst eine Ueberschneidung der politischen Verwaltungsbezirke hintanzuhalten. Im übrigen wird die Entwicklung lehren, daß die Arbeitsamtsbezirke vielfach doch wohl zu umfangreich geschaffen worden sind.

b) Bestellung der leitenden Beamten der Landesarbeitsämter im Benehmen mit den obersten Landesbehörden (§ 34 Abs. 2 AVAVG.).

c) Vertretung der öffentlichen Körperschaften in den Organen der Reichsanstalt. Die Vertreter der öffentlichen Körperschaften können in den Organen der Reichsanstalt eine wichtige Rolle spielen, indem sie zwischen den Gruppen der Arbeitgeber und Arbeitnehmer vermittelnd und ausgleichend als Treuhänder des öffentlichen Interesses wirken und gegebenenfalls den Ausschlag geben; sie können sich aber ebensogut gegenseitig paralysieren. Hier kommt alles auf die richtige Auswahl der Personen an. Von besonderer Bedeutung kann der Einfluß der Vertreter der öffentlichen Körperschaften in Haushalts- und namentlich in Personalfragen sein (§ 43, 35 AVAVG.). Hier ist es ihre Aufgabe, das Allgemeininteresse zu wahren und insbesondere einer Hypertrophie des Personalhaushalts sowie der Besetzung von Stellen nach politischen oder gewerkschaftlichen Gesichtspunkten statt nach der Eignung entgegenzuwirken. Von den hier auftretenden Streitfragen sind zu erwähnen:

d) Dürfen die Vertreter der öffentlichen Körperschaften Arbeitgeber oder Arbeitnehmer sein? Der Reichsarbeitsminister hält dies für unzulässig, seine Auffassung findet aber im Gesetz keinen Anhalt. Die Frage ist von besonderer praktischer Wichtigkeit für die Bezirke; denn wenn es auch in größeren Städten möglich sein mag, Beauftragte vorzuschlagen, die weder Arbeitgeber noch Arbeitnehmer sind, so ist dies für ländliche Gemeinden und Bezirke, deren Verwaltung in der Hauptsache von ehrenamtlichen Kräften besorgt wird, nahezu unmöglich. Im Regelfall ist es naturgemäß wünschenswert, daß als Vertreter der öffentlichen Körperschaften nach Möglichkeit Personen berufen werden, die nicht Arbeitgeber oder Arbeitnehmer sind, es muß also die Bestellung von Berufsbeamten, wenn irgend möglich angestrebt werden. Wo solche Personen aber nicht zur Verfügung stehen, bleibt nichts übrig als die Bestellung ehrenamtlicher Kräfte, die eben in der Mehrzahl im bürgerlichen Leben Arbeitgeber oder Arbeitnehmer sind. Freilich liegt in diesem Fall eine Gefahr besonders nahe: Wenn die Vertreter der öffentlichen Körperschaften, insbesondere die Gemeinden und Gemeindeverbände nicht nach objektiven Gesichtspunkten der Sachkenntnis, sondern nach Parteizugehörigkeit (vielleicht nach den Grundsätzen des Proporzes) als Parteivertreter in die Verwaltungsausschüsse gesandt werden, dann ist schwerste Gefahr für die Parität des öffentlichen Arbeitsnachweises gegeben.

3) Sind die Vertreter an Aufträge und Instruktionen gebunden? Diese Frage ist grundsätzlich zu verneinen; soweit die Vertreter freilich Beamte sind, wird sich aus ihrem Dienstverhältnis eine gewisse Abhängigkeit von der sie entsendenden Körperschaft von selbst ergeben.

4) Nach § 200 AVAVG. dürfen die Vertreter der öffentlichen Körperschaften in Angelegenheiten der Arbeitslosenversicherung nicht mitwirken. Der Grund hiefür ist, daß auf dem Gebiet der ALVers. sich die „wirtschaftliche Selbstverwaltung" der Beitragszahler in vollem Umfang auswirken soll. Die Frage, ob zur Arbeitslosenversicherung auch die wertschaffende Arbeitslosenfürsorge (§ 139 AVAVG.), die Krisenfürsorge (§ 101) und die Sonderfürsorge bei berufsüblicher Arbeitslosigkeit (§ 101 a, Gesetz vom 24. 12. 1928) gehören, will das Reichsarbeitsministerium demnächst dahin entscheiden, daß die beiden letzteren zur Arbeitslosenversicherung gehören, die wertschaffende Arbeitslosenfürsorge dagegen nicht. Der Verwaltungsrat der Reichsanstalt, der in der Sache gehört werden muß, hat aber in seiner letzten Sitzung sich dahin ausgesprochen, daß die Vertreter der öffentlichen Körperschaften nicht nur in Angelegenheiten der wertschaffenden Arbeitslosenfürsorge, sondern außerdem auch in Sachen der Krisenfürsorge stimmberechtigt sein sollen.

d) Krisenfürsorge (§ 101 AVAVG.). Die Krisenfürsorge ist eine die ALV. ergänzende Fürsorgeeinrichtung und zwar in der Hauptsache eine solche für langfristig Arbeitslose, die ihre Ansprüche gegen die Versicherung erschöpft haben (Ausgesteuerte). Ihr Vollzug obliegt der Reichsanstalt. Hieraus ergeben sich zwischen der Reichsanstalt und den Gemeinden geschäftliche und sachliche Beziehungen. Weitere Beziehungen entspringen daraus, daß die Arbeitslosen, die auch von der Krisenfürsorge nicht oder nicht mehr erfaßt werden, im Fall individueller Bedürftigkeit aus Mitteln der gemeindlichen Fürsorge (Wohlfahrtspflege) unterstützt werden müssen.

e) Wertschaffende Arbeitslosenfürsorge (§ 139 AVAVG.). Hier ergeben sich die Beziehungen daraus, daß die Träger der meisten Notstandsarbeiten regelmäßig entweder die Länder oder die Gemeinden sind. Soweit es sich nicht nur um die sog. Grundförderung aus Beitragsmitteln der Reichsanstalt handelt, die als verlorener Zuschuß gegeben wird, sondern um die „verstärkte Förderung" durch Darlehen oder Zinszuschüsse des Reichs und der Länder (je in gleicher Höhe), sind die Länder unmittelbar auch als Geldgeber beteiligt und können durch Gewährung oder Versagung der Landesmittel erheblichen Einfluß auf die Zahl und die Auswahl der zu fördernden Arbeiten ausüben. Bezüglich des Verfahrens, das hierbei einzuhalten ist, ist zu bemerken: Nach der M.B. vom 25. 9. 1928 Nr. 3255 a 39 — St.Anz. Nr. 223 — sind die Anträge auf Bewilligung der verstärkten Förderung, wenn eine unmittelbare Stadt oder ein Bezirk der Träger der Notstandsarbeit ist, bei den Regierungen, K. d. I., im übrigen bei den Bezirksverwaltungsbehörden in Doppelschrift einzureichen. Nach Vorprüfung werden die Anträge mit einer gutachtlichen Aeußerung dem Staatsministerium für Landwirtschaft und Arbeit (Abteilung Arbeit) auf dem Dienstwege vorgelegt. Dieses entscheidet nach Benehmen mit den noch zuständigen Landesbehörden (insbesondere Finanzministerium) und mit dem für den Reichsmittelanteil zuständigen Landesarbeitsamt. Vom Umfang der werteschaffenden Arbeitslosenversicherung geben folgende Zahlen ein Bild:

In den Rechnungsjahren 1927 bis 1929 wurden bis jetzt anerkannt: zusammen 199 Anträge mit 4 167 950 Arbeitslosentagschichten und 40 720 000 *RM* Gesamtdarlehen. Von diesem Betrage treffen 20 360 000 *RM* (Hälfteanteil) auf Bayern.

Im Staatshaushalt für 1927 waren 18 000 000 *RM* und im Staatshaushalt für 1928 5 200 000 *RM*, im ganzen 23 200 000 *RM* vorgesehen, die aber auf spätere Jahre übertragbar sind. Nach Abzug der 20 360 000 *RM* stehen nur noch 2—3 Millionen zur Verfügung, über die indes zum Teil schon verfügt ist. Im Staatshaushalt für 1929 sind Mittel überhaupt nicht vorgesehen. Der noch verfügbare Betrag wird wohl bald erschöpft sein. Ob im Hinblick auf die Entwicklung der Arbeitsmarktlage wegen Bewilligung neuer Mittel an den Landtag herangetreten werden muß, hängt von der Entwicklung des Arbeitsmarktes ab.

f) Rechtshilfe (§ 204 AVAVG.). Alle Behörden sind verpflichtet, den Dienststellen der Reichsanstalt Rechtshilfe zu leisten.

g) Uebertragung von Aufgaben der Arbeitsämter an die Gemeinden. Nach § 172 Abs. 2 AVAVG. kann der Vorsitzende des Arbeitsamts den Gemeinden die Entgegennahme und Vorprüfung der Unterstützungsanträge übertragen, nach § 175 die Auszahlung der Unterstützungen; nach § 205 Abs. 1 können ihnen weitere Aufgaben übertragen werden, z. B. die Kontrolle des Arbeitslosen (§ 173) und die Durchführung der Pflichtarbeit (§ 91). In allen Fällen kann die Zustimmung der Gemeinden zur Uebernahme solcher Aufgaben durch die Zustimmung der Gemeindeaufsichtsbehörden ersetzt werden. Im beiderseitigen Interesse ist zu wünschen, daß die Gemeinden für Aufgaben der Reichsanstalt nur in möglichst geringem Umfang in Anspruch genommen werden; insbesondere die Kontrolle der Arbeitslosen durch die Landgemeinden hat sich wenig bewährt.

h) Ueberlassung von Räumen der Gemeinden für Zwecke des Arbeitsamts (§ 205 Abs. 2 AVAVG.).

i) Spruchkammern (§ 30 AVAVG. und Art. 3 der Ausf.VO. vom 29. 7. 1927). Sie verdienen als Kuriosum der Gesetzgebung und Verwaltungstechnik besonders erwähnt zu werden. Die Spruchkammern, die in II. Instanz über die Ansprüche der Versicherten zu entscheiden haben, werden beim Landesarbeitsamt errichtet, sind also Bestandteile dieses Amtes und Einrichtungen derselben Reichsanstalt, die in allen vor den Spruchkammern verhandelten Sachen Partei ist. Sie werden aber andererseits am Sitz des Oberversicherungsamts errichtet und sind mit diesem in Personalunion verbunden: Vorsitzender ist der Vorsitzende des Oberversicherungsamts oder einer seiner Stellvertreter. Beisitzer sind die Arbeitgeber- und Arbeitnehmerbeisitzer des Oberversicherungsamts. Die Spruchkammer wird gebildet vom Präsidenten des Landesarbeitsamts, der im Benehmen mit der obersten Landesbehörde bestimmt, bei welchen OVA. Spruchkammern zu errichten sind. Damit ist aber die Tätigkeit des Landesarbeitsamts erschöpft; alles Weitere bleibt dem Direktor des OVA. oder der Obersten Landesbehörde überlassen. Die Oberste Landesbehörde, in Bayern das Staatsministerium für Landwirtschaft und Arbeit (Abt. Arbeit), bestimmt insbesondere den Vorsitzenden der Spruchkammer und seine Stellvertreter, der Vorsitzende des OVA. den Turnus, in dem die Beisitzer tätig zu sein haben. Da bei einzelnen bayerischen OVA. die Mitglieder (Referenten) der OVA. den Vorsitz in der Spruchkammer wegen ihrer Ueberlastung mit anderen Dienstgeschäften nicht übernehmen konnten, mußte zu dem Aushilfsmittel gegriffen werden, Beamte der Kreisregierungen und Richterbeamte auf Grund des § 70 RVO. als nebenamtliche Mitglieder des OVA. zu bestellen und mit dem Vorsitz in den Spruchkammern zu betrauen.

Die Kosten der Spruchkammern hat die Reichsanstalt dem Lande zu erstatten. Zurzeit wird ein Pauschsatz von 4 RM für jede Spruchsache vergütet; dieser reicht nicht im entferntesten aus, um den persönlichen und sächlichen Aufwand für die Spruchkammern zu decken. Ueber eine Erhöhung dieses Pauschsatzes schweben Verhandlungen. Von dem Ausgang der Verhandlungen wird es abhängen, ob die 7 zurzeit im rechtsrheinischen Bayern bestehenden Spruchkammern auf 2 (München und Nürnberg) zusammengelegt werden können, da die Zusammenlegung bei den OVA. München und Nürnberg Personalvermehrungen bedingen würde, die nur dann vorgenommen werden können, wenn für ausreichenden Kostenersatz durch die Reichsanstalt gesorgt ist.

2. Beziehungen, die sich aus der Art der Aufgaben der Reichsanstalt ergeben.

Der Aufgabenkreis der Reichsanstalt hängt durchwegs mit den Fragen des Arbeitsmarkts zusammen. An allen diesen Fragen sind Länder und Gemeinden vom wirtschaftlichen, politischen, sozialen und polizeilichen Standpunkt aus interessiert. Schon hieraus ergibt sich ganz allgemein, daß die Arbeit der Reichsanstalt trotz der organisatorischen Trennung von Land und Gemeinde sich nicht isoliert im luftleeren Raum und nicht ohne ständige Fühlungnahme mit Ländern und Gemeinden vollziehen kann. Die Fälle und die Art des Zusammenarbeitens im Einzelnen genau zu umschreiben ist im Rahmen eines kurzen Vortrags nicht möglich; es seien nur einige der wichtigsten Punkte herausgegriffen.

a) An einer raschen und glatten Abwicklung der Arbeitsvermittlung sind Staat und Gemeinde vom Standpunkt der Volkswirtschaft interessiert. Sie können die Tätigkeit der Arbeitsämter insbesondere dadurch fördern, daß sie selbst sich der Vermittlung der Arbeitsämter bedienen. Für die Staatsstellen ist in der M.B. vom 14. 3. 1929 (St.Anz. Nr. 70) angeordnet, daß die staatlichen Betriebe und amtlichen Stellen ihren dauernden oder vorübergehenden Bedarf an nicht beamteten Arbeitskräften einschließlich des Aushilfspersonals durch Vermittlung der Arbeitsämter zu decken haben, soweit es sich nicht um Stellen handelt, die akademische Vorbildung erfordern oder den Versorgungsanwärtern vorbehalten oder mit Staatsdienstanwärtern zu besetzen sind. Nur wenn die Arbeitsämter nicht in der Lage sind, die erforderlichen geeigneten Arbeitskräfte zuzuweisen, dürfen solche unmittelbar eingestellt werden. Für die Gemeinden können ähnliche bindende Vorschriften aus rechtlichen Gründen (Selbstverwaltung!) nicht erlassen werden, doch soll ihnen ein ähnliches Vorgehen empfohlen werden.

Andererseits bedienen sich die Gemeinden zur Entlastung der Wohlfahrtspflege der Hilfe der Arbeitsämter, um ihre Wohlfahrtsarbeitslosen in Arbeitsstellen unterzubringen, wie umgekehrt die Arbeitsämter sich zur Unterbringung von Arbeitsuchenden, die besonders schwer unterzubringen sind (Fälle der sog. „Fürsorgevermittlung") zweckmäßig der Mitwirkung der gemeindlichen Wohlfahrtspflege bedienen. Auf dem Gebiete der Arbeitsvermittlung ist ein ständiges enges Zusammenarbeiten zwischen Gemeinde und Arbeitsamt besonders notwendig. Der — vielleicht nicht immer ganz unbegründete — Verdacht, daß die Arbeitsämter sich in 1. Reihe um die Unterbringung der bei ihnen in Unterstützung stehenden Arbeitslosen kümmern und die Vermittlungstätigkeit für die von der Gemeinde unterstützten Wohlfahrtserwerbslosen vernachlässigen, hat bei den Gemeinden schon jetzt hie und da den Gedanken auftauchen lassen, eigene gemeindliche Vermittlungseinrichtungen für die letzteren zu schaffen. Damit würde die in den 90er Jahren begonnene Entwicklung wieder zu ihrem Ausgangspunkte zurückkehren, d. h. es würden die Gemeinden wieder, um den sozialen Notstand der Arbeitslosigkeit zu bannen, von sich aus zu gemeindlichen Arbeitsnachweis-Einrichtungen schreiten, weil die Reichsanstalt vorweg die bei ihr in Unterstützung stehenden Erwerbslosen vermitteln würde. Daß eine solche Entwicklung unter allen Umständen vermieden werden muß, braucht wohl nicht besonders betont zu werden; es ist aber bezeichnend, daß derartige Gedankengänge sich aus der Lösung der Arbeitsvermittlung von Staat und Gemeinden und der Errichtung einer Reichssonderverwaltung überhaupt ergeben können. Oberbürgermeister Luppe führt hiezu in einem Vortrag am 25. 4. 1929 in Nürnberg (s. Bayer. Fürs.Bl. 1929 Sp. 230) folgendes aus: „Was erleben wir in der Arbeitslosenversicherung? Einmal, daß die Versicherung, die mit dem Arbeitsnachweis verbunden ist, den Arbeitsnachweis für ihre eigenen Zwecke gebrauchen muß. Es ist selbstverständlich, daß der Arbeitsnachweis in erster Linie solche Leute vermittelt, die einen Anspruch an die Versicherung haben. Infolgedessen muß der Arbeitsnachweis eine Scheidung machen zwischen denjenigen, die einen Versicherungsanspruch haben und welche keinen haben. Die Folge davon ist, daß die gemeindliche Fürsorge für die anderen sorgen muß. Wir leben ständig in einem Kampf der Abschiebung von der Versicherung auf die Fürsorge und von der Fürsorge auf die Versicherung.... Der Gedanke, daß die Arbeitslosenversicherung von der örtlichen Fürsorge losgelöst werden könnte, ist irrig. Durch die Herausnahme des Arbeitsnachweises aus der Verbindung mit der öffentlichen Fürsorge hat man ihm den allerschwersten Schaden zugefügt." Daß ein überzeugter Unitarist aus Erfahrungen der Praxis so spricht, ist von nicht geringer Bedeutung: Es bleibt eben eine unumstößliche Wahrheit: Das Aufziehen von Sonderverwaltungen ist immer fehlerhaft — vom Standpunkt des Unitaristen wie des Föderalisten. Ich komme in meinen Schlußbemerkungen auf diese Frage zurück.

b) Die Berufsberatung ist ohne Mitwirkung der Schulen überhaupt nicht durchzuführen. Grundsätzlich obliegen der Schule dabei die vorbereitenden Arbeiten (Ausfüllung der Fragebogen, Beurteilung der Anlagen und Fähigkeiten der Schüler), während die eigentliche Beratung Aufgabe der Arbeitsämter bezw. ihrer Berufsberatungsstellen ist.

c) Die Arbeitslosenversicherung steht mit den Aufgaben der Gemeinden insoferne im Zusammenhang, als nicht selten die Unterstützungsleistungen in Fällen besonderer individueller Not noch einer Ergänzung durch Leistungen der Fürsorge bedürfen und daß die Arbeitslosen, die ihren Anspruch an die Versicherung erschöpft und noch keine Beschäftigung gefunden haben, („Ausgesteuerte"), der Wohlfahrtspflege zufallen. Es muß auch verhindert werden, daß Maßnahmen des Arbeitsamts durch Maßnahmen der Wohlfahrtspflege durchkreuzt werden, daß z. B. Arbeitslose, denen die Unterstützung wegen mangelnden Arbeitswillens entzogen wurde, nun aus Wohlfahrtsmitteln unterstützt werden. Gegenseitige Mitteilung aller Wahrnehmungen, die bezüglich der Arbeitsfähigkeit oder Arbeitswilligkeit einzelner Arbeitsloser gemacht werden, liegt im Interesse beider Stellen.

Zur Durchführung von Fortbildungs- und Umschulungsmaßnahmen (§ 137) sind die Arbeitsämter ebenfalls vielfach auf die Mitwirkung der Schule angewiesen.

4. Die Gemeinden und die staatl. Polizeibehörden sind, besonders in unruhigen Zeiten, mitunter berufen, den Arbeitsämtern polizeilichen Schutz zu gewähren. Andererseits werden

die Arbeitsämter vielfach zuerst Anzeichnen wahrnehmen, die auf eine drohende Gefahr für die öffentliche Ordnung und Sicherheit hinweisen, und auf solche Gefahren rechtzeitig die Polizeiverwaltung aufmerksam machen.

IV. Schluß.

Zum Schluß noch einige Worte kritischer Würdigung. Die Organisation der Reichsanstalt kann nicht in jeder Hinsicht als glücklich bezeichnet werden. Ihre Organisation entspricht aber gerade in der Gestaltung, die sie gefunden hat, den herrschenden Tendenzen unseres heutigen Staatslebens. Sie zeigt insbesondere zwei auch auf anderen Gebieten ins Auge fallende Erscheinungen: auf der einen Seite die streng zentralistische Verwaltung, die den Schwerpunkt von den Außenstellen, wo die praktische Arbeit geleistet wird, in die Zentrale nach Berlin verlegt, auf der anderen Seite die Aushöhlung der allgemeinen Landesverwaltung durch Herausnahme immer neuer Gebiete und Errichtung immer neuer Sonderverwaltungen. (Vgl. dazu Kleindinst, Verwaltungspolitik und Verwaltungsreform S. 11, 57, 177). Kleindinst führt zu dieser letzteren Frage auf Seite 11 aus: Die dritte Erscheinung, die sich in der Verwaltungspolitik des Reiches geltend macht, ist das Streben nach der Einrichtung von Sonderverwaltungen und Sonderbehörden, die von der allgemeinen Staatsverwaltung und ihren Behörden mehr oder minder abgetrennt sind und ihren eigenen Instanzenzug und ihre eigene Verantwortlichkeit haben. Es hat noch immer den Anschein, als ob verschiedene Reichsministerien die Schaffung ihrer eigenen Reichsverwaltung durch den Aufbau von Mittelstellen und Außenbehörden beabsichtigten..... Die ersten Entwürfe des Arbeitsnachweisgesetzes verfolgten bereits das Ziel, für die Arbeitsnachweisverwaltung eine eigene Organisation vom Reichsamt für Arbeitsvermittlung über die Landesämter und die Arbeitsnachweise zu schaffen. Das ANG. von 1922 hat diese Absicht vereitelt, die Landesämter als staatliche oder provinzielle Einrichtungen belassen und die allgemeine Staats- und Gemeindeverwaltung mit der wirtschaftlichen Selbstverwaltung in den Verwaltungsausschüssen durch deren Vorsitzende verbunden. Der unmittelbare Einfluß des Reichsamtes wurde durch die sogen. Fachaufsicht gesichert. Im Jahre 1927 hat das Reichsarbeits-

ministerium das Ziel einer Sonderverwaltung für das Arbeitsnachweiswesen und die Arbeitslosenversicherung außerhalb der allgemeinen Staats- und Gemeindeverwaltung durch die Errichtung der Reichsanstalt für Arbeitsvermittlung und Arbeitslosenversicherung verwirklicht, wenn sie auch als wirtschaftliche Selbstverwaltung unter der Kuratel des Reiches eingerichtet ist."
Was sodann den zweiten Punkt, die starke Zentralisierung angeht, so birgt sie die große Gefahr in sich, daß alles bürokratisch von oben her reglementiert und schematisiert wird, was besonders unheilvoll für einen Apparat sein muß, der am meisten geeignet sein sollte, sich rasch und sicher den wechselnden Erscheinungen und Bedürfnissen des Wirtschaftslebens anzupassen. Beiden Gefahren entgegenzuwirken ist vor allem Sache derjenigen, die in den Organen der Reichsanstalt gegenüber den Sonderinteressen, von denen vielfach Arbeitgeber und Arbeitnehmer beherrscht sind, das öffentliche Gesamtinteresse zu wahren haben, der Vertreter der Länder und Gemeinden. Ihnen kommt die Aufgabe zu, die in der wirtschaftlichen Selbstverwaltung liegenden Gefahren für eine unparteiische, öffentliche Verwaltung zu bannen und unbeirrt von wirtschaftlichen und sozialen Gegensätzen als treue Anwälte der Gesamtheit des öffentlichen Interesses ihre allgemeine Verwaltungserfahrung und ihr ausgleichendes, über den Parteien stehendes Urteil in den Dienst der Reichsanstalt und der Volksgesamtheit zu stellen.

Grundsätzliche Fragen des bayer. Ausführungsgesetzes zur RV. über die Fürsorgepflicht.

Von Ministerialrat Baumann.

Die auf Grund des Ermächtigungsgesetzes vom 8. 12. 1923 (RGBl. S. 1179) erlassene RV. über die Fürsorgepflicht vom 13. 2. 1924 trifft selbst keine erschöpfende Regelung des sachlichen und des Verwaltungsrechts auf dem Gebiete der öffentlichen Fürsorge. Sie überläßt vielmehr in Rücksicht auf die Verschiedenheit des Aufbaues der Länder und ihrer Verwaltung einzelne Gebiete der Regelung der Länder. Ich erwähne das sachliche Fürsorgerecht nach § 6 RFV. im Rahmen der reichsrechtlichen Grundsätze, die Bestimmung der Bezirks- und Landesfürsorgeverbände, die Einrichtung ihrer Verwaltung und die Regelung des Verfahrens. Die Form, in der diese „dem Lande" überlassenen Regelungen zu treffen sind, bestimmt sich nach dem Verfassungsrechte der einzelnen Länder. Um den rechtzeitigen Erlaß der zum Vollzuge des neuen Reichsfürsorgerechtes notwendigen Länderbestimmungen sicherzustellen, wurde in § 31 RFV. die Bestimmung getroffen, daß, soweit nach Landesrecht eine gesetzliche Regelung erforderlich ist, „bis dahin" — das kann nur heißen bis zum Erlaß des Gesetzes — die in der RFV. den Ländern vorbehaltenen Vorschriften im Verwaltungswege von den Länderregierungen erlassen werden. Auf Grund dieser reichsrechtlichen Ermächtigung ergingen in Bayern durch das Gesamtministerium

a) die vorläufige Ausführungsverordnung vom 27. 3. 1924 (GVBl. S. 126) und

b) die Verordnung vom 12. 1. 1925 über die Verwaltung der Fürsorgeverbände nach der RFV. (GVBl. S. 39).

Dieses vorläufige bayerische Ausführungsrecht zum neuen Reichsfürsorgerechte muß durch ein endgültiges abgelöst werden und das endgültige erfordert nach den §§ 12, 22 Abs. I, § 61 Ziff. 6 und 7, § 74 der Verfassung die Form des Gesetzes, einmal weil das zur Ausführung des Reichsunterstützungswohnsitzgesetzes erlassene Armengesetz vom 21. 8. 1914 aufgehoben werden muß, weiter weil die Gemeinden und Gemeindeverbände als Fürsorgeverbände mit Fürsorgeaufwand belastet und behördliche Einrichtungen hierfür getroffen werden müssen, endlich weil zum Vollzuge des § 20 RFV. über die Unterbringung asozialer Personen in Arbeitsanstalten Rechtsvorschriften über die Einschränkung der Freiheit der Person erforderlich sind.

Unsere äußeren Behörden, die Regierungen und die Landesfürsorgeverbände erwarten schon seit langem das Gesetz. Vor Erlaß der neuen Gemeinde-, Bezirks- und Kreisordnung konnte an die endgültige Ordnung des Fürsorgerechts nicht gegangen werden. Die Gemeinden, Bezirke und Kreise müssen die Träger der öffentlichen Fürsorge abgeben und ihr allgemeines Verwaltungsrecht ist auch im weiten Maß ausschlaggebend für die Gestaltung des Fürsorgeverwaltungsrechts. Als das allgemeine Gemeinderecht mit dem Gesetze vom 17. 10. 1927 geregelt war, wurde im Herbst 1927 ein erster, im Sommer 1928 ein zweiter Referentenentwurf aufgestellt. Zum letzteren wurden die Regierungen und die äußeren Behörden, die Verbände der Städte, der Bezirke und der Landgemeinden, die übrigen Staatsministerien und sonst beteiligten Stellen gehört und in eingehenden Verhandlungen mit den Beteiligten ein Ausgleich der verschiedenen Wünsche und Anregungen angebahnt. Im heurigen Frühjahr schien die Angelegenheit referatsmäßig so weit bereift, daß mit der alsbaldigen Vorlage an den Landtag gerechnet werden konnte, die Fühlungnahme mit parlamentarischen Vertretern ergab aber die Notwendigkeit weiterer Verhandlungen und die Verschiebung der Einbringung des Gesetzentwurfes bis zur Herbsttagung des Landtags 1929.

Mein heutiger Vortrag soll Ihnen einige der schwierigen Probleme, die der Entwurf lösen muß, vor Augen führen.

I.

Hier ist in erster Linie einschlägig die Regelung der Träger der Fürsorge, die Schaffung der Fürsorgeverbände, insbesondere der Bezirksfürsorgeverbände und in den Bezirken die Beteiligung der mittelbaren Gemeinden an der Trägerschaft, die umstrittene Frage der sogenannten „Ortsfürsorgeverbände".

1. Nach den bayerischen Armengesetzen vom 29. 4. 1869 wie vom 21. 8. 1914 waren ausschließlich die Gemeinden — die kreisunmittelbaren wie die mittelbaren — als Ortsarmenverbände Träger der Armenfürsorge. Der Krieg und die Nachkriegszeit brachten uns zur Armenfürsorge die soziale Kriegsbeschädigten- und Kriegshinterbliebenenfürsorge, die Sozialrentner- und Kleinrentnerfürsorge und die Wochenfürsorge, die wir zusammenfassend als die Kriegsfolgenhilfe bezeichnen, die zunächst mit 80 %, bei der Wochenfürsorge mit 100 % vom Reich getragen, bei der Sanierung der Währung und der Reichsfinanzen jedoch auf Grund des Ermächtigungsgesetzes durch § 42 der III. Steuernotverordnung vom 14. 2. 1924 und § 1 der RV. über die Fürsorgepflicht auf Bezirks- und Landesfürsorgeverbände abgewälzt wurde. An die Stelle der Ortsarmenverbände des Unterstützungswohnsitzgesetzes sind durch die RFV. Bezirksfürsorgeverbände als Träger der Armenfürsorge und der sozialen Kriegsbeschädigten- und Kriegshinterbliebenenfürsorge, der Sozialrentner-, Kleinrentner- und Wochenfürsorge, die wir im Gegensatze zur allgemeinen (Armen-) Fürsorge auch die gehobene Fürsorge nennen, getreten und den Ländern ist die Bestimmung der Fürsorgeverbände und die Verteilung der Aufgaben unter ihnen überlassen.

Bei den kreisunmittelbaren Städten machte die Bestellung der Bezirksfürsorgeverbände und die Bestimmung ihres Aufgabengebietes keinerlei Schwierigkeiten. Sie waren Träger der Armenfürsorge und hatten die Kriegsfolgenhilfe geführt, sie konnten ohne weiteres einheitlich und ausschließlich als Bezirksfürsorgeverbände erklärt werden. Anders lagen die Dinge bei den mittelbaren Gemeinden, insbesondere den zahlreichen Landgemeinden. An sich wäre es durchaus erwünscht gewesen, allgemein die Gemeinden als untere Fürsorgeverbände halten zu können. Allein abgesehen von anderen Gesichtspunkten erschien es vorweg aus sozialpolitischen Erwägungen unmöglich, die hilfsbedürftigen Kriegsbeschädigten, Kleinrentner und Sozialrentner an die Landgemeinden zu verweisen. Die Kriegsbeschädigten waren schon immer von den den Bezirksämtern angegliederten Fürsorgestellen für Kriegsbeschädigte und Kriegshinterbliebene betreut worden und den Klein- und Sozialrentnern, die früher vielfach selbst jahrelang gemeindliche Ehrenämter versehen hatte, mußte im Bedürfnisfalle der Gang zur eigenen Gemeinde erspart werden.

Die Bestellung der Bezirke als ausschließliche Bezirksfürsorgeverbände für den gesamten Aufgabenbereich der Bezirksfürsorgeverbände gleich den kreisunmittelbaren Städten kam aus finanziellen und verwaltungstechnischen Gründen nicht in Betracht und so entschloß man sich in der vorläufigen AV. vom 27. 3. 1924 für den Bereich der Bezirke zur Bestellung selbständiger Bezirksfürsorgeverbände nebeneinander, indem die Armen- und Minderjährigenfürsorge den mittelbaren Gemeinden, die übrigen den Bezirksfürsorgeverbänden zukommenden Aufgaben, also die Kriegsbeschädigten- und Kriegshinterbliebenenfürsorge, die Sozial- und Kleinrentnerfürsorge, den Bezirken übertragen wurden.

Den gleichen Weg gingen Württemberg, Baden, Oldenburg und Waldeck. In Waldeck ist die Regelung durch die Vereinigung des Landes mit Preußen gegenstandslos geworden, Oldenburg hat sie in der Folge aufgegeben, in den anderen Staaten gilt sie noch heute. Das Bundesamt für das Heimatwesen erklärte sie mit Entscheidung vom 7. 1. 1925 (E.S. Bd. 62 S. 101) für unzulässig und mit dem Reichsrecht unvereinbar. Das hierwegen von der württembergischen und bayerischen Regierung gemäß Art. 13 Abs. II der RV. angerufene Reichsgericht hat mit Entscheidung des III. Zivilsenats vom 23. 11. 1927, die im RGBl. S. 513 veröffentlicht ist, die württembergische und bayerische Regelung als reichsrechtlich in Ordnung befunden.

Und nun ergibt sich die Frage, wie die Dinge endgültig geordnet werden sollen. Soll die Bestellung selbständiger Bezirksfürsorgeverbände im Bereiche der Bezirke nebeneinander — der Bezirke einerseits für die gehobene, der bezirkszugehörigen Gemeinden anderseits für die allgemeine Fürsorge — beibehalten werden?

2. Gegen die doppelten Bezirksfürsorgeverbände mit getrennten Aufgabengebieten steht vor allem das norddeutsche Schrifttum und der Deutsche Verein für öffentliche und private Fürsorge unter Führung Dr. Polligkeits in Frankfurt. Bis zur Reichsgerichtsentscheidung vom 23. 11. 27 erklärte man von dieser Seite die Bestellung solcher für rechtlich unzulässig und in der Folge für unvereinbar mit den Grundgedanken der RFV., die bewußt von den kleineren Gemeinden habe abrücken und die höheren Gemeindeverbände als Fürsorgeträger habe bestellt wissen wollen.

Die nicht zu entbehrende Beteiligung der zum höheren Gemeindeverbande gehörigen Gemeinden an der öffentlichen Fürsorge soll nach ihrer Auffassung dem Muster des preußischen Ausführungsrechts entsprechend auf dem Wege geschaffen werden, daß der höhere Gemeindeverband als Bezirksfürsorgeverband seinen Gemeinden die Durchführung der Fürsorge, die Annahme und Verbescheidung der Unterstützungsanträge allgemein oder für einzelne Gruppen von Hilfsbedürftigen, im vollen Umfang zu freier eigener Entscheidung oder nach bestimmten vom Fürsorgeverband ausgegebenen Richtlinien an seiner statt überträgt. Das Interesse der Gemeinde an einer sachgemäßen Geschäftsführung für den Fürsorgeverband könne dadurch sichergestellt werden, daß die Gemeinde am Fürsorgeaufwand angemessen beteiligt wird. Letzten Endes sei es auch möglich, daß der Bezirksfürsorgeverband seinen Gemeinden die Durchführung aller seiner Aufgaben zu freier Verwaltung und voller Kostentragung überläßt. Immer bleibe aber auch dann der höhere Gemeindeverband der Bezirksfürsorgeverband, die ihm zugehörigen Gemeinden versähen mit ihren Organen und ihrem Geld die fremden Geschäfte des höheren Gemeindeverbandes. Diese Auffassung teilt auch das Bundesamt für das Heimatwesen, wenn es in seiner Entscheidung Bd. 62 S. 73 die Regelung des hessischen Ausführungsgesetzes zur RFV. vom 17. 6. 1926 als mit dem Reichsrecht in Ordnung findet, die in den Kreisen als Landesfürsorgeverbänden die Durchführung der Armenfürsorge den Gemeinden im vollen Umfang und zu voller Kostentragung überträgt — Art. 7 Abs. III und Art. 15 Abs. III d. Ges.

3. Auch in den Kreisen des Bayer. Städtebundes finden die selbständigen Bezirksfürsorgeverbände der mittelbaren Gemeinden eine gewisse Ablehnung, wenn auch der Soziale Ausschuß wie der Hauptausschuß des Städtebundes sich nicht mehr dazu entschließen konnten, der Bestellung der mittelbaren Gemeinden als Bezirksfürsorgeverbände für die Armenfürsorge grundsätzlich entgegenzutreten. Die Großstädte erachten es vor allem für eine Verwaltungserschwernis, im Ersatz- und Uebernahmeverfahren Armenfürsorge und gehobene Fürsorge auseinanderhalten zu müssen und für die Armenfürsorge der Vielzahl gemeindlicher Fürsorgeverbände gegenüberzustehen. Sie weisen weiter darauf hin, daß die Landgemeinden unzureichend Fürsorge leisten und damit die Abwanderung der Hilfsbedürftigen in die Städte mit besseren Wohlfahrtseinrichtungen fördern würden.

Letzterer Zeit ist noch ein neuer Gesichtspunkt in die Debatte geworfen worden. Die größeren mittelbaren Stadtgemeinden, insbesondere jene mit rechtskundigen Bürgermeistern, streben die Möglichkeit an, selbständige Bezirksfürsorgeverbände für alle Zweige der Fürsorge, für die Armenfürsorge und die gehobene Fürsorge zu werden. Für die Entlastung, die die Bezirke durch den Uebergang der gehobenen Fürsorge auf die mittelbaren Städte erfahren würden, müßte ihnen ein Ausgleich am Steueranteil eingeräumt werden. Der Vorschlag ist im Sozialen Ausschuß des Bayer. Städtebundes am 15. 6. 29 bei der Tagung in Neustadt a. H. eingehend vertreten und vom Ausschluß in der Form eines Antrags übernommen worden.

Und endlich ist noch ein weiterer Vorschlag dahin gemacht worden, alle größeren Gemeinden, etwa von 2000 Einwohnern ab, zu Bezirksfürsorgeverbänden für alle Fürsorgeaufgaben zu bestellen, die Bezirke als Bezirksfürsorgeverbände für die gehobene Fürsorge überhaupt aufzugeben und die restigen Gemeinden jeden Bezirk unter 2000 Einwohner zu einem gemeinsamen Bezirksfürsorgeverband als Zweckverband zusammenzuschließen, dem wiederum die gesamte Fürsorge (allgemeine und gehobene) obliege. Auf diesem Wege würde die Zahl der Bezirksfürsorgeverbände in Bayern, die sich derzeit aus rund 8000 Bezirksfürsorgeverbänden der mittelbaren Gemeinden, 166 Bezirksfürsorgeverbänden der Bezirke und 58 der kreisunmittelbaren Städte zusammensetzt, erheblich eingeschränkt, da nur 337 Gemeinden Bayerns eine Bevölkerungsziffer von 2—10 000 Einwohner haben.

4. Abschließend sei noch angeführt, daß der Verband der Bezirke die Uebernahme der allgemeinen Fürsorge auf die Bezirke als Bezirksfürsorgeverbände ablehnt und daß auch der Verband der Landgemeinden für die Belassung der mittelbaren Gemeinden als selbständige Bezirksfürsorgeverbände für die Armenfürsorge eintritt.

5. Wozu wird man sich nun bei diesem Widerstreit der Meinungen entschließen müssen?

a) Vorweg dürfte Einmütigkeit darüber bestehen, daß die mittelbaren Gemeinden nicht durchgängig als Bezirksfürsorgeverbände für die gesamte Fürsorge (allgemeine und gehobene) bestellt werden können. Dem stehen die bereits hervorgehobenen persönlichen Belange der Kriegsbeschädigten und Kriegshinterbliebenen, der Sozial- und Kleinrentner zwingend entgegen.

b) Ebensowenig erscheint es mir aber auch gangbar, die Bezirke ausschließlich als Bezirksfürsorgeverbände für die gehobene und die allgemeine Fürsorge zu bestellen. Es kann keinem Zweifel unterliegen, daß die Heraufnahme der allgemeinen Fürsorge zu den Bezirken eine außerordentliche Vermehrung des Fürsorgeaufwands zur Folge hätte. Die Fürsorge wird umso sachgemäßer betrieben, je näher ihr Träger dem Hilfsbedürftigen steht. Die Gemeinde steht dem Hilfsbedürftigen am nächsten, sie kann sich den verlässigsten Einblick in die Verhältnisse verschaffen, ist am wenigsten der Gefahr mißbräuchlicher Inanspruchnahme ausgesetzt und sie kann für die Abhilfe von Notständen vielfach billigere und einfachere Wege ausfindig machen, als sie der fernstehende Bezirk zu gehen vermöchte. Die Gemeinden werden mit Anträgen verschont, die ohne Bedenken an den Bezirk gerichtet werden; verwandtschaftliche und nachbarliche Hilfe setzt ein, wenn anders die Gemeinde eingreifen müßte. Die Gemeinde wird immer am billigsten arbeiten und es ist eine durchaus beachtliche Tatsache, daß von den rund 8000 mittelbaren Gemeinden in den Rechnungsjahren 1924, 25 und 26 mehr als 1/4 überhaupt keinen Fürsorgeaufwand zu verzeichnen hatten. Für jeden mit ländlichen Verhältnissen Vertrauten ist es ohne weiteres klar, daß diese Zahl erheblich zusammenschwinden würde, wenn für die Armenfürsorge die Bezirke aufzukommen hätten. Wir nehmen bereits unter der jetzigen Regelung wahr, wie die Gemeinden darauf bedacht sind, ihren Angehörigen zu Lasten des Bezirks eine Hilfe zu verschaffen, von der Erwägung ausgehend, daß aus der Gemeinde ja auch Bezirksumlagen erhoben werden und daß man seinen Leuten nach jeder Möglichkeit helfen will, wenn es nicht aus der Gemeindekasse geht. Dieses Bestreben ist auch durch eine Beteiligung der Gemeinde am Fürsorgeaufwand des Bezirkes nicht zureichend auszuschalten.

Zu diesem bei unserer allgemeinen Finanznot vordringlichen Gesichtspunkt der Verteuerung der Fürsorge tritt die Erschwernis in der Verwaltung. Die Fürsorgeverwaltung der Bezirke müssen unsere Bezirksämter führen. Eine Vermehrung ihrer Arbeit kann bei dem Stand der gegebenen Belastung und den Personalabbaubestrebungen nicht in Frage kommen. Von der Bestellung besonderer Bezirksangestellter für die Fürsorge wollen sicher die Bezirkstage und die Bezirksämter nichts wissen.

c) Nun zur preußischen Lösung des Problems — die Bezirke, Bezirksfürsorgeverbände für alle Zweige der öffentlichen Fürsorge (gehobene und Armenfürsorge) und Uebertragung der Armenfürsorge an die Gemeinden zur Durchführung für den Bezirk, sei es bei voller oder teilweiser Kostentragung. Wenn ein Verband die Aufgabe eines anderen Verbandes in dessen Auftrag nach dessen Weisungen und unter dessen Verantwortung durchführen soll, steht der durchführende Verband zum übertragenden in einem gewissen Unterordnungsverhältnis. Eine derartige Beziehung ist unseren Bezirken und Gemeinden im Verhältnis zueinander durchaus fremd. Die Bezirke und ihre Gemeinden stehen sich als öffentliche Selbstverwaltungskörper vollständig selbständig gegenüber, unsere Gemeinden würden wohl sich nie darein finden, daß sie eine Aufgabe des Bezirks für diesen erledigen und dafür vielleicht auch noch erhebliche Mittel aus Eigenem aufwenden sollten. Und würde man die Regelung gar dahin treffen, daß die Durchführung der Armenfürsorge mit voller Kostenübertragung den Gemeinden überbürdet würde für den Bezirk, der ihnen darüber Vorschriften machen kann, so würden unsere Gemeinden wohl ausnahmslos fordern, die Herren im eigenen Haus zu bleiben und ihre Selbständigkeit in der Fürsorgeverwaltung zu behalten.

d) Zu den Einwendungen städtischer Vertreter gegen die Bezirksfürsorgeverbände der mittelbaren Gemeinden ist zu sagen:

Es ist anzuerkennen, daß es für die Großstädte vielfach eine mißliche Erschwernis bedeutet, mit ländlichen Gemeinden Fürsorgeverbindlichkeiten abzuwickeln und bei Ersatzforderungen zum Geld zu kommen. Dies ist naturgemäß besonders schwer in Zeitläuften, in denen die Gemeindekassen vielfach recht leer sind. Auch ist zuzugeben, daß die Geschäftsführer unserer ländlichen Fürsorgeverbände sich mit der Erledigung von Verhandlungen manchmal Zeit lassen, namentlich wenn sie zahlen sollen, daß sie sich vielleicht dann und wann von dem Gedanken leiten lassen, die Großstadt könne die Last leichter tragen als die Landgemeinde usw. Allein diese Verwaltungserschwernisse können keinen zureichenden Grund abgeben, auf eine

Organisation zu verzichten, für die ganz maßgebende sachliche Gründe bestehen.

Richtig ist auch, daß die Städte den überwiegenden Teil der öffentlichen Fürsorge zu tragen haben und es mag auch richtig sein, daß ein gewisser Zuzug Hilfsbedürftiger in die Städte auf bessere Wohlfahrtseinrichtungen zurückzuführen ist. Allein der Hauptgrund für die besonders starke Verschiebung der Fürsorgelasten vom platten Land auf die Stadt seit dem Inkrafttreten der RFV. liegt in dem Uebergang vom Unterstützungswohnsitzprinzip zum Zuständigkeitsgrundsatze des gewöhnlichen Aufenthalts.

e) Ernstliche Ueberlegung scheint mir der Vorschlag zu erheischen, einzelne mittelbare Städte zu selbständigen Bezirksfürsorgeverbänden für die gesamte Fürsorge zu erklären. Damit würden die größeren und leistungsfähigeren Gemeinden aus den Bezirken herausgenommen und die Bezirke würden sich mit der Last, die ihnen aus den übrigen Gemeinden verbleibt, nur noch schwerer tun.

f) Das gleiche gilt von dem Plan, alle kreisunmittelbaren Städte und alle Gemeinden mit mehr als 2000 Einwohnern zu Bezirksfürsorgeverbänden für alle Fürsorgezweige zu erklären, die übrigen Gemeinden aber zu *einem* Bezirksfürsorgeverband ebenfalls für alle Aufgaben zusammenzuschließen. Abgesehen von der hierin liegenden Verschiebung in der Belastung wird es besonderen Bedenken begegnen müssen, daß wir neben dem Bezirk in der Rechtsform des Zweckverbandes einen weiteren Gemeindeverband bekämen, der eine eigene Verwaltung und vielleicht einen eigenen Verwaltungsapparat braucht. Der Zusammenschluß von Gemeinden zu Zweckverbänden für die Erledigung der öffentlichen Fürsorge kann im *einzelnen* Falle, für einzelne Gemeinden, ganz wohl in Frage kommen. Die zwangsweise durchgängige Bildung solcher Zweckverbände unterschiedslos im Wege gesetzlicher Anordnung für *alle* Gemeinden unter 2000 Einwohner wird jedoch Bedenken begegnen müssen.

g) Abschließend darf ich Ihnen noch darlegen, wie der Entwurf zum Ausführungsgesetz die Regelung derzeit vorsieht:

Der *Art.* 1
sieht vor:

I Bezirksfürsorgeverbände sind die kreisunmittelbaren Gemeinden, die Bezirke und im Umfange des Abs. II die mittelbaren Gemeinden.

II Die mittelbaren Gemeinden sind Bezirksfürsorgeverbände für die allgemeine Fürsorge (Armenfürsorge) und die Fürsorge für hilfsbedürftige Minderjährige, soweit für diese nicht eine anderweitige Fürsorge nach § 1 Abs. 1 RFV. Platz greift. Für die in Wohnung und Haushalt zusammenlebenden Familienmitglieder ist der Bezirk Bezirksfürsorgeverband, wenn in der Person eines Ehegatten oder Elternteiles die Voraussetzungen des § 1 Abs. 1 Buchst. a mit c RFV. erfüllt sind; Familienmitglieder im Sinne dieser Vorschrift sind Ehegatten und Verwandte auf- und absteigender Linie.

Hiernach wären beibehalten die mittelbaren Gemeinden als Bezirksfürsorgeverbände für die Armenfürsorge und die Minderjährigenfürsorge, soweit sie nicht unter die gehobene fallen. Weiter ist dem in der Praxis bereits aufgetretenen Mißstand vorgebeugt, daß zu einem Familienverband gehörige Personen teils vom gemeindlichen teils vom Bezirksfürsorgeverband des Bezirkes betreut werden müssen.

Im Art. 3

des Entwurfs ist sodann bestimmt:

I Nach Art. 133 bis 138 der Gemeindeordnung und Art. 45 Ziff. 2 der Bezirksordnung können Gesamtbezirksfürsorgeverbände gebildet werden.

II Das Staatsministerium des Innern oder die von ihm ermächtigte Kreisregierung kann die Bildung eines Gesamtbezirksfürsorgeverbandes anordnen, wenn die Kreisregierung ein dringendes öffentliches Bedürfnis hierfür festgestellt hat. Kommen mehrere Kreisregierungen in Betracht, so bestimmt das Staatsministerium des Innern die zuständige Kreisregierung. Gegen die Entscheidung der Kreisregierung können die beteiligten Gemeinden und Bezirke binnen vierzehn Tagen Beschwerde zum Verwaltungsgerichtshof erheben. Dieser entscheidet im verwaltungsgerichtlichen Verfahren endgültig als Schiedsgericht nach billigem Ermessen. Das Staatsministerium des Innern oder die von ihm ermächtigte Kreisregierung regelt die Verfassung des Gesamtbezirksfürsorgeverbandes durch eine Satzung.

Auf dieser Grundlage können sich insbesondere die Gemeinden zur Erfüllung der ihnen obliegenden Fürsorge zu Zweckverbänden nach der GemO. zusammenschließen und im Falle des öffentlichen Bedürfnisses kann der Zusammenschluß auch aufsichtlich herbeigeführt werden. Auf dem Wege soll es insbesondere möglich werden, zu kleine Gemeinden für die Erledigung der ihnen obliegenden öffentlichen Fürsorge — der Armenfürsorge — zu leistungsfähigeren Verbänden zusammenzufassen.

II.

Ein 2. Problem, das erhebliche Schwierigkeiten bereitet, ist die Gestaltung der Verwaltungsorgane der Fürsorgeverbände.

Dem Armenrat nach dem Armengesetz vom 21. 8. 1914 — Art. 22 — gehörten neben der Stadtrats- und Gemeinderatsmitgliedern, den Pfarrern der beteiligten Pfarreien und dem Bezirksarzt eine Anzahl vom Stadtrat oder Gemeinderat gewählter Mitglieder an, wie dies auch schon im Armengesetz von 1869/1899 vorgesehen war. Diese gewählten Mitglieder wurden frei aus der Bürgerschaft berufen und Art. 22 Abs. IV Arm.Ges. von 1914 bestimmt, daß in Gemeinden mit mehr als 10 000 Einwohnern auch Frauen und Vertreter der in der Gemeinde bestehenden Einrichtungen der privaten Wohltätigkeit berufen werden sollen. Die frei berufenen Vertreter sollten ein gewisses Gegengewicht bilden zu den aus politischen Wahlen hervorgegangenen Mitgliedern aus dem Stadt- und Gemeinderate.

Die RV. über die Fürsorgepflicht überläßt in § 3 Abs. I die Einrichtung der Fürsorgeverbandsverwaltung den Ländern und gibt in § 3 Abs. IV in der Fassung des Gesetzes vom 8. 6. 26 nur die verbindlichen Richtlinien

a) daß bei der Aufstellung von Richtlinien und Richtsätzen und
b) bei der Durchführung der Fürsorge wenigstens in einem Rechtszuge

die Beteiligung von Fürsorgeberechtigten gesichert sein muß. An Stelle von Fürsorgeberechtigten können auch Vertreter derselben, insbesondere solche ihrer Vereinigungen oder von Vereinen, die Hilfsbedürftige betreuen, herangezogen werden.

Die bayerische vorläufige Verwaltungsverordnung vom 12. 1. 1925 hatte diesen Grundsätzen bereits Rechnung getragen, indem sie Vertreter der im Stadt- oder Landbezirk tätigen Verbände der freien Wohlfahrtspflege einerseits und Vertreter der Kriegsbeschädigten und Kriegshinterbliebenen, der Sozial- und Kleinrentner allgemein als stimmberechtigte Mitglieder neben den Stadtrats- und Bezirkstagsmitgliedern und den Vertretern der Geistlichkeit in den Wohlfahrtsausschuß berief und die Verbescheidung von Anträgen auf Leistungen des Fürsorgeverbandes besonderen Spruchausschüssen übertrug, denen wiederum Vertreter der freien Liebestätigkeit und der Fürsorgeberechtigten als stimmberechtigte Mitglieder angehören. Während gegen die Mitarbeit der Vertreter der freien Liebestätigkeit und der Fürsorgeberechtigten im Spruchausschusse keinerlei Erinnerung erhoben wurde, stieß ihre Eingliederung in die Wohlfahrtsausschüsse als gleichberechtigte Mitglieder neben den Stadträten zur Beteiligung an der gesamten Fürsorgeverwaltung schon bei den Vorbesprechungen zur vorläufigen Verwaltungsverordnung vom 12. 1. 25 auf nachdrücklichen Widerspruch bei den zugezogenen Stadtvertretern. Sie forderten die grundsätzliche Aufgabe der im Laufe der Kriegs- und Nachkriegszeit eingebürgerten Uebung, für einzelne Verwaltungszweige und Geschäftsaufgaben ein besonderes Verwaltungsorgan zu bestellen statt alles in die Hand des aus politischen Wahlen hervorgegangenen und politisch verantwortlichen Stadtrats zu legen; sie wiesen auf die Doppelarbeit hin, die gerade dadurch eintrete, daß die wichtigste Angelegenheit des Fürsorgewesens, die Aufstellung der Unterstützungsgrundsätze, in 2 Kollegien, im Wohlfahrtsausschuß und dann im Stadtrat, dem allein die Entscheidung über den Haushalt und die Geldbewilligung zukomme, beraten werden müßte und erklärten es für unhaltbar, daß Vertreter der Hilfsbedürftigen in eigener Sache mitentscheiden sollen und im Wohlfahrtsausschusse Beschlüsse herbeiführen, die bei den Beteiligten unerfüllbare Erwartungen erwecken und dem Stadtrat, der die für ihre Ausführung erforderlichen Geldmittel nicht aufbringen kann, vermehrt den Ruf unsozialer Einstellung einbringen.

Der Referentenentwurf zum Ausführungsgesetz glaubte diesen Einwendungen bis zu einem gewissen Grade Rechnung tragen zu sollen. Um die Fürsorgeverwaltung möglichst in die allgemeine Kommunalverwaltung einzubauen, überträgt der Entwurf in Art. 13 die Verwaltung des Bezirksfürsorgeverbandes der kreisunmittelbaren Stadt grundsätzlich einem beschließenden Ausschusse nach Art. 22 Abs. II GemO., dem nur Gemeinderatsmitglieder angehören und nur zur Beschlußfassung über Richtlinien und Richtsätze für die Durchführung der Fürsorge sind zu diesem gemeindlichen Ausschuß neben den Pfarrern der beteiligten Kirchengemeinden und dem Amtsarzt Vertreter der Vereinigungen der freien Wohlfahrtspflege und der Fürsorgeberechtigten beizuziehen. Die Beschlußfassung über Anträge Hilfsbedürftiger auf Fürsorgeleistungen wird unverändert Spruchausschüssen, denen Vertreter der freien Liebestätigkeit und der Fürsorgeberechtigten als stimmberechtigte Mitglieder angehören, belassen.

Diese Lösung fand auf keiner Seite Gefallen. Der Städtebund hält mit Nachdruck an seinen bereits erwähnten Bedenken fest. Mit der Bestellung eines beschließenden Ausschusses nach Art. 22 Abs. II GemO. für Verwaltung der öffentlichen Fürsorge ist er einverstanden; die Beiziehung der Vertreter der freien Liebestätigkeit und der Fürsorgeberechtigten als stimmberechtigte Mitglieder zum gemeindlichen Ausschuß bei der Beschlußfassung über Richtlinien und Richtsätze wird unverändert mit der Begründung abgelehnt, daß die bisherige Praxis mit der vorläufigen Verwaltungsverordnung vom 12. 1. 25 die grundsätzlichen Bedenken bestätigt hätte und darauf verwiesen, daß das Reichsrecht lediglich „die Beteiligung von Fürsorgeberechtigten“ vorschreibe und daß es dazu nicht erforderlich sei, sie als stimmberechtigte Mitglieder in die Verwaltungsorgane einzubeziehen. Es genüge, wenn nach dem Muster der preußischen Ausführungsverordnung vom 17. 4. 24 die Vertreter der Fürsorgeberechtigten in der Form eines Beirats gutachtlich zu den Fragen sich äußern könnten.

Demgegenüber verfolgen die Vereinigungen der freien Wohlfahrtspflege unter Führung der Arbeitsgemeinschaft der Spitzenverbände der freien Wohlfahrtspflege in Bayern mindestens ebenso energisch die Aufrechterhaltung der Regelung, wie sie in der vorläufigen Verwaltungsverordnung vom 12. 1. 25 getroffen ist. Nach ihren Ausführungen stellt Art. 3 Abs. IV RFV. in der Fassung des Gesetzes vom 8. 6. 26 nur das Minimum dar, das nach dem Willen des Reichsgesetzgebers auf jeden Fall erfüllt werden müsse. Es stehe aber nichts einer stärkeren Beteiligung der Vertreter der freien Liebestätigkeit entgegen und dies liege in der Linie der bayerischen Armengesetzgebung seit mehr als einem Jahrhundert. Schon die Verordnung vom 17. 11. 1816 habe für die Pflegschaftsräte neben den Vertretern des Munizipalrats Abgeordnete aller Stände der Einwohnerschaft vorgesehen und die Armengesetze von 1869 und 1914 hätten die Beiziehung von Vertretern der in der Gemeinde bestehenden Wohltätigkeitsvereine zum Verwaltungsorgan zugelassen und 1914 für die Gemeinden mit mehr als 10 000 Einwohnern in der Form einer Sollvorschrift sogar zur Pflicht gemacht. Die Arbeitsgemeinschaft der caritativen Verbände tritt in erster Linie für die Beiziehung ihrer Verbandsvertreter ein. Die Verbände der Fürsorgeberechtigten selbst — die Organisationen der Kriegsbeschädigten und Kriegshinterbliebenen, der Sozial- und Kleinrentner — stellen sich naturgemäß mit den caritativen Verbänden in eine Linie, sie fordern die gleiche Behandlung wie diese. Wenn sie — abgesehen von den Verhandlungen im Landesbeirat der Kriegsbeschädigten und Kriegshinterbliebenen — bisher nicht besonders hervorgetreten sind, hat dies seinen Grund wohl in der Tatsache, daß sie ihre Belange von der Arbeitsgemeinschaft der freien Liebestätigkeit bestens mitvertreten sehen. Die Arbeitsgemeinschaft der freien Liebestätigkeit geht aber in ihrer Interessengemeinschaft mit den Organisationen der Fürsorgeberechtigten nicht so weit, daß sie sich auf jeden Fall in eine Linie mit den Fürsorgeberechtigten-Verbänden stellt. Die caritativen Verbände fordern ihre Einbeziehung auf Grund der historischen bayerischen Entwicklung auch dann, wenn die Hilfsbedürftigenverbände etwa zurückstehen müßten.

Meine Darlegungen zeigen die hier bestehenden kaum auszugleichenden Gegensätze zwischen den Stadtverwaltungen einerseits, der freien Liebestätigkeit anderseits und jede Partei kann für ihre Auffassung beachtliche Gründe vorbringen. In diesem Widerstreit der Meinungen gibt es m. E. keine Lösung, die die Wünsche beider Teile restlos erfüllt und die Staatsregierung wie das Parlament werden insbesondere den Organisationen der Fürsorgeberechtigten — vor allem der Kriegsbeschädigten und Kriegshinterbliebenen — das nicht verweigern können, was sie den Verbänden der freien Liebestätigkeit einräumen. Darin liegt aber gerade der Kernpunkt der ganzen Angelegenheit. Ich glaube deshalb, daß schließlich doch nichts anderes herauskommen kann als eine vermittelnde Lösung, wie sie der Entwurf vorsieht.

Da die Verwaltung der Fürsorgeverbände der Städte und der Bezirke im Grundsatz gleich aufgebaut werden muß, wird der Ausgang des Meinungsstreites zwischen den Städten und der freien Liebestätigkeit auch für die Bezirke sich maßgebend auswirken.

III.

1. Nun einige grundsätzliche Fragen zur Wandererfürsorge:

Für die Wandererfürsorge sind in Bayern zur Zeit noch die Art. 65 Abs. I Ziff. 4 und Abs. II, 67 und 69 Arm.Ges. maßgebend. Nach Art. 65 Abs. I Ziff. 4 d. Ges. ist es Aufgabe der Distriktsgemeinden (nunmehr der Bezirke) und zufolge Art. 69 d. Ges. auch der kreisunmittelbaren Städte

> „für mittellose Personen, die arbeitsuchend umherziehen, durch Arbeitsvermittlung oder durch vorübergehende Gewährung von Obdach und Beköstigung gegen Arbeitsleistung Fürsorge zu treffen."

Den Bezirken und kreisunmittelbaren Städten werden 4/5 der Kosten dieser Fürsorge aus Kreismitteln ersetzt, der Staat ersetzt den Kreisen die Hälfte ihres Aufwandes. Nach dem Regierungsentwurfe zum Armengesetze war die Schaffung von Einrichtungen der Wandererfürsorge als eine Pflichtaufgabe der Distrikte vorgesehen; der Landtag konnte sich zu einer Verpflichtung der Distrikte (und der kreisunmittelbaren Städte) zur Wandererfürsorge nicht entschließen und nahm sie in Art. 67 d. Ges. ausdrücklich von den gesetzlichen Distriktslasten aus. Die in Art. 65 Arm.Ges. geregelte Wandererfürsorge ist ferner keine Einrichtung der öffentlichen Armenpflege. Sie wurde nicht bloß für „hilfsbedürftige" Personen im Sinne des Art. 2 Abs. 1 Arm.Ges. eingerichtet und richtet sich im Ausmaße nicht nach den in Art. 3 Arm.Ges. gegebenen Grundsätzen der Armenfürsorge. Sie ist vielmehr für alle „mittellosen", auf der Suche nach Arbeit befindlichen Personen bestimmt, denen in erster Linie geholfen werden soll, wieder in Beschäftigung zu kommen, und die in der Zwischenzeit in den Einrichtungen der Wandererfürsorge gegen Arbeitsleistung Obdach und Beköstigung bekommen sollen. Weil es sich um keine armenpflegliche Einrichtung handelt, wurden die Distrikte und kreisunmittelbaren Städte und nicht die Ortsarmenverbände mit der Wandererfürsorge betraut; aus der gleichen Erwägung wurde den Kreisen und nicht den Landarmenverbänden der Kostenersatz zu 4/5 des Aufwandes der Distrikte und Städte überbürdet. Die Wandererfürsorge des Armengesetzes dient bewußt der Entlastung der Armenfürsorge, ist selbst aber keine Einrichtung der Armenfürsorge. Sie ist vielmehr eine selbständige Wohlfahrtseinrichtung der Bezirke und kreisunmittelbaren Städte, deren Rechtsverhältnisse lediglich aus Zweckmäßigkeitsgründen im Armengesetz als dem Ausführungsgesetze zum Reichsunterstützungswohnsitzgesetze mitgeregelt wurden.

Das Wandererfürsorgewesen ist auf Grund dieser Regelung in Bayern vorerst zu keiner befriedigenden Entwicklung gekommen. Schuld daran trägt einmal der Umstand, daß das Inkrafttreten des Armengesetzes — 1. Januar 1916 — in den Weltkrieg fiel und die Kriegs- und Nachkriegszeit und namentlich die Zeiten des Währungsverfalles und der Wiederaufrichtung der Währung und der deutschen Wirtschaft der Schaffung neuer Einrichtungen einschlägiger Art wenig günstig waren. Anderseits haften den Gesetzesbestimmungen hinderliche Mängel an: einmal das Fehlen einer gesetzlichen Verpflichtung der Bezirke und kreisunmittelbaren Städte zur Schaffung von Wandererfürsorgeeinrichtungen und weiter die fehlende Zusammenfassung der Fürsorgeträger zur Schaffung planmäßiger Einrichtungen in größeren Gebieten. Die Wandererfürsorgestellen, die zur Errichtung kamen, stehen als Einrichtungen der einzelnen Städte oder des einzelnen Bezirkes allein für sich da und müssen von ihren Errichtungsverbänden allein getragen werden. Der Zusammenschluß von Städten und Bezirken zur Schaffung planvoller Einrichtungen über größere Gebiete fehlt und ist insbesondere gegen den Willen einzelner nicht durchzusetzen, so daß die Belastung einseitig die tätigen Gemeindeverbände trifft. Auf dieser Grundlage kann das Wandererfürsorgeproblem grundsätzlich nicht gelöst werden.

In den letzten Jahren ist auch die reichsrechtliche Regelung der Wandererfürsorge erwogen worden. Die 3 deutschen Fachverbände der Wandererfürsorge (der Gesamtverband deutscher Verpflegsstationen, der Deutsche Herbergsverein und der Zentralverband der Arbeiterkolonien) haben einen Gesetzentwurf aufgestellt, die Reichsregierung einen Referentenentwurf, die Angelegenheit ist aber der Kostenfrage wegen stecken geblieben. Auch durch das Reichsgesetz über Arbeitsvermittlung und Arbeitslosenversicherung vom 16. 7. 27 ist das Wandererfürsorgerecht nicht entbehrlich geworden, die Wandererfürsorgeeinrichtungen müssen nur hinsichtlich der Frage der Arbeitsvermittlung mit den Arbeitsämtern in die nötige Verbindung gebracht werden.

Mit der gesetzlichen Neuregelung des bayer. Landesfürsorgerechtes muß das bayer. Armengesetz vom 21. August 1914 aufgehoben werden. Es erscheint unmöglich, etwa die Wandererfürsorgebestimmungen des Armengesetzes fallen zu lassen und auf jede Regelung der Sache — allenfalls bis zu einer Reichsregelung — zu verzichten. Die einfache Aufrechterhaltung der Bestimmungen des Art. 65 Abs. I Ziff. 4 und Art. 69 Arm.Ges. verbietet sich aber aus dem formellen Grunde, weil das Armengesetz, soweit nicht unüberwindliche Hindernisse im Wege stehen, möglichst als Ganzes aufgehoben werden soll und außerdem wegen der den Vorschriften anhaftenden sachlichen Mängel, von denen bereits oben die Rede war. Aus diesem doppelten Grund ist die Neuregelung des Wandererfürsorgerechtes im Zusammenhalte mit dem allgemeinen Fürsorgerechte nicht zu umgehen. Es wird auch kein Bedenken bestehen, gleich wie bei Erlaß des Armengesetzes zu verfahren und die Wandererfürsorge im Ausführungsgesetze zur RFV. zu regeln, aber wiederum nicht als einen Abschnitt des öffentlichen Fürsorgerechtes, sondern als ein Sondergebiet der öffentlichen Wohlfahrtspflege, das mit dem öffentlichen Fürsorgerechte nur in einem sachlichen, aber in keinem rechtlichen Zusammenhange steht.

2. Bei der sachlichen Regelung ist die erste Frage, wer Träger der Einrichtungen werden soll. Die Landesfürsorgeverbände hiermit zu betrauen, möchte zu vermeiden sein, um Aufgaben der öffentlichen Fürsorge nicht mit solchen der Wohlfahrtspflege zu vermengen. Es werden aber auch die Kreise und der Staat nicht als unmittelbare Träger in Betracht kommen. Ohne Zweifel würde die Schaffung und der Betrieb der erforderlichen Einrichtungen sich schwieriger gestalten und teuerer kommen, wenn Kreis oder Staat sie unmittelbar einrichten müßten. Städte und Bezirke werden billiger und einfacher wirtschaften können. Dazu kommt die bereits bestehende starke Belastung der Kreise als Landesfürsorgeverbände mit Fürsorgeaufwand. Deshalb wird nichts anderes übrig bleiben, als die im Armengesetz von 1914 vorgesehene Trägerschaft der kreisunmittelbaren Gemeinden und Bezirke mit einem Lastenausgleich durch Kreis und Staat beizubehalten, so wie dies auch in Württemberg, dem süddeutschen Musterland der Wandererfürsorge, der Fall ist.

Praktisch wird dabei aber nur dann etwas herauskommen, wenn im Rahmen des Notwendigen alle kreisunmittelbaren Gemeinden und Bezirke zur Schaffung der notwendigen Einrichtungen verpflichtet werden und für die Bereitstellung der für die einzelne Wanderstraße notwendigen Anstalten die Zusammenarbeit der daran beteiligten Städte und Bezirke gewährleistet ist. Dazu bieten die Bestimmungen der Gemeinde- und Bezirksordnung über Zweckverbände die Grundlage. Es ist gar nicht erforderlich und nicht zu empfehlen, daß jede Stadt und jeder Bezirk für sich eigene Einrichtungen stellt. Aber für jeden Wanderzug müssen planmäßig in den angemessenen Abständen die notwendigen Einrichtungen getroffen werden und diese sollen gemeinsam geschaffen und betrieben werden von den zum einzelnen Bereich der Wanderstraße gehörigen Städten und Bezirken. Alles Erforderliche — insbesondere Kostenaufbringung und Betriebsführung — regelt die Satzung. In erster Linie ist freier Zusammenschluß der Beteiligten anzustreben, dort, wo solcher nicht zu erreichen ist, muß aufsichtliches Eingreifen im notwendigen Umfange vorgesehen werden.

3. Die so geschaffenen Wandererfürsorgeeinrichtungen sind öffentliche Wohlfahrtsanstalten, selbständig und losgelöst von der öffentlichen Fürsorge. Sie stehen allen „bedürftigen" Wanderern — das Armengesetz spricht von „mittellosen" Wanderern — offen, also auch den Hilfsbedürftigen im Sinne der RFV. Soweit fürsorgerechtlich hilfsbedürftige Personen in der Wandererfürsorgeeinrichtung Aufnahme finden, wird der gegebene Notstand anderweitig zureichend behoben, so daß zu einem Eingreifen der Fürsorgeverbände kein Anlaß besteht. Kostenersatz durch den Fürsorgeverband kommt nicht in Frage. Im Erfolg wird die planmäßige Wandererfürsorge zu einer Entlastung der Fürsorgeverbände — besonders unserer mittelbaren Gemeinden auf dem Lande — führen.

4. Im Umfang der Wandererfürsorge wird man sich auf die Gewährung von Obdach und Kost für kürzere Zeit und zwar gegen Arbeitsleistung beschränken müssen. Die Pläne der Wandererverbände auf Schaffung von Arbeitsheimen auf Ueberführung arbeitsunfähiger Wanderer in Anstalten zu dauernder Unterbringung auf dem Weg über die Wandererfürsorge sind bis auf weiteres schon aus Kostengründen nicht in Aussicht zu nehmen.

5. Die kreisunmittelbaren Gemeinden und Bezirke und ihre Zweckverbände sollen wie bisher entlastet werden durch Zuschüsse der Kreise und die Kreise sollen einen Teil ihrer Entlastungsbei-

träge vom Staat ersetzt erhalten. Der Maßstab dieser Beiträge macht noch besondere Schwierigkeiten.

IV.

Und nun zum Schluß noch ein paar Worte zur Geschlechtskrankenfürsorge.

Nach § 2 Abs. II RG. zur Bekämpfung der Geschlechtskrankheiten vom 16. 2. 27 ist durch Ausführungsbestimmungen dafür zu sorgen, daß die Behandlung geschlechtlich erkrankter Minderbemittelter, die keinen Anspruch auf anderweitige ärztliche Behandlung haben oder denen die Behandlung auf Grund einer Versicherung wirtschaftliche Nachteile bringen könnte, aus öffentlichen Mitteln sichergestellt wird.

Die bayer. Vollzugsbekanntmachung hierzu vom 29. 9. 27 (MABl. S. 49) geht davon aus, daß solche Personen die erforderliche Heilbehandlung in Einrichtungen finden sollen, die von frei sich bildenden Arbeitsgemeinschaften eingerichtet und geführt werden, zu denen sich etwa die Kommunen, die Landesversicherungsanstalten, Krankenkassen, Krankenanstalten, Universitätsinstitute usw. zusammenschließen. Da aber Zweifel bestehen können, ob die in § 2 Abs. II des Reichsgesetzes geforderte Sicherstellung der Heilbehandlung minderbemittelter Kranker auf öffentliche Kosten vorliegt, wenn sie ausschließlich auf Arbeitsgemeinschaften abgestellt wird, deren Bildung im Belieben der Beteiligten liegt, soll eine gesetzliche Bestimmung getroffen werden, die öffentliche Verbände zur Geschlechtskrankenfürsorge im Sinne des § 2 Abs. II des Reichsgesetzes verpflichtet, wenn diese nicht anderweitig bereitgestellt wird; um ein eigenes Gesetz zu vermeiden, soll diese Bestimmung in das bayer. Fürsorgegesetz unmittelbar hinter den Vorschriften für die Wandererfürsorge, die ja auch kein Ausführungsrecht zur RFV. darstellen, aufgenommen werden.

Wenn man nun einen solchen öffentlichen Pflichtträger für die Geschlechtskrankenfürsorge bestellen will, muß man von folgendem ausgehen: Geschlechtliche Erkrankungen erfordern in Rücksicht auf die öffentliche Meinung eine verschwiegene Behandlung. Oeffentliche oder gemeinnützige Einrichtungen zur Beratung und Heilung geschlechtlich Erkrankter werden ihren Zweck, der neben der Heilung der Person vor allem auch in der Hintanhaltung der Verbreitung der Seuche liegt, nur dann erfüllen, wenn dabei die verschwiegene Behandlung gewährleistet ist. Deswegen können solche Einrichtungen nur an größeren Plätzen im Anschluß an größere Krankenhäuser, Universitätsanstalten usw. zur Errichtung kommen und sie können die einschlägigen Fälle aus einem weiteren, insbesondere durch die Verkehrsbeziehungen bedingten Einzugsgebiet erfassen. Aus dieser Erwägung ist es von vornherein nicht notwendig, etwa allen Bezirken und allen kreisunmittelbaren Städten die Sicherstellung der Heilbehandlung nach § 2 Abs. II des RG. zur Pflicht zu machen. Zur Zeit sind Geschlechtskrankenfürsorgestellen in München, Nürnberg, Erlangen, Würzburg, Augsburg, Regensburg und Ludwigshafen vorhanden; eine erhebliche Erweiterung dieses Kreises wird jedenfalls vorerst nicht erforderlich sein und es wird nur dafür gesorgt werden müssen, daß für sie dauernd ein öffentlicher Träger bereitsteht.

Weiter ist aber noch ein 2. Gesichtspunkt zu beachten: Die als Grundbedingung erfolgreicher Arbeit bezeichnete verschwiegene Behandlung der Fälle bei den Fürsorgestellen ist nur dann gewährleistet, wenn Ersatzansprüche für den Kostenaufwand an andere Gemeinden und Gemeindeverbände, insbesondere an öffentliche Fürsorgeverbände, grundsätzlich ausgeschlossen bleiben. Greift bei der auswärtigen Kundschaft der Fürsorgestellen der Heimbericht Platz und wird der Fürsorgeverband des auswärtigen Wohnortes auf Kostenersatz nach der RFV. in Anspruch genommen, dann ist der ganze Zweck der Fürsorgestellen, die Seuchenbekämpfung und ihre Vertrauensstellung, gefährdet. Da aber den örtlichen Trägern der Fürsorgestellen und insbesondere den als Mitträgern beteiligten Kommunen des Platzes nicht zugemutet werden kann, den Aufwand für die von auswärts kommenden Kranken zu tragen, muß den Fürsorgestellen hierfür ein angemessener Ausgleich gegeben werden, der vielleicht zweckmäßig wie bei der Wandererfürsorge den Kreisen aufgebürdet wird, die ihrerseits wieder eine Entlastung durch den Staat erfahren. Ueber die Einzelheiten der Regelung sind noch Verhandlungen im Gange.

Damit bin ich am Ende meiner Ausführungen. Meine Absicht war, Ihnen einige der Probleme auseinanderzusetzen, die der Gesetzesstoff bietet und deren Lösung besondere Schwierigkeiten gerade aus dem Grunde macht, weil verschiedentlich politische Gesichtspunkte mit hereinspielen und bedeutsame Interessengruppen sich mit grundsätzlichen Forderungen gegenüberstehen. Aus demGrunde stellen sich dem Abschluß der Verhandlungen immer wieder neue Hindernisse entgegen und ich hoffe, Sie davon überzeugt zu haben, daß es nicht an mangelndem guten Willen der Sachbearbeiter gelegen ist, wenn das Gesetz noch nicht zur Verabschiedung gelangt ist. Ich gebe mich aber doch der Erwartung hin, daß der Landtag im Winter 29/30 sich mit der Vorlage befaßt und daß das Gesetz zum 1. 4. 1930 in Kraft tritt.

Die Wirtschaftsverfassung des Deutschen Reiches.

Von Oberregierungsrat Frank.

Aus den Stürmen des Weltkrieges und der ihm folgenden Revolution ist ein neues Deutsches Reich auf der Grundlage einer neuen Verfassung entstanden. Das Ziel der geistigen Väter dieser Verfassung war nicht allein eine Vernichtung der alten politischen Gewalten und ihre Ersetzung durch eine demokratische Volksherrschaft, vielmehr sollte dieser Umsturz nur den Boden ebnen für die Verwirklichung eines neuen Staatsideals, das der Sozialismus in jahrhundertelangen geistigen und politischen Kämpfen vorbereitet hatte. Dieses Staatsideal verlangt die Vollendung einer sittlichen Idee, nach der allen Staatsbürgern ein höchstes Maß geistiger und materieller Glücksfülle gewährt werden soll. Für dieses Ziel konnten schon vor Jahrzehnten auch Männer streng monarchischer, konservativer Gesinnung wie Rodbertus und Adolf Wagner streiten. Was dagegen auch sie mit allem Eifer bekämpften, war der politische und vor allem wirtschaftliche Radikalismus, mit dem die moderne politische Bewegung des Sozialismus, die Sozialdemokratie, auf dem oft genug unverstandenen Werke von Karl Marx fußend, die bisherige Wirtschaftsordnung, die stufenweise Errungenschaft einer Jahrtausende alten Kulturarbeit, beseitigt sehen wollte, um die politische Klassenherrschaft des Proletariats und als ihre notwendige Grundlage eine noch dazu völlig unklar gedachte, bisher auch nicht einmal in ihren Grundzügen deutlich vorstellbare oder gar vorgestellte Vergesellschaftung der Wirtschaft aufzurichten. Uns Zeitgenossen sind ja die schweren Kämpfe noch in Erinnerung, die sich im Winter 1918/19 um die politische und wirtschaftliche Verwirklichung dieses Ideals abspielten. Letzten Endes verdanken wir es, außer dem gesunden Sinn des Kerns der deutschen Arbeiterschaft, wohl auch nur der furchtbaren Ernüchterung, die der russische Bolschewismus als Versuch einer Verwirklichung dieses Ideals gerade noch rechtzeitig auslösen mußte, daß wir vor einem ähnlichen Zusammenbruch bewahrt blieben.

So hat Deutschland nur zum Teil mit dem alten gebrochen und nur einen Teil jener radikalen Forderungen verwirklicht. Zur sozialen Republik geworden, hat es auf politischem Gebiet den breiten Massen des Volkes den gleichberechtigten Anteil an der Herrschaft gesichert. Im Zusammenhang damit sollen aber auch die wirtschaftlichen Verhältnisse so gestaltet werden, daß, wie Art. 151 der RV. es ausdrückt, die Ordnung des Wirtschaftslebens den Grundsätzen der Gerechtigkeit mit dem Ziele der Gewährleistung eines menschenwürdigen Daseins für Alle entspricht. Der genannte Artikel bildet zugleich die Einleitung zu einem besonderen Abschnitt 5 der „Grundrechte und Grundpflichten der Deutschen", durch den die Beziehungen zwischen Staat und Wirtschaft in einer unserer alten Verfassung, aber auch den Staatsgrundsätzen der übrigen Kulturstaaten unbekannten sozialen Weise neu geregelt werden sollen.

Dieser 5. Abschnitt der Grundrechte und Grundpflichten, betitelt: „Das Wirtschaftsleben", ist dasjenige Stück der Verfassung, in dem die Tatsache, daß diese Verfassung aus einer nicht sowohl demokratischen als sozialistischen Umwälzung geboren ist, am deutlichsten hervortritt. Kein Teil der Verfassung zeigt so ausgeprägt sozialistische Züge wie dieser. Vieles von dem, was in dem 5. Abschnitt steht, ist rein sozialistisch gedacht, so die dem Reich erteilte Ermächtigung, für die Vergesellschaftung geeignete private wirtschaftliche Unternehmungen in das Gemeineigentum überzuführen (Art. 156), die Bestimmungen über Schutz der Arbeitskraft, über die soziale Frage, Arbeitspflicht und Recht auf Arbeit (Art. 157, 161—163). Immerhin bedeuten diese Bestimmungen nur einen Einschlag der sozialistischen Lehre, keineswegs deren volle restlose Verwirklichung. Den spezifisch sozialistischen Artikeln stehen, das Gleichgewicht haltend, andere gegenüber, die durchaus nicht in der Linie des sozialistischen Programms liegen, wie etwa die durch Art. 164 dem Staat auferlegte Pflicht, den selbständigen Mittelstand zu schützen. Vor allem aber sind zu nennen die Art. 152, 153 und 154, die die Vertragsfreiheit, das Privateigentum und das Erbrecht bejahen und gewährleisten. Damit sind 3 Grundpfeiler der individualistischen Rechts-, Wirtschafts- und Gesellschaftsordnung, die von der Revolution wohl erschüttert, aber nicht umgestürzt wurden, aufs neue verankert und befestigt.

Den Schwerpunkt der Vorschriften über das Wirtschaftsleben bildet jedoch der Art. 165. Er richtet den Grund zu einer besonderen Wirtschaftsverfassung, die das Ziel verfolgt, zur Lösung wirtschaftlicher Fragen die Wirtschaftskräfte selbst heranzuziehen. Art. 165 hat folgenden Wortlaut:

„Die Arbeiter und Angestellten sind dazu berufen, gleichberechtigt in Gemeinschaft mit den Unternehmern an der Regelung der Lohn- und Arbeitsbedingungen sowie an der gesamten wirtschaftlichen Entwicklung der produktiven Kräfte mitzuwirken. Die beiderseitigen Organisationen und ihre Vereinbarungen werden anerkannt.

Die Arbeiter und Angestellten erhalten zur Wahrnehmung ihrer sozialen und wirtschaftlichen Interessen gesetzliche Vertretungen in Betriebsarbeiterräten, sowie in nach Wirtschaftsgebieten gegliederten Bezirksarbeiterräten und in einem Reichsarbeiterrat.

Die Bezirksarbeiterräte und der Reichsarbeiterrat treten zur Erfüllung der gesamten wirtschaftlichen Aufgaben und zur Mitwirkung bei der Ausführung der Sozialisierungsgesetze mit den Vertretungen der Unternehmer und sonst beteiligter Volkskreise zu Bezirkswirtschaftsräten und zu einem Reichswirtschaftsrat zusammen. Die Bezirkswirtschaftsräte und der Reichswirtschaftsrat sind so zu gestalten, daß alle wichtigen Berufsgruppen entsprechend ihrer wirtschaftlichen und sozialen Bedeutung darin vertreten sind.

Sozialpolitische und wirtschaftspolitische Gesetzentwürfe von grundlegender Bedeutung sollen von der Reichsregierung vor ihrer Einbringung dem Reichswirtschaftsrat zur Begutachtung vorgelegt werden. Der Reichswirtschaftsrat hat das Recht, selbst solche Gesetzesvorlagen zu beantragen. Stimmt ihnen die Reichsregierung nicht zu, so hat sie trotzdem die Vorlage unter Darlegung ihres Standpunktes beim Reichstag einzubringen. Der Reichswirtschaftsrat kann die Vorlage durch eines seiner Mitglieder vor dem Reichstag vertreten lassen.

Den Arbeiter- und Wirtschaftsräten können auf den ihnen überwiesenen Gebieten Kontroll- und Verwaltungsbefugnisse übertragen werden.

Aufbau und Aufgabe der Arbeiter- und Wirtschaftsräte, sowie ihr Verhältnis zu anderen sozialen Selbstverwaltungskörpern zu regeln, ist ausschließlich Sache des Reiches."

Man hat den Art. 165 als die „Verankerung des Rätesystems in der Verfassung" bezeichnet. Diese Bezeichnung beweist, wie vielseitig der Ausdruck Rätesystem in der verhältnismäßig kurzen Zeit, seit er der deutschen Sprache angehört, bereits geworden ist. Versteht man darunter, was ursprünglich immer und eindeutig darunter verstanden war, was der radikale Sozialismus noch heute darunter versteht, das politische System der Herrschaft der Arbeiterklasse über Staat und Wirtschaft, so lehrt schon ein Blick in den Text, daß die Behauptung, Art. 165 habe das Rätesystem in die Verfassung aufgenommen, unhaltbar ist. Der Gedanke der proletarischen Klassenherrschaft, verwirklicht durch örtliche Arbeiterräte russischen Stils, aus denen gleichfalls nach russischem Vorbild ein alle Staats- und Wirtschaftsgewalt in sich vereinigendes Zentralorgan hervorgeht, ist unserer Verfassung hier ebenso fremd wie überall sonst. Art. 165 sieht zwar ein System von Räten mit gewissen Kontrollrechten auf dem Gebiete des wirtschaftlichen und auch des staatlichen Lebens vor, aber ein System, das auf dem Gedanken der Gleichberechtigung und Gleichwertigkeit von Arbeitgebern und Arbeitnehmern aufgebaut ist. Die Verfassung hält an dem Gedanken der Parität von Arbeitgebern und Arbeitnehmern fest. Die Arbeiterschaft soll, so ist es vorgezeichnet, bei der Regelung der Lohn- und Arbeitsbedingungen mitwirken, nicht aber diese Regelung allein bewirken, noch die wirtschaftliche Entwicklung der produktiven Kräfte selbstherrlich betätigen. Wenn es in Art. 165 heißt, die beiderseitigen Organisationen und ihre Vereinbarungen werden anerkannt, so bedeutet diese Anerkennung nicht nur ein Festhalten an dem Gedanken der Parität, sondern eine ausdrückliche Wahrung der Rechte der bereits bestehenden Unternehmer- und Arbeitnehmerverbände. Diese Verbände sollen durch den Art. 165 weder verdrängt noch überflüssig gemacht werden, sondern sie sollen befugt bleiben, die Lohn- und Arbeitsbedingungen in der bisherigen Weise durch Tarifvertrräge zu regeln.

Man hat ferner in dem Art. 165 eine eigene und gesonderte „Wirtschaftsverfassung“ oder „Gesellschaftsverfassung“ neben der Staatsverfassung erblickt. Diese Auffassung ist irreführend. Sie beruht auf einer dualistischen Nebeneinanderstellung von Staat und Gesellschaft, die überhaupt und in dieser Form abgelehnt werden muß. In Wahrheit steht diese angeblich selbständige Gesellschafts- und Wirtschaftsverfassung nicht neben d. h. außerhalb der Staatsverfassung, sondern in ihr. Sie ist im Verhältnis zu ihr nicht Gegenstück, sondern Teilstück. Was im Art. 165 und in seinen Ausführungsgesetzen steht, ist öffentliches Recht, Staatsrecht. Die Arbeiter- und Wirtschaftsräte sind öffentlich-rechtliche Einrichtungen, Staatsorgane jedenfalls in dem weiteren Sinne, der den Begriff und die Bezeichnung Staatsorgane anzuwenden gestattet auf alle Organe, die einen vom Staat angeordneten oder zugelassenen Einfluß bestimmter sozialer Gruppen oder sozialer Mächte auf öffentliche Angelegenheiten ausüben. Die Räte des Art. 165 dienen dem Gedanken der wirtschaftlichen und sozialen Interessenvertretung; sie sind nicht wesensverschieden von den bereits vorhandenen öffentlich-rechtlichen Vertretungsorganen, den Industrie- und Handelskammern, den Landwirtschaftskammern und den Handwerkskammern, Einrichtungen von denen niemals behauptet wurde, daß sie neben der Staatsverfassung bestünden.

Der Aufbau der Räteorganisation des Art. 165 zeigt zwei verschiedene Formen, einmal die Arbeiterräte, zum anderrn die Wirtschaftsräte. Beide sind verschieden in der Art ihrer Zusammensetzung wie ihrer Aufgabe und Funktionen. Nur die Arbeiterräte sind, sozial-wirtschaftlich und rechtlich betrachtet, reine Arbeitnehmervertretungen, während in den Wirtschaftsräten neben den Arbeitern auch die Arbeitgeber, sowie die sonst beteiligten Volkskreise — gedacht ist dabei vornehmlich an die Abnehmer der Produktion, unter denen die Verbraucher als ein engerer und besonderer Interessenkreis erscheinen — vertreten sind. Dieser Gegensatz beruht auf einer einfachen Erwägung. Im Wirtschaftsleben besteht zunächst ein Gegensatz (Kapital und Arbeit). Wie die Kapitalinteressen ihre öffentlich-rechtliche Vertretung haben (Handelskammern), sollen auf der anderen Seite die Arbeiter ihre besondere öffentlich-rechtliche Vertretung erhalten, die sich auf alle Arbeiter und Angestellte erstreckt. Diese öffentlich-rechtliche Vertretung ist der Arbeiterrat. Er ist eine einseitige Interessenvertretung, darauf gerichtet, den geschäftlichen Einfluß der Arbeiterschaft im Ganzen zu erhöhen und zur Geltung zu bringen.

Im Wirtschaftsleben besteht aber auch eine Gemeinschaft. Diese Gemeinschaft wird begründet durch das Produktionsinteresse der Arbeitgeber und Arbeitnehmer. Die Wirtschaftsräte haben im Gegensatz zu den Arbeiterräten die Aufgabe, diese gemeinsamen Produktionsaufgaben wahrzunehmen, sie sollen die Interessen der Produktion fördern und alle an der Produktion beteiligten Kreise heranziehen, um die Produktivität zu steigern, die Produktionskosten zu verringern und die Produktion möglichst unter sozialen Gesichtspunkten zu regeln. Die Funkiton des Arbeiterrats ist die sozialpolitische Auseinandersetzung zwischen den verschiedenen Klassen, die Funktion des Wirtschaftsrats ist Gemeinschaftsarbeit produktionspolitischer Art.

Die Organisation der Arbeiterräte zeigt, in 3 Stufen aufsteigend, lokale, im Rahmen der einzelnen Betriebe aufgebaute und in ihrer Wirksamkeit auf sie beschränkte Vertretungen (Betriebsarbeiterräte), über ihnen, nicht notwendig aus ihnen hervorgehend territoriale, bestimmte Wirtschaftsgebiete umfassende Bezirksarbeiterräte und als Zentralinstanz einen Reichsarbeiterrat. Die Organisation der Wirtschaftsräte ist zweistufig: Bezirkswirtschaftsräte und Reichswirtschaftsrat. Jene wie dieser sollen durch Zusammenziehung der Bezirksarbeiterräte bezw. des Reichsarbeiterrats mit den Vertretungen der Unternehmer und der sonst beteiligten Volkskreise gebildet werden.

Die Idee der Arbeiter- und Wirtschaftskammern ist nicht, wie man vielleicht annehmen könnte, etwas vollständig Neues; Art. 165 bedeutet keinesfalls einen vollkommenen Bruch mit allen Ueberlieferungen. Die Ideen, die er verwirklichen will, haben sich schon seit Jahrzehnten als lebenskräftig erwiesen, wenn ihnen auch die Erfüllung nicht beschieden war. Ich denke dabei nicht an die zahlreichen Beiräte und Vertretungen von Sachverständigen und Interessenten, die sich der Staat zur Nutzbarmachung ihrer Erfahrungen und Kenntnisse schon immer herangezogen hat. Ihnen allen, fast ohne Ausnahme, war gemeinsam, daß sie ausschließlich aus Unternehmern und Arbeitgebern bestanden. Aber schon der volkswirtschaftliche Ausschuß des Parlaments in der Frankfurter Paulskirche im Jahre 1849, also zu einer Zeit, wo die Industrie noch in den ersten Anfängen stand, hat es für zweckmäßig gehalten, daß die Arbeitnehmer eines Betriebes in gewissem Umfang auch an der Verwaltung beteiligt würden; man stand noch unter dem Geist der alten Handwerksverfassung, die die Gesellen dem Meister als mitwirkende und mitverantwortliche Gehilfen an die Seite stellte. Die Gewerbefreiheit ging über solche Pläne hinweg. Aber sie fanden 30 Jahre später in dem Fürsten Bismarck, auf Anregung aus industriellen Kreisen, einen Beschützer. Die Organisation der Berufsinteressen, die Vertretung der wirtschaftlichen Kräfte, die zukünftige Stellung der „Nährstände" im Staate wurden damals längere Zeit eifrig erörtert und der erste Reichskanzler wandte solchen Reformplänen volle Aufmerksamkeit zu. Aber auch hier blieb es im wesentlichen bei Projekten oder doch nur Ansätzen und an ihre Stelle trat dann die Forderung der Arbeits- oder der Arbeiterkammern in allen ihren wechselvollen Gängen bis zum letzten Entwurf vom Frühjahr 1918. In all' diesen Plänen war mehr oder weniger der Wunsch lebendig, Arbeitgeber und Arbeitnehmer wie auf sozialpolitischem, so auch auf wirtschaftlichem Gebiete — hier freilich mit starken Einschränkungen und ängstlichen Kautelen — zusammenzuführen zu gegenseitiger Unterstützung, zu gemeinsamem Wirken und gemeinsamer Verantwortung.

Wieweit ist nun die Wirtschaftsverfassung des Art. 165 in der Praxis durchgeführt? Geschaffen ist die oberste Spitze, der Reichswirtschaftsrat, wenn auch zunächst nur als vorläufiger Reichswirtschaftsrat und die unterste Stufe der Betriebsräte. Die Räte der Mittelstufe, Bezirksarbeiterräte und Bezirkswirtschaftsräte, ebenso der Reichsarbeiterrat fehlen noch, während einseitige Unternehmerkammern (Handelskammern, Handwerkskammern, Landwirtschaftskammern) bereits vorhanden sind.

Die B e t r i e b s r ä t e sind die unterste Stufe der vorgesehenen Rätepyramide. Die Novelle zur Gewerbeordnung im Jahre 1891 hatte zum ersten Mal in die Gesetzgebung Arbeitsausschüsse, allerdings nicht als obligatorische Einrichtungen eingeführt. Erst das während des Krieges erlassene Hilfsdienstgesetz verlieh den Arbeiterausschüssen der für den vaterländischen Hilfsdienst tätigen Betriebe Zwangscharakter. Die sog. Tarifvertragsordnung vom 23. Dezember 1918 dehnte die Einrichtung auf alle Betriebe aus. Diese vorläufige Regelung ist durch das am 9. Februar 1920 in Kraft getretene Betriebsrätegesetz vom 4. Februar 1920 zu einer ständigen geworden. Neun Jahre sind nunmehr seit dem Inkrafttreten dieses Gesetzes verflossen, dem seinerzeit die Arbeitnehmer mit weitgehenden Hoffnungen, die Arbeitgeber mit ebensolchen Befürchtungen entgegentraten und in dem schließlich die Regierung, die politischen Parteien, die es schufen, und die wissenschaftliche Sozialreform ein Mittel des sozialen Friedens und der seelischen Eingliederung der Arbeitnehmer in die Wirtschaft erblickten. Nach wie vor ist das Gesetz in seiner Bedeutung umstritten, wenn auch weder jene Hoffnungen noch jene Befürchtungen, von denen ich gesprochen habe, sich erfüllt haben. Man kann vielleicht sagen, daß das Betriebsrätegesetz in jedem Falle eine wertvolle Interessenvertretung der Arbeitnehmer darstellt, daß es durch die Organisierung der Belegschaft den nicht immer vermeidbaren Kampf zwischen Arbeitgebern und Arbeitnehmern versachlicht, daß es den Weg zur Beteiligung der Arbeitnehmer am Arbeiterschutz eröffnet und daß es schließlich eine wachsende Zahl von Arbeitnehmern vornehmlich in den größeren Betrieben zum Nutzen ihrer Klasse und der Volksgesamtheit ständig in einem früher nicht denkbaren Umfang mit privat- und volkswirtschaftlichen Fragen in Berührung bringt, eine Tatsache, deren Auswirkung sich in Verbindung mit der Entwicklung des staatlichen und gewerkschaftlichen Arbeiterbildungswesens erst nach Jahren wird beurteilen lassen.

Das Betriebsrätegesetz will die Betriebsvertretungen tunlichst bei Erfüllung ihrer Aufgaben mit den Vereinigungen der Arbeitnehmer, den *Gewerkschaften* zusammenwirken lassen. Daher sieht das Gesetz die Zuziehung der Gewerkschaftsvertreter zu den Sitzungen des Betriebsrates wie zu den Betriebsversammlungen, allerdings nur mit beratender Stimme vor. Die Bestrebungen der Gewerkschaften, als berufene Vertretung ihrer Mitglieder in allen über den Einzelbetrieb hinausgehenden Fragen des Gesamtarbeitsverhältnisses zu gelten, haben in der Tarifvertragsordnung vom 23. Dezember 1918 eine gesetzliche Anerkennung gefunden. Die Gewerkschaften gehören zu den schon *vor* der R.V. bestehenden, von der RV. anerkannten Berufsverbänden der Arbeitnehmer. Man unterscheidet innerhalb der Gewerkschaften *drei Richtungen*. Die älteste ist die der *Hirsch-Dunker'schen Gewerksvereine* mit dem Entstehungsjahr 1869. Sie sind dem englischen Muster der trade unions auf fachlicher Grundlage nachgebildet. Daneben traten bald darauf unter Anlehnung an die sozialdemokratische Partei Bestrebungen zur Bildung von *freigewerkschaftlichen* Verbänden zutage. Diese Verbände wurden im Jahre 1890 zu den Freien Gewerkschaften zusammengeschlossen. Aus diesen entwickelte sich 1892 als Spitzenverband die Generalkommission der Gewerkschaften Deutschlands, die 1919 vom Allgemeinen Deutschen Gewerkschaftsbund abgelöst wurde. Die dritte Hauptgruppe sind die Christlichen Gewerkschaften, die 1898 mit einer mehr auf religiöser Grundlage beruhenden Weltanschauung ins Leben traten und 1901 zum Gesamtverband der Christlichen Gewerkschaften sich vereinigten. Außer diesen drei Hauptgruppen sind auf der Arbeitnehmerseite verschiedene andere Verbandsrichtungen mit mehr oder weniger Anhängerschaft in wechselnder Lebensdauer entstanden, s. z. B. die nationalen Arbeitervereine, die wirtschaftsfriedlichen, konfessionellen, selbständigen syndikalistischen Arbeiterverbände usw. Auf Einzelheiten kann im Rahmen dieses Vortrags nicht eingegangen werden.

Auf der Arbeitgeberseite brachte das Jahr 1913 aus Anlaß eines großen Streiks die Gründung von zentralen Arbeitgeberverbänden und Streikversicherungs- und Streikentschädigungsgesellschaften mit sich. Sie erweiterten bald darauf ihr Arbeitsgebiet und erstreckten dies auch auf die Wahrung anderer gemeinschaftlicher Arbeitgeberinteressen. Im Januar 1913 vereinigten sich sodann eine Reihe von Einzelverbänden zu einem Spitzenverband, zu der Vereinigung der Deutschen Arbeitgeberverbände.

Die Berufsverbände der Arbeitgeber und Arbeitnehmer sind in Art. 165 RV. gleichfalls ausdrücklich anerkannt. Damit steht der Umstand in Zusammenhang, daß ihnen nunmehr auch in ihrer öffentlich-rechtlichen Stellung durch Verleihung gewisser Funktionen Anerkennung zuteil wurde. Die Berufsvereine sind im neuzeitlichen Rechtsgefüge zu Trägern öffentlich-rechtlicher Aufgaben gehoben worden. Es sei hier nur kurz darauf hingewiesen, daß sie in einer Reihe von Gesetzen aus der Nachkriegszeit Präsentationsrechte erhalten haben oder daß ihre Anhörung in der Weise vorgeschrieben ist, daß sie in Form von paritätischen Fachausschüssen unter Beteiligung von Vertretern der öffentlichen Körperschaften bei der Durchführung der Gesetze mitwirken. Ich verweise z. B. auf ihre Tätigkeit im Arbeitsnachweiswesen und in der Arbeitslosenversicherung, ferner bei den Schlichtungsausschüssen, bei der Kriegsbeschädigtenfürsorge und bei der Durchführung des Arbeitsgerichtsgesetzes. Auf dem Wege über den vorläufigen Reichswirtschaftsrat ist ihnen im gewissen Grade eine Mitwirkung bei der Gesetzgebung eingeräumt.

Auf die organisatorische Gliederung der Verbände in räumlicher und fachlicher Hinsicht, auf die lange Reihe auch nur der wichtigsten Berufsvereine hinsichtlich Größe und Gliederung einzugehen, ist an dieser Stelle nicht möglich. Nur ein Punkt sei herausgegriffen: Wie hoch ist die Zahl der organisierten Arbeitnehmer in Deutschland überhaupt? Während etwa um 1922 rund 13 300 000 Organisierte in den Verbandsstatistiken nachgewiesen wurden, sind Ende 1925 nur rund 8 296 000 vorhanden. In den letzten Jahren ist diese Zahl wieder erheblich gewachsen. Die Bedeutung der Unternehmerverbände wird besonders klar aus der Art ihres Zusammenschlusses. Die Entwicklung hat allmählich zu einer nahezu vollständigen Zusammenfassung aller bestehenden Unternehmerverbände in einer Reihe überfachlicher Großorganisationen geführt. Solche Großorganisationen sind der Zentralausschuß der Unternehmerverbände, die Vereinigung der deutschen Arbeitgeberverbände, der Reichsverband der deutschen Industrie, der Zentralverband des deutschen Großhandels und die Hauptgemeinschaft des deutschen Einzelhandels.

Ich komme nun zu den reinen Unternehmerkammern, den Landwirtschafts- oder wie sie in Bayern heißen, Bauernkammern, den Handwerkskammern und den Industrie- und Handelskammern. Allen drei Kammern ist die Aufgabe gemeinsam, die Gesamtinteressen ihrer Wirtschaftsgruppe zu vertreten. Diese Unternehmerkammern sind einerseits im Gegensatz zu den freien Verbänden auf gesetzlicher Grundlage organisiert und leisten eine Reihe amtlicher Aufgaben, insbesondere weitgehende Hilfstätigkeit in der wirtschaftlichen Rechtspflege z. B. durch Vorschlagsrecht für die Wahl von Handelsrichtern, Unterstützung der Gerichte in der Führung der Handelsregister, Benennung von beeidigten wirtschaftlichen Sachverständigen, Feststellung von Handelsbräuchen. Andererseits ist ihnen eine praktische und beschränkte Selbstverwaltung überlassen, die nur die Pflicht einschließt, den Verwaltungsbehörden die in ihren Geschäftsbereich entfallenden Auskünfte zu erteilen, wie überhaupt die Regierung in den Fragen der Wirtschaftsführung durch Gutachten und Anregungen zu unterstützen. Diese amtlichen Wirtschaftsorganisationen sind nach räumlichen Gesichtspunkten gegliedert, die sich teils, so namentlich in den süddeutschen Staaten mit den größeren Verwaltungsbezirken, in den Hansastädten mit den Staatsgebieten decken, teils sind sie aber auch, wie in Preußen, für rein willkürlich bemessene Gebiete durch die freie

Initiative der Interessenten begründet worden. Auch die reinen Unternehmerkammern sind in Art. 165 ausdrücklich anerkannt.

Ich darf kurz zusammenfassen: Wir haben auf der unteren Stufe der Räteorganisation einerseits die Betriebsräte, anderseits die Unternehmerkammern; wir haben ferner die freien Verbände der Arbeitnehmer (Gewerkschaften) und der Arbeitgeber (Spitzenverbände). Geschaffen ist endlich der Reichswirtschaftsrat, wenigstens als vorläufiger durch die Verordnung vom 4. Mai 1920. Er besteht aus 326 Mitgliedern, die in 10 Gruppen eingeteilt sind. Die ersten 6 Gruppen bilden die Vertreter der unmittelbar an der Erzeugung und Verteilung der Waren beteiligten Wirtschaftszweige (Land- und Forstwirtschaft, Fischerei und Gartenbau, Handwerk, Industrie, Handel, Banken, Versicherungswesen und Verkehr). Innerhalb dieser Gruppen werden mit alleiniger Ausnahme der Vertretungen landwirtschaftlicher und gewerblicher Genossenschaften die Vertreter von Arbeitgeber und Arbeitnehmern in gleicher Zahl einander gegenübergestellt. Den Gruppen 7—10 gehören Vertreter der Verbraucherschaft, der Beamtenschaft und der freien Berufe sowie von der Reichsregierung und vom Reichsrat nach freiem Ermessen ernannte Mitglieder an; in ihnen ist eine Gegenüberstellung von Arbeitgebern und Arbeitnehmern nur in beschränktem Umfange vorgesehen.

Der Arbeitsrahmen des vorläufigen Reichswirtschaftsrats ist in § 11 der gen. VO. festgelegt. Hienach hat er sozialpolitische und wirtschaftspolitische Gesetzentwürfe — zur letzteren zählen auch solche finanzpolitischer Natur — von grundlegender Bedeutung zu begutachten, die von der Reichsregierung vor ihrer Einbringung beim Reichsrat dem vorläufigen Reichswirtschaftsrat vorgelegt werden. Der Reichswirtschaftsrat hat nicht den Charakter einer dem Reichstag nebengeordneten Kammer; er ist *kein Organ der Gesetzgebung* wie etwa der Reichsrat, wohl aber das oberste Organ der Wirtschaftsverfassung, dessen Rat nicht nur gehört werden muß, sondern dem auch das Recht eigener Initiative zusteht, d. h. das Recht, selbständig Anträge einzubringen.

Es fehlt nicht an Stimmen, die den Reichswirtschaftsrat zu einer berufsständischen 2. Kammer, zu einer Art Oberhaus ausbauen wollen. Nun kann ruhig zugegeben werden, daß das Vorhandensein eines lediglich politischen Parlaments als Ausdruck der souveränen Demokratie, die sich in den Besitz der Staatsomnipotenz gesetzt hat, kein idealer Zustand ist und daß es erwünscht wäre, bei der Bildung des Staatswillens auch die Wertung der Person (aristokratisches Prinzip) und die Wertung der Berufsleistungen (berufsständisches Prinzip) zu berücksichtigen und entsprechend in einer „zweiten Kammer“ oder in einem „Oberhause“ (erste Kammer) verfassungsrechtlich zur Geltung zu bringen. Was ich zu bedenken gebe, ist der politische Gesichtspunkt: ist ein solches Oberhaus in einer demokratischen Verfassung möglich, ist es einem souveränen Parlament des gleichen Wahlrechts aufzwingbar?

Es ist zu beachten, wie geschichtlich Zweikammersysteme entstanden sind: entweder durch Trennung der Kurien einer zunächst einheitlichen Volksvertretung oder durch Oktroyierung in einem System der sogenannten konstitutionellen Monarchie, als Konzession an die Forderung einer Volksvertretung gegenüber bestehendem Absolutismus und gedacht als Bremsvorrichtung gegenüber befürchtetem Radikalismus der Volkskammer. Dagegen berichtet die Geschichte von keinem Falle, daß aus „Weisheit“ der demokratischen Volkskammer ein Oberhaus eingerichtet worden sei. Und es mag bemerkt werden, daß auch unsere Volkskammer, solange sie noch eine Lebenskraft verspürt, niemals darin einwilligen wird, sich zur Kontrolle und Beschränkung ihrer Rechte ein Oberhaus einzusetzen oder einsetzen zu lassen.

Auch der Reichswirtschaftsrat hat in der Geschichte schon sein Vorbild. Bereits Bismarck trug sich in den Jahren 1878 bis 1885 mit dem Gedanken, einen Reichswirtschaftsrat ins Leben zu rufen. Wenigstens als preußischer Volkswirtschaftsrat hat die Einrichtung von 1880—1887 bestanden. Die sämtlichen Arbeiterversicherungsgesetze sind von seinen Mitgliedern in teilweise ausführlichen Verhandlungen begutachtet worden. Dieser Volkswirtschaftsrat war ein zentrales Organ mit doppelten Funktionen und sollte einmal ein wirtschaftlicher Beirat der Zentralregierung für Gesetzgebung und Verwaltung, zum anderen aber die Zusammenfassung aller Wirtschaftskräfte im Staat zu gegenseitigem Ausgleich und zur Förderung der gemeinsamen Interessen darstellen. Dieser Reichswirtschaftsrat war von Bismarck nur als ein Anfang gedacht. Er sann darüber nach, ob er der Reichsverwaltung nicht durch den Ausbau der Berufsgenossenschaften, in denen Arbeitgeber und Arbeitnehmer verständig zusammenwirkten, einen seiner Eigenart entsprechenden Unterbau geben könnte, wie ihn die einzelnen Bundesstaaten etwa in den Gemeinden hatten. Zugleich eiferte er die einzelnen Berufsstände an, sich jeder nach

Kräften selbst zu organisieren. Der großzügige Plan Bismarcks, die Einsetzung eines deutschen Volkswirtschaftsrates, ist schließlich am Widerstand des Reichstags, der durch die Tätigkeit eines Reichswirtschaftsrates eine allmähliche Bevormundung und Unterdrückung fürchtete, gescheitert. Ende der 80er Jahre ist auch die Tätigkeit des preußischen Volkswirtschaftsrates allmählich eingeschlafen.

Der jetzige vorläufige Reichswirtschaftsrat, der, wie erwähnt, nach der Verordnung aus 326 Mitgliedern zusammengesetzt ist, besteht heute praktisch nur noch aus etwa 110 Mitgliedern. Die Vollversammlung hat ihre Befugnisse teils dem Vorstand, teils den Ausschüssen überlassen. Der Vorstand ist in der Hauptsache das für die Geschäftsführung Richtung gebende Organ.

An der Tätigkeit des vorläufigen Reichswirtschaftsrates ist vielfach in der Oeffentlichkeit und nicht zuletzt auch in den Kreisen des Reichswirtschaftsrates selbst erheblich Kritik geübt worden. Es fehlt auch nicht an Stimmen, die unter Hinweis auf die angeblich mit dem vorläufigen Reichswirtschaftsrat gemachten schlechten Erfahrungen oder aus staatspolitischen Einwendungen diese Körperschaft mehr oder weniger ablehnen. Selbst in den Kreisen der Wirtschaft ist zuweilen eine gleichgültige Stimmung gegenüber dem Reichswirtschaftsrat zu finden, verbunden mit einer lebhaften Kritik an dem, was der vorläufige Reichswirtschaftsrat geleistet oder richtiger nicht geleistet hat. Man übersieht dabei, daß es auf wirtschaftlichem ebensowenig wie auf politischem Gebiete endgültige Lösungen gibt und daß daher ein so neuartiges Gebilde wie es der vorläufige Reichswirtschaftsrat ist, dem komplizierten Organismus eines modernen Staates nicht ohne Schwierigkeiten eingefügt werden konnte. Tatsächlich hat sich mit der stillschweigend vorgenommenen Verlegung der Arbeiten aus der öffentlichen Vollversammlung in die nicht öffentlichen Ausschüsse, mit der praktischen Ausgestaltung von etwa $^2/_3$ der Mitglieder von der Mitarbeit eine Entwicklung vollzogen, die unter bewußtem Verzicht auf äußere Geltung lediglich das Ziel verfolgte, den tatsächlichen Wert der Arbeiten zu erhöhen. Dieses Ziel ist in weitem Umfange erreicht worden. Die Verhandlungen des vorläufigen Reichswirtschaftsrates waren insbesondere, soweit sie wirtschaftliche Fragen betrafen, von einer außerordentlichen Gründigkeit und haben die Arbeiten des Reichstags und der Reichsregierung wesentlich erleichtert. Vielfach so z. B. bei der Vorbereitung der Zolltarifgesetzgebung des Jahres 1925 wurden dem vorläufigen Reichswirtschaftsrat Rohentwürfe vorgelegt, die dort von den Referenten der Reichsministerien im Zusammenwirken mit den Mitgliedern des Reichswirtschaftsrates zu den Regierungsentwürfen ausgearbeitet wurden. In all' den Fällen, in denen die Reichsregierung noch vor ihrer eigenen endgültigen Beschlußfassung über einen Gesetzentwurf den Reichswirtschaftsrat um ein Gutachten ersuchte, sind von ihr Vorschläge und Anregungen des Reichswirtschaftsrates übernommen worden, ohne daß dies nach außen erkennbar geworden ist, so daß selbst den gesetzgebenden Körperschaften der Anteil des vorläufigen Reichswirtschaftsrates an der Gestaltung eines Entwurfes nicht immer bekannt geworden ist.

Auch auf sozialpolitischem Gebiet, wo die Verhandlungen des vorläufigen Reichswirtschaftsrates nicht immer reibungslos sich vollzogen, darf seine Tätigkeit nicht unterschätzt werden. Die Hauptbedeutung des Reichswirtschaftsrats beruht wohl darin, daß in ihm die Möglichkeit gegeben ist, die widerstrebenden Interessen innerhalb unseres Wirtschaftslebens auszugleichen, und zwar in wirtschaftspolitischer Hinsicht zwischen den verschiedenen Erwerbsständen und Erwerbszweigen, wie Produzenten und Konsumenten, Landwirtschaft und Industrie, Rohstoffindustrie und Fertigwarenindustrie usw., in sozialpolitischer Hinsicht zwischen den beiden großen Gruppen der Arbeitgeber und Arbeitnehmer. Hier vereinigen sich Arbeitgeber und Arbeitnehmer auch in Zeiten, in denen sich ihre freien Berufsorganisationen nicht zusammenfinden können, zu gemeinsamer Arbeit und zu freiem Gedankenaustausch, der dazu beiträgt, daß die beiden Gruppen die Schwierigkeiten, die jede von ihnen zu überwinden hat, würdigen und verstehen. Diese jederzeit vorhandene Möglichkeit bedeutet eine nicht gering zu veranschlagende Hilfe für die Lösung oder Milderung sozialer Spannungen. Schließlich wird durch den Reichswirtschaftsrat eine nähere Verbindung zwischen der Regierung und den von ihren Maßnahmen und Entwürfen betroffenen Wirtschaftskreisen hergestellt. Wie die Regierung durch die im Reichswirtschaftsrat vereinigten Vertreter der großen Wirtschaftsverbände wertvolle Anregungen erhält, wird umgekehrt bei diesen Kreisen durch Vermittlung der Mitglieder des Reichswirtschaftsrates Verständnis für die Maßnahmen und Entwürfe der Reichsregierung geweckt oder gefördert.

Das Gesetz über den endgültigen Reichswirtschaftsrat liegt zur Zeit dem Reichstag vor.

Nach dem Entwurf ergeben sich für die Zusammensetzung des endgültigen Reichswirtschaftsrates aus seiner Zweckbestimmung drei Gesichtspunkte. Einmal gilt es die Mitgliederzahl auf diejenige Zahl zu beschränken, die für seine Arbeitsfähigkeit unbedingt erforderlich ist; zweitens soll der Reichswirtschaftsrat in seiner Gesamtheit an möglichst getreues Spiegelbild der wirtschaftlichen Stärke der in ihm vertretenen Erwerbszweige sein; drittens soll ein Interessenausgleich zwischen Arbeitgebern und Arbeitnehmern gewährleistet werden. Der Entwurf sucht die beiden sich scheinbar widersprechenden Ziele der Beschränkung der Mitgliederzahl und umfassende Berücksichtigung der verschiedenartigen Interessen unserer Wirtschaft dadurch zu erreichen, daß er einer beschränkten Zahl von ständigen Mitgliedern Gelegenheit gibt, sich durch Zuziehung von nichtständigen Mitgliedern zu ergänzen. Diese nichtständigen Mitglieder werden in die Ausschüsse für einzelne Sitzungen oder für bestimmte Verhandlungsgegenstände vom Vorstand einberufen. Hiedurch wird die jederzeitige Arbeitsfähigkeit des Reichswirtschaftsrates trotz der verhältnismäßig geringen Zahl von 151 Mitgliedern gesichert.

Nun noch einige Ausführungen über die in Art. 165 der RV. vorgesehenen Bezirksarbeiterräte und die Bezirkswirtschaftsräte! Woran liegt es, daß diese Räte, die die Mittelstufe der Rätepyramide bilden sollen, noch nicht eingerichtet sind? Die Schwierigkeiten, die sich hier ergeben haben, bestehen vor allem darin, daß einerseits durch die neuen reinen Arbeiterräte und ihnen gegenüber durch die seit Jahrzehnten hoch entwickelten Unternehmerorganisationen der Gegensatz zwischen Kapital und Arbeit organisatorisch verstärkt würde, während doch gleichzeitig ihre Kräftevereinigung und eine gemeinnützige Zusammenarbeit in den paritätischen Organen der Bezirkswirtschaftsräte gefordert wird. Bedeutsamer noch erscheinen die natürlichen Widerstände, die die Unternehmer den Forderungen auf eine Preisgabe der bisherigen erfolgreichen Autonomie ihrer Organisation durch die paritätische Räteverfassung entgegenstellen, wobei namentlich die Zusammensetzung, aber ebenso das Arbeitsfeld der als Wahlorgan für den Reichswirtschaftsrat sehr wichtigen Bezirkswirtschaftsräte noch sehr und zwar mit guten Gründen umstritten ist. Hat doch der Meinungskampf um diese Zwischenstufe zu vielfach geradezu phantastischen Plänen einer Aufteilung des Reichsgebietes in Wirtschaftsprovinzen geführt, die die historisch gewordenen politischen und Verwaltungsbezirke durch einheitliche

Wirtschaftsgebiete mit weitgehender organisatorischer Selbstverwaltung ersetzen wollen. Erwähnt sei beispielsweise die lange Zeit lebhaft propagierte Idee eines Rhein-Mainischen Bezirkswirtschaftsrates mit Frankfurt als Wirtschaftszentrum. Wenn auch die Verfechter der Idee der Wirtschaftsprovinzen zur Zeit an Boden verloren haben, so zeigt doch schon die bloße Möglichkeit solcher Ideen, wie wenig die Tragweite einer vollständigen Durchführung des Rätesystems des Art. 165 noch übersehen werden kann. Zu bedenken ist ferner, daß der letzte Absatz des Art. 165 die Regelung der Räteverfassung, sowie ihres Verhältnisses zu wichtigen anderen Selbstverwaltungskörpern zur Reichssache erklärt, während bisher die organisatorische Durchführung gerade unserer deutschen Wirtschaftsverfassung sehr wesentlich den einzelnen Ländern oblag. Eine Zeitlang bestand übrigens bei den einzelnen Ländern eine starke Neigung zur Errichtung von eigenen Landeswirtschaftsräten, die die Funktion der Bezirkswirtschaftsräte des Art. 165 übernehmen sollten. In Bayern wurde im Jahre 1922 auf Grund eines Antrages der Abgeordneten Freiherr von Freyberg und Gen. der Entwurf zu einem bayerischen Landeswirtschaftsrat ausgearbeitet. Man hat schließlich von der Errichtung dieses Landeswirtschaftsrates abgesehen, da man der reichsrechtlichen Entwicklung der Bezirkswirtschaftsräte nicht vorgreifen wollte. In weiten Kreisen der Wirtschaft hat man weiter die Befürchtung, es könnte durch eine vollständige Durchführung des Art. 165 der Boden für Wandlungen unseres ganzen Wirtschaftssystems vorbereitet werden. Die Widerstände gegen die Preisgabe des Systems der kapitalistischen Verkehrswirtschaft zugunsten einer Wirtschaftsdemokratie oder gar einer staatssozialistischen Planwirtschaft bestehen aber keineswegs nur bei den Unternehmern, vielmehr begreifen heute bereits die breitesten Wirtschaftskreise, auch zum Teil die Arbeiterschaft, daß die mitteleuropäische Wirtschaftszelle Deutschland sich nicht ohne Gefahr willkürlich aus einem Wirtschaftssystem ausschalten kann, das die gesamte Weltwirtschaft beherrscht, und, wenn nicht alle Zeichen trügen, gerade durch den Weltkrieg einem neuen Aufstieg entgegengeht. Wenn es in Art. 165 heißt: Die Arbeiter und Angestellten sind dazu berufen, gleichberechtigt in Gemeinschaft mit den Unternehmern in der Regelung der Lohn- und Arbeitsbedingungen, sowie an der gesamtwirtschaftlichen Entwicklung der produktiven Kräfte mitzuwirken, so sollte damit gewissermaßen als Gegenstück zu dem grundlegenden Satze: „Alle Staatsgewalt geht vom Volke aus" die Norm proklamiert werden: „Alle Wirtschaftsgewalt geht vom Volke aus". Dabei hat man aber den ganz fundamentalen Unterschied zwischen dem Staat und dem Wesen der Volkswirtschaft übersehen. Der Staat kann und muß durch einen einheitlichen Willen gestaltet werden. Die Volkswirtschaft ist aber das Ineinandergreifen der einzelnen Wirtschaften, die, über die ganze Welt verteilt, aufeinander angewiesen und durch regelmäßigen nationalen und internationalen Tausch miteinander verbunden sind. Dieser Tauschverkehr kann nicht durch einen einheitlichen Willen von obenher geregelt werden, er unterliegt „Gesetzen", die sich aus der Eigenart der wirtschaftlichen Beziehungen ergeben. Diesen Gesetzen kann nur eine Instanz entsprechen, die nicht mit dem Tage lebt, sondern gewillt und in der Lage ist, das zu tun, was auf die Dauer den höchst möglichen Ertrag bringt. Die einzelnen Arbeiter aber wollen und müssen von einem Tag zum andern leben. Sie haben ein Interesse daran, daß das Heute und Morgen besser wird. Sie werden nicht leicht dazu zu bringen sein, in der Gegenwart Opfer zu bringen, um die späte Zukunft umso besser gestalten zu können. Jedenfalls verfallen sie leicht der Agitation derer, die von Geduld nichts wissen wollen und einem unmittelbaren kräftigen Zufassen das Wort reden. Das ist umso begreiflicher, weil die große Masse der Menschen, die ungeheure Kompliziertheit und Schwierigkeit der sozialen Probleme hinter der einfachen Formel verschwindet: „Den Reichen nehmen und den Armen geben." Die notwendige Einstellung gegen klassenpolitisch orientierte Experimente, dieser Kampf zwischen Politik und Wirtschaft ist es vor allem, der heute die Durchführung auch derjenigen Grundgedanken der neuen Wirtschaftsverfassung erschwert, die gesunde Keime sozialer Aufwärtsentwicklung enthalten. Es ist wieder einmal ein Kampf zwischen den beiden Grundfragen der menschlichen Kulturentwicklung, zwischen dem Individualismus und dem Sozialismus, und auch heute wieder entspringt er der Wirtschaft. Weil aber dieses Heute ein unendlich komplizierter Organismus geworden ist unter dem Einfluß der kapitalistischen Verkehrswirtschaft, so bedingt jeder Schritt auf dem Wege zu Reformen dieses Wirtschaftssystems und seiner Verfassung die vorsichtigste Prüfung; denn wie Friedrich Naumann einmal treffend geschrieben hat: „Eine Wirtschaftsverfassung, die aus so vielen Voraussetzungen heraus entstanden ist und die sich mit alten und neuen Rechten so ummauert hat, wie der Kapitalismus, ist langlebig auch in einer schnell fortschreitenden Zeit. Sie verändert sich selbst nach ihren eigenen Gesetzen und wird sich schließlich einmal so verändert haben, daß sie etwas völlig anderes geworden ist, aber sie ist in jedem Einzelkampf, den man ihr aufzwingt, von enormer Zähigkeit..... Der Sozialismus wird sich darauf einrichten müssen, daß es noch lange Zeiten hindurch den Kapitalismus gibt."

Damit bin ich am Ende meiner Ausführungen. Es war natürlich im Rahmen dieses knappen Vortrags nicht möglich, alle hier einschlägigen Probleme eingehend zu behandeln. Manches interessante Kapitel konnte nicht einmal flüchtig gestreift werden. Gleichwohl hoffe ich, daß es mir gelungen ist, Ihnen die Hauptprobleme des Art. 165, der einer der wichtigsten Bestimmungen unserer Reichsverfassung ist, aufzuzeigen und es wäre mir die größte Befriedigung, wenn Sie auch aus diesem Ihnen im allgemeinen etwas fernliegenden Gebiet Anregungen für Ihre praktische Tätigkeit gewinnen würden.

Die Neuregelung der Landeskulturrenten-anstalt.

Von Ministerialrat Dr. Wörner.

Von einer Drucklegung wird im Hinblick auf die Veröffentlichung in den bayer. Verwaltungsblättern 1929 S. 264 hier abgesehen.

Kraftfahrlinien.

Von Ministerialrat Dr. Janker.

Die Zulassung der Kraftfahrlinien hat unsere Behörden der inneren Verwaltung vor neue Aufgaben gestellt. Nach der rechtlichen Seite hin bietet diese Aufgabe keine besonderen Schwierigkeiten mehr. Sie hat zur Grundlage das Kraftfahrliniengesetz vom 26. 8. 25 und die Kraftfahrlinienverordnung des Reichs vom 20. 10. 28 und die bayer. Vollzugsvorschriften dazu. Streitfragen rechtlicher Art, die sich bei der Anwendung des Gesetzes ergaben, sind inzwischen durch die Praxis der Verwaltungsbehörden, durch straf- und verwaltungsgerichtliche Entscheidungen und neuerdings auch durch erläuternde Bestimmungen der Kraftfahrlinienverordnung geklärt worden. Weniger einfach ist die Handhabung des Gesetzes nach der Ermessensseite hin. Es spielen da verkehrspolitische Fragen von nicht geringer Bedeutung herein, Fragen, deren Behandlung einigermaßen außerhalb des normalen Geschäftskreises der Verwaltungsbehörden liegt und die auch in den Vollzugsvorschriften nicht ausreichend behandelt, geschweige denn gelöst werden können.

Meine Ausführungen sollen sich daher vorwiegend mit dieser verkehrspolitischen Seite des Themas befassen.

Wir haben im Kraftfahrlinienwesen ein Gebiet, auf dem gerade der bayerische Staat von den ersten Anfängen an richtunggebend tätig geworden ist. Im Jahre 1901, also schon in den ersten Kinderjahren des Kraftwagens erschien in München eine Broschüre mit dem Titel „Motorposten, Technik und Leistungsfähigkeit der heutigen Selbstfahrsysteme und deren Anwendbarkeit für den öffentlichen Verkehr“. In der Schrift wird es als Aufgabe des Staates bezeichnet, Motorlinien zu errichten und damit das Gemeinwohl zu fördern. Der Verfasser war ein bayerischer Jurist, Dr. Schätzel, der heutige Reichspostminister.

Bereits im Frühjahr 1905 wurde die erste staatliche Kraftfahrlinie Tölz—Lenggries eröffnet, im gleichen Sommer folgten zwei weitere Linien Tölz—Bichl und Sonthofen—Hindelang. Die Schwierigkeiten, die sich anfangs namentlich nach der technischen Seite hin ergaben, konnten überwunden werden, in enger Zusammenarbeit zwischen Post und innerer Verwaltung konnten in rascher Folge in allen Teilen Bayerns neue Linien eingerichtet werden; ihre Zahl betrug bei Kriegsbeginn bereits 124 mit einer Betriebslänge von 2100 km. Der Zweck dieser Einrichtungen war ein ausgesprochen gemeinnütziger: Durch die staatlichen Kraftwagenlinien sollten abgelegene, verkehrsarme Gegenden dem Verkehr insbesondere durch Verbindung mit der Eisenbahn, also durch Schaffung eines Eisenbahnzubringerdienstes erschlossen und wirtschaftlich gehoben werden. Der Bayer. Staat hatte das schon bisher als seine Aufgabe erklärt und zu diesem Zwecke Lokalbahnen zur Verbindung benachbarter Orte gebaut. Diese Bahnen leiden gerade im dünnbesiedelten, vorwiegend agrarischen Bayern an mangelnder Verkehrsdichte, sie ergeben keine Rente und mit etwas über 3 % eine reichlich dürftige Verzinsung des Anlagekapitals. Die Möglichkeit, mit Kraftfahrlinien den gleichen volkswirtschaftlichen Erfolg und Nutzen zu erreichen, mußte dem bayer. Staat sehr willkommen sein. Der Unterschied in den Anlagekosten beider Verkehrsarten ist gewaltig, er beträgt auf 1 Betriebskilometer gerechnet bei einer Lokalbahn ungefähr 30 mal soviel, als bei einer Kraftfahrlinie. Die bayer. staatlichen Kraftfahrlinien sollten vor allem wie bisher die Lokalbahnen der Gegend zugute kommen, durch die sie geführt werden; sie sollten aber der Gesamtheit auch dadurch dienen, daß sie ihr die viel schwerere Belastung mit weiteren unwirtschaftlichen Lokalbahnen ersparten.

Das bayerische Vorgehen mit der Errichtung von Kraftfahrlinien als Verkehrsaufgabe des Staates fand inner- und außerhalb Deutschlands Beachtung und Nachahmung. Württemberg, das ebenso wie Bayern auch nach der Reichsgründung sein eigenes Postwesen als Reservatrecht erhalten hatte, richtete ebenfalls staatliche Postlinien ein, in Baden und Sachsen ließ man zuerst Privatlinien zu, es ergab sich aber auch in diesen Ländern die Notwendigkeit im öffentlichen Interesse staatliche Linien einzurichten, sie hatten keine eigene Post, wohl aber eigene Bahnverwaltung und so übernahm dort die Eisenbahn die Einrichtung staatlicher Kraftwagenlinien. Die Schweiz und Oesterreich, Italien und Schweden folgten dem bayerischen Beispiel mit der Errichtung staatlicher Kraftwagenlinien; innerhalb des Deutschen Reiches aber hielt sich der größte deutsche Bundesstaat Preußen von einer solchen Verkehrsbetätigung fern und überließ sie dem Privatunternehmertum und den Kommunen.

Wir stehen hier vor einer Frage, die von jeher in der Verkehrspolitik eine große Rolle gespielt hat, vor der Frage: Privatbetrieb oder Betrieb der öffentlichen Hand, d. h. des Staates oder anderer öffentlichrechtlicher Körperschaften?

Diese Frage muß hier in ihren Grundzügen behandelt werden; sie ist zu verschiedenen Zeiten in den verschiedenen Ländern und für die verschiedenen Verkehrszweige auch verschieden gelöst worden. Die Betätigung der öffentlichen Hand findet auf dem Gebiete des Verkehrs wie auch sonst ihre Rechtfertigung in den Zwecken, denen sie dient, in den Interessen der Allgemeinheit. Für die privatwirtschaftlichen Unternehmer ist bestimmend der wirtschaftliche Egoismus, das Streben nach größtmöglichem Gewinn. Das allgemeine Interesse verlangt aber auch Verkehrsunternehmungen, die keinen Gewinn abwerfen, die mit Verlust arbeiten, das allgemeine Interesse verlangt für das Verkehrswesen, daß gleichartige Verkehrseinrichtungen möglichst einheitliche Beförderungsbedingungen, einheitliche Betriebsmittel und Betriebsformen aufweisen. Das Interesse der Allgemeinheit verlangt ferner, daß unsere Verkehrseinrichtungen Bestand haben und leistungsfähig bleiben auch in Zeiten wirtschaftlicher Schwierigkeiten und Erschütterungen, möglichst unabhängig von den Schwankungen und Zufälligkeiten, die namentlich den privaten Einzelunternehmer jederzeit heimsuchen können. Einen mächtigen Antrieb für die Verkehrsbedienung im staatlichen Eigenbetrieb bildet aber auch die Notwendigkeit, die Verkehrsmittel und ihr Personal im Interesse der Landesverteidigung und der Aufrechterhaltung der inneren Ordnung fest in der Hand zu haben.

Jede Verkehrsbetätigung der öffentlichen Hand hat die Tendenz zum Monopol, sei es rechtlicher oder auch nur tatsächlicher Art; ihre Gemeinnützigkeit verlangt Verkehrseinrichtungen auch da und gerade da, wo keine Rente zu erzielen ist, wo Verluste entstehen. Diese können aber nur getragen werden, wenn die öffentliche Hand sich auch da betätigen kann, wo sich Ueberschüsse ergeben, wenn ihr gewinnversprechende Betätigungsmöglichkeiten, die auch für den Privatunternehmer einen Anreiz bilden, nicht durch privatwirtschaftlichen Wettbewerb entzogen werden.

Die Notwendigkeit des Staatsbetriebs ist von jeher und bei allen Kulturländern anerkannt für die Post. Auch der Monopolcharakter ist bei ihr am schärfsten durchgeführt. Der Hauptgrund ist der: Postdienst auf dem flachen Lande, in dünn besiedelten Gegenden ist im allgemeinen ein ausgesprochenes Verlustgeschäft aber unentbehrlich; der Postbetrieb bringt nur in den größeren Orten, in dicht bevölkerten und wirtschaftlich mehr entwickelten Gebieten Mehreinnahmen. Der Staat kann unmöglich den Defizitbetrieb auf Kosten seiner Steuerzahler selbst führen und den Ueberschußbetrieb anderen überlassen. Das Monopol ist gesetzlich festgelegt als ausschließliches Betriebsrecht des Staates mit einem Benützungszwange für die Bevölkerung; der Umfang des Monopols ist nicht immer gleich: in Deutschland besteht das Monopol für Briefe und Zeitungen, vor dem Aufkommen der Eisenbahn, als die Post den öffentlichen Reiseverkehr auf der Landstraße ausschließlich bediente, galt es auch für den Personenreiseverkehr. Dieses Monopol für die Personenbeförderung verlor mit der Entwicklung des Bahnwesens an Bedeutung und wurde aufgegeben; in der Schweiz besteht es noch heute auch für die Beförderung mit Kraftwagen.

Verschiedenartig und umstrittener — auch in politischen Kämpfen — war die Frage „Staats- oder Privatbetrieb“ im Eisenbahnverkehr. Ausschließlichen Privatbetrieb haben England und Amerika, die beiden Länder des wirtschaftlichen Liberalismus, die Länder mit starker Kapitalkraft und hochentwickelter Technik. Auch in den Staaten des europäischen Kontinents waren zuerst die Privatbahnen vorherrschend, aber man kam da schon bald zur Bejahung des Staatsbahnprinzips; schon in den 70er Jahren des vorigen Jahrhunderts wurden die großen deutschen Bahnnetze, das bayerische und das preußische verstaatlicht. Ungleich ist die Entwicklung innerhalb Deutschlands für die Lokalbahnen, die Bahnen zur Verbindung benachbarter Orte, außerhalb Bayerns Neben- und Kleinbahnen genannt. Bayern hat auch für diese Bahnen das Staatsbahnsystem durchgeführt, weil nur bei staatlicher Betätigung diese zwar gemeinnützigen und notwendigen aber zumeist unrentablen Verkehrseinrichtungen verwirklicht werden konnten; im Gegensatz dazu steht das preußische Kleinbahnsystem, das Bahnen, die nicht dem allgemeinen Verkehr dienen, grundsätzlich, wenn auch mit finanzieller staatlicher Beihilfe, durch Privatunternehmungen herstellen läßt. In Bayern wie in Preußen aber hat der Staatsbahnbetrieb, wenn auch nicht rechtlichen, so doch tatsächlich monopolartigen Charakter: Nichtstaatliche Bahnen bedürfen einer staatlichen Konzession, auf deren Erteilung die staatliche Verkehrsverwaltung bestimmenden Einfluß hat; nur solche Bahnunternehmungen werden genehmigt, die der Staat nicht selbst betreiben will und die ihm nicht auf schon bestehenden Staatsbahnlinien unerwünschten Wettbewerb bereiten; wir können da von einem bevorzugten Betriebsrecht des Staates sprechen.

Wie im Lokalbahnwesen sind auch im öffentlichen Kraftfahrlinienverkehr Bayern und Preußen die Träger der beiden entgegengesetzten Systeme geworden, Bayern für den Staatsbetrieb, Preußen für den Privatbetrieb, und dies ist keine Zufallserscheinung, es ist vielmehr die folgerichtige Weiterführung der Lokalbahnpolitik beider Staaten, denn der Kraftomnibus hat hier wie dort in weitem Umfange die Aufgaben der früheren Lokalbahnen übernommen.

Im Kraftfahrlinienverkehr mußte die staatliche Verkehrsbetätigung im Dienste des Gemeinwohls auch auf ausgesprochen verlustbringenden Strecken ebenfalls notwendig zum Schutze gegen privaten Wettbewerb auf den wirtschaftlich günstigeren Linien zur Monopoltendenz führen. § 37 der Reichsgewerbeordnung, der Verkehrsunternehmungen innerhalb der Orte der ortspolizeilichen Regelung unterstellt, war dafür nicht ausreichend. Sachsen führte schon 1910 zum Schutze seiner staatlichen Linien die staatliche Genehmigung für Kraftfahrlinien von Ort zu Ort ein. In den folgenden Jahren verlangten die anderen deutschen Staaten mit eigenem Kraftfahrbetrieb, namentlich Bayern und Württemberg und auch wieder Sachsen die reichsgesetzliche Genehmigungspflicht für private Kraftfahrlinien; sie wiesen im Jahre 1916 darauf hin, daß nach Kriegsende mit dem Zurückströmen zahlreicher Heereskraftwagen eine lebhafte Gründertätigkeit auch auf diesem Gebiete zum Schaden der staatlichen Verkehrseinrichtungen und unter Gefährdung ihrer gemeinnützigen Leistungen zu erwarten sei. Das Reichsamt des Innern arbeitete daraufhin einen Gesetzentwurf aus, der im wesentlichen mit seiner Legaldefinition des Begriffes Kraftfahrlinie, mit der Genehmigungspflicht hiefür und mit den Voraussetzungen für die Genehmigung schon das Gleiche vorsah, wie unser heutiges Kraftfahrliniengesetz. In der Begründung wurde ausgeführt, daß die Kraftfahrlinien nach ihrer wirtschaftlichen Bedeutung wie nach ihrem Verkehrswert den Lokal- und Kleinbahnen ebenbürtig geworden sind und daher einer ähnlichen Regelung bedürfen. Die zunehmenden Kriegsnöte ließen den Entwurf nicht zum Gesetz reifen; Bayern erließ daher unmittelbar nach Kriegsende eine eigene Notverordnung vom 26. 11. 19, die inhaltlich dem Gesetzentwurf des Reiches entsprach und die Genehmigung des Bayer. Staatsministeriums für Verkehrsangelegenheiten vorsah, das im Benehmen mit dem Staatsministerium des Innern entscheiden soll.

Es wurde da also, wie bei der Zulassung von Bahnen, in Auswirkung des Staatsbetriebs die Konzessionsentscheidung in die Hand des staatlichen Verkehrsträgers selbst gelegt. Das Reich folgte 2 Monate später mit einer gleichlautenden Notverordnung; die Genehmigungsbefugnis wurde darin der von der Landeszentralbehörde bestimmten Behörde zugesprochen, also als Ländersache erklärt.

Im Frühjahr 1920 wurde das Verkehrswesen der Länder — Bahn und Post — auf Grund der Weimarer Verfassung verreichlicht. Sachsen wollte seine staatlichen Kraftwagenlinien, die dem Bahnbetrieb angegliedert waren, nicht aus der Hand geben und ließ sie durch seine Kraftverkehrsgesellschaft weiterbetreiben. Bayern und Württemberg legten mit ihren anderen Postverkehrseinrichtungen auch ihre staatlichen Kraftfahrlinien in die Hände der Reichspost; im Staatsvertrag über den Uebergang der Posten auf das Reich ist der Reichspost nicht nur das Recht sondern auch die Pflicht zugesprochen, die staatlichen Kraftpostlinien weiterzuführen und neue zu errichten. Zur besonderen Pflege der bayerischen Postverkehrsbelange ist in diesem Staatsvertrag eine besondere Abteilung des Reichspostministeriums in München mit Beamten bayerischer Abstammung vorgesehen worden. Auch Baden, das seine staatlichen Kraftwagenlinien durch seine badische Eisenbahn hatte betreiben lassen, übergab sie bei der Verreichlichung der Bahnen an die Reichspost. Die Post ist eben für einen staatlichen Kraftfahrlinienbetrieb mehr als andere Staatsverwaltungen geeignet. Die Personenbeförderung auf der Landstraße ist ihre altüberkommene Aufgabe. Die Post muß auch für ihren inneren Betrieb, für Zustellung, Bahnhoffahrten usw. Kraftwagen in großer Zahl vorhalten und kann die Einrichtungen dafür, Werkstätten, technische Leitung, Fahrpersonal der Personenbeförderung ohne weiteres nutzbar machen, während eine andere Verwaltung solche Einrichtungen erst wieder auf Kosten der Gesamtheit schaffen müßte; die Post hat ferner in ihren vielen Tausenden von Postanstalten über das ganze Land hin bereits die denkbar dichteste Organisation von Dienststellen, die ohne weiteres auch die Betriebsaufsicht und die Abfertigung der staatlichen Kraftfahrlinien mitversehen können, während sonst besondere Betriebs- und Abfertigungsstellen ins Leben gerufen werden müßten.

Mit dem Uebergang der bayerischen Verkehrshoheit auf das Reich im Frühjahr 1920 konnte die Post nicht mehr länger die Genehmigungsbefugnis für Kraftfahrlinien behalten, die ja Landessache war. Die bayer. Notverordnung wurde daher aufgehoben, die Reichsverordnung vom 24. 1. 19 wurde an ihre Stelle gesetzt, die Genehmigung war fortan vom Ministerium des Innern im Einverständnis mit dem Reichspostministerium Abt. München und später von den Regierungen ebenfalls im Einverständnis mit der Abt. München des Reichspostministeriums zu erteilen. Wir haben hier eine bemerkenswerte verwaltungsrechtliche Anormalie: Der bayer. Staat hat in einer Sache, die Länderangelegenheit ist, freiwillig einer zentralen Reichsstelle in München ein Mitbestimmungs-, ein Zustimmungsrecht eingeräumt. Grund und Zweck dieser außergewöhnlichen Regelung war wieder das Bekenntnis zur Fortführung der seitherigen bayer. Verkehrspolitik, zum Prinzip des Staatsbetriebs der Kraftfahrlinien durch die Post nach dem Muster der Bahnkonzession, d. h. mit maßgebendem Einfluß des staatlichen Verkehrsträgers auf die Zulassung anderer Verkehrsunternehmungen. Dieses Zustimmungsrecht der Münchner Ministerialabteilung der Reichspost bestand bis in die jüngste Zeit herein; erst mit der reichsrechtlichen Vollzugsregelung durch die Kraftfahrlinienverordnung konnte es nicht mehr aufrecht erhalten werden. Aber auch die heute geltenden bayer. Vollzugsbestimmungen sehen in der Bekanntmachung vom 12. 12. 28 vor, daß jedes genehmigungspflichtige Kraftfahrlinienprojekt schon zu Beginn des Genehmigungsverfahrens der Oberpostdirektion mitzuteilen und daß vor der weiteren Behandlung die Frage zu klären ist, ob nicht eine Postlinie errichtet werden soll. Damit ist, wenn auch gegenüber dem früheren vollen Zustimmungsrecht der Post etwas abgeschwächt, klar zum Ausdruck gebracht, daß in Bayern nach dem Willen des bayer. Staates auch weiterhin in erster Linie der staatliche Postbetrieb zur Bedienung des öffentlichen Kraftfahrlinienverkehrs berufen sein soll. In diesem Zusammenhange möchte ich darauf hinweisen, daß in der Schweiz, die nach dem Beispiel Bayerns den Betrieb der Kraftfahrlinien als Aufgabe der staatlichen Post in Anspruch genommen hat, die Postverwaltung noch heute für die Konzession privater Kraftfahrlinien zuständig ist. Weder in der Schweiz, noch in Bayern hat aber das bevorzugte Betriebsrecht der Post etwa das Aufkommen anderer Kraftfahrlinienunternehmungen vereitelt, hier wie dort sind innerhalb eines festgefügten Netzes von staatlichen Postlinien auch Privatlinien in großer Zahl überall da errichtet worden, wo der staatliche Betrieb sich aus irgend welchen Gründen nicht betätigen konnte. Die Zahl der privaten Kraftfahrlinien betrug in Bayern bei einer Zählung, die wir gegen Ende des Vorjahres vorgenommen haben, bereits 328 und hat sich mittlerweile um schätzungsweise 30 erhöht, sie ist ungefähr ebenso groß wie die heutige Zahl der Postlinien.

Viel weniger einfach und friedlich war die Entwicklung in den Reichsteilen, die, wie namentlich Preußen, sich auf den Boden des P r i v a t b e t r i e b s oder wie man auch sagt, des freien Spiels der Kräfte gestellt haben. Auch die Reichspost hat sich da erst in der Nachkriegszeit in größerem Ausmaße an die Errichtung von Linien gemacht und sie begegnete dabei von Anfang an der schärfsten Gegnerschaft Preußens, sie geriet aber auch in Kampfstellung zu den anderen Unternehmungen, die sich auf diesem Gebiete betätigten: Das waren vor allem die Kraftverkehrsgesellschaften, d. h. die Nachfolger der immobilen Kraftwagenkolonnen, ferner Gemeinden und Kreise, zahlreiche Privatunternehmer; aber auch Bahngesellschaften und sogar die Deutsche Reichsbahn machten sich an die Einrichtung von Kraftfahrlinien. Eine fieberhafte Tätigkeit setzte ein namentlich in den industriereichen Gebieten des Westens, Dach- und Untergesellschaften in großer Anzahl wurden gegründet und die Projekte überstürzten einander; bei der Regierung von Düsseldorf allein lagen zu Anfang 1925 gegen 200 Genehmigungsgesuche für Kraftfahrlinien vor. Ein erbitterter Kampf um alle nur erdenklichen Linien setzte ein, bei dem das zeitliche Zuvorkommen eine große Rolle spielte. Aber auch unter diesen schwierigen Verhältnissen in Norddeutschland hat sich die Post als größte Kraftfahrlinienunternehmerin durchgesetzt, nicht so sehr vermöge ihrer gesetzlichen Vorrechte, als infolge ihrer großen Betriebsmittel und ihrer schon überall vorhandenen durchgebildeten Organisation. Auch in Preußen wird es jetzt als besondere Aufgabe der Post betrachtet, in den wirtschaftlich und politisch bedrängten Reichsteilen, namentlich in den Grenzgebieten, Kraftverkehrseinrichtungen zu schaffen, die Fehlbeträge bringen und deren Vorteile auf anderem Gebiet liegen. Erst in den letzten Wochen ist auch im Reichstag von den verschiedenen Parteirednern zum Ausdruck gebracht worden, daß die Post diese Aufgabe nur dann erfüllen könne, wenn man ihr auch den Betrieb auf rentableren Linien, auf denen auch das private Unternehmertum wegen der besseren Gewinnaussichten sich betätigen möchte, beläßt.

Fragt man, welches System für unsere deutschen Verhältnisse den Vorzug verdient, das bayerische Prinzip des Staatsbetriebs oder das preußische System vom freien Spiel der Kräfte, dann kann man den sichersten Maßstab entscheiden lassen, den Erfolg. Für die preußischen Verhältnisse möge da ein ganz besonders berufener Gewährsmann sprechen, der Reichsverkehrsminister: Das Reichsverkehrsministerium hat im Vorjahr dem Reichstag eine Denkschrift über die Entwicklung des öffentlichen Kraftwagenverkehrs vorgelegt, und darin heißt es: „Viele lebensunfähige Gebilde sind entstanden, ein planloses Neben- und Gegeneinanderarbeiten aller öffentlichen Verkehrsmittel hat Platz gegriffen.“ Als Ursache wird u. a. bezeichnet der Kampf Preußens gegen die Reichspost, die Zersplitterung und Verzettelung, die sich durch das Entstehen einer Vielzahl von Einzelunternehmungen ergab; „Es entstanden“ so sagt die Denkschrift weiter „zahlreiche Beförderungsunternehmungen, die nur zu oft mit auf Abzahlung gekauften Omnibussen und Lastwagen planlos Verkehr einrichteten und hauptsächlich auf ihren Vorteil bedacht ohne Nutzen für die Allgemeinheit Schaden anrichteten.“

In Bayern dagegen hat die folgerichtige Durchführung des staatlichen Eigenbetriebs in der Hand der Post das ganze Land mit einem dichten Netz von Kraftfahrlinien ausgestattet, die unter gleicher Rücksichtnahme auf alle Landesteile nicht als gewinnbringende, sondern als gemeinnützige Betriebe eingerichtet wurden, unter einheitlicher Leitung und Betriebsführung stehen und für Bestand und Zuverlässigkeit besondere Gewähr bieten. Mit ihren Ergebnissen hat sich diese Verkehrspolitik als richtig und für das Land nutzbringend erwiesen. Auch die Denkschrift des Reichsverkehrsministeriums bekennt sich nun zu dem gleichen Standpunkt; sie bringt zum Ausdruck, daß, ähnlich wie im Eisenbahnwesen, auch im Kraftfahrlinienverkehr Privatunternehmungen nur mehr eingerichtet werden sollen, sofern nicht das allgemeine Interesse es geboten erscheinen läßt, der öffentlichen Hand den

Vorzug zu geben. Damit werden also auf Grund der ungünstigen Erfahrungen mit dem System des Privatbetriebs die Grundsätze anerkannt und bestätigt, die in Bayern seit nahezu 25 Jahren Richtschnur waren.

Aber auch die Entwicklung in Bayern konnte sich bei der Raschheit, mit der sie in der Nachkriegszeit vor sich ging, begreiflicherweise nicht völlig freihalten von den Schattenseiten und Nachteilen, die sich in den übrigen Reichsteilen in viel stärkerem Maße ergaben. Diese Nachteile sind vor allem übereilte und zu wenig planmäßige Errichtung von Linien auch über das wirkliche Bedürfnis hinaus und Entstehen unzulänglicher und nicht lebensfähiger Betriebe. Unter den über 300 konzessionierten Linien in Bayern befinden sich einige gemeindliche Unternehmungen, die nicht des Erwerbs wegen, sondern in Verfolgung kommunalpolitischer Ziele ebenfalls als Betriebe der öffentlichen Hand eingerichtet worden sind, z. B. in Nürnberg und Lindau im Bodensee. Einige Gemeinden haben ihre Betätigung auf diesem Gebiete als zu verlustbringend bereits wieder aufgegeben, einige andere sind an gemeinnützigen Verkehrsgenossenschaften als Mitglieder beteiligt. Der Kraftverkehr Bayern betreibt bis jetzt in der Hauptsache nur Güterbeförderung und nur eine wichtige Personenlinie, auf der Strecke München—Dachau und auch diese erst seit kurzer Zeit. Das übrige sind Privatunternehmungen; kapitalkräftiges, kaufmännisch rechnendes und arbeitendes Großunternehmertum befindet sich so gut wie gar nicht darunter, weil die wirtschaftlichen Verhältnisse Bayerns auf diesem Gebiete keine Gewinnaussichten geben. Wir haben durchwegs Klein- und Kleinstbetriebe, die zum großen Teil wirtschaftlich schwach sind. Das flutartige Anschwellen solcher Unternehmungen und ihrer Genehmigungsanträge, wie wir es um 1925 namentlich im Rheinland hatten, ist in den letzten Jahren, wenn auch in kleinerem Ausmaße, da und dort auch in Bayern aufgetreten. Von den über 300 konzessionierten Privatlinien in Bayern treffen allein gegen 100 auf Schwaben; dort erfolgte das Anschwellen der Linienzahl in der Hauptsache schon vor einigen Jahren, jetzt ist dort bereits ein gewisser Stillstand zu verzeichnen. In der letzten Zeit scheinen Unterfranken und neuestens auch Oberbayern der Schauplatz einer stärkeren Zunahme solcher Linien zu sein.

Man begegnet nicht selten der Auffassung, daß eine solche Bewegung als Verkehrsfortschritt zu begrüßen und zu begünstigen sei. Zweifellos gibt es auch eine Anzahl gut geführter und gut fundierter privater Kraftfahrlinien, deren Bestand hinreichend gesichert und von allgemeinem Nutzen ist. Aber neben ihnen bestehen und entstehen recht zahlreiche andere, von denen das nicht in gleichem Maße gilt. Es handelt sich um kleine Unternehmer, die oft der Fachkenntnisse entbehren. Sie wollen sich mit dem Betrieb einer Kraftfahrlinie eine ständige Verdienstgelegenheit schaffen und erwarten davon lohnenden Erwerb. Nicht selten werden sie darin bestärkt von Kraftwagenverkäufern, die nur am Wagenabsatz Interesse haben. In Wirklichkeit ist der Kraftfahrlinienbetrieb nur in wenigen Fällen mit dauerndem dichten Verkehr ein Gewinngeschäft. Die Linien werden überhastet, ohne ausreichende und fachmännische Prüfung der Betriebswürdigkeit, der voraussichtlichen Rentabilität und ohne die erforderlichen technischen Voraussetzungen eingerichtet, zu denen vor allem ein geordneter Garagen- und Werkstättendienst gehört. Die Fahrzeuge — nicht selten auch minderwertige — werden auf Abzahlung gekauft, in der ersten Zeit scheinen solche Betriebe zu gedeihen; sie sind eben dadurch begünstigt, daß sie sich von vornherein nicht mit den Ausgaben eines geordneten Betriebs belasten, Verzinsung und Abschreibung des beträchtlichen Anlagekapitals, das in den Fahrzeugen steckt, setzen sie vielfach überhaupt nicht in Rechnung und so können sie ihren Betrieb sogar unter scheinbar günstigeren Bedingungen einrichten und führen, als die öffentliche Hand. Ueber kurz oder lang kommt die Ernüchterung. Nach einigen Jahren, namentlich wenn das Fahrzeug in zunehmendem Maße größere Reparaturen braucht, oder wenn gar Neuanschaffungen von Fahrzeugen nötig werden, nehmen die Schwierigkeiten zu und das Ende ist nicht selten die Einstellung des Betriebs und damit aber auch Verlust des auf die Wagenbeschaffung verwendeten Kapitals, das häufig das ganze Vermögen des Unternehmers darstellt. Diese Rückschläge haben wir auch in Bayern schon in einer Reihe von Fällen zu verzeichnen, sie werden in den kommenden Jahren mit Sicherheit noch häufiger werden. Die Vermögensverluste, die damit für kleinbürgerliche Existenzen verbunden sind, liegen in einer Zeit der Verarmung und Kapitalknappheit weniger denn je im Interesse unserer Volkswirtschaft. Sie zu verhindern, ist freilich für unsere Verwaltungsbehörden oft eine undankbare Aufgabe: Der Unternehmer, der um Genehmigung nachsucht, sieht sein Projekt im günstigsten Licht und verspricht sich davon lohnenden Verdienst; hinter ihm stehen weite Bevölkerungskreise, die nicht weniger stürmisch ein dringendes

Bedürfnis betonen und die Linie verlangen; die Bestimmungen geben keine hinreichende Handhabe, die Genehmigung nur wegen der voraussichtlichen Unrentabilität abzulehnen, am meisten kann da noch durch Beratung über die ganz erheblichen wirtschaftlichen Schwierigkeiten eines Kraftfahrlinienbetriebs und durch Warnung vor verlustbringenden, auf die Dauer nicht zu haltenden Unternehmungen geschehen.

Der Drang, Kraftfahrlinien zu betreiben — und damit kommen wir zum Vollzug der Kraftfahrlinienbestimmungen — äußert sich auch in zahlreichen Versuchen, solche Unternehmungen ohne Genehmigung zu betreiben, namentlich da, wo der Unternehmer selbst damit rechnen muß, daß einer Genehmigung seiner Linie irgendwelche Schwierigkeiten entgegenstehen. Umgehungsversuche sind auf diesem Gebiete besonders zahlreich. Am häufigsten wird zu diesem Zwecke der Betrieb als droschkenähnliches Unternehmen hingestellt, das nur auf Bestellung fährt. Aber auch kunstreichere Umgehungsversuche werden immer wieder angestellt, so die Gründung von Vereinen, bei denen jeder Mitfahrer gegen Zahlung des Fahrgeldes als Vereinsbeitrag Mitglied werden kann.

Es gibt aber auch immer wieder Unternehmungen, die ganz offensichtlich die Merkmale des Linienbetriebs aufweisen und sich gar keine Mühe geben, dies zu verschleiern, die aber ohne die vorgeschriebene Genehmigung betrieben werden. Manche Verwaltungsbehörden zeigen gegenüber solchen gesetzwidrigen Betrieben eine weitgehende Nachsicht. Man gestattet den Betrieb stillschweigend oder ausdrücklich bis zur Durchführung des Genehmigungsverfahrens, obwohl eine solche vorläufige Zulassung im Gesetz nicht vorgesehen ist. Andere Linienbetriebe werden sogar, auch ohne daß ein Genehmigungsverfahren überhaupt anhängig gemacht wird, geduldet.

Eine Zählung der nicht genehmigten Betriebe ergab im vergangenen Frühjahr, daß in einem Regierungsbezirk gleichzeitig 18 Linien ohne Genehmigung in Betrieb waren; in Oberbayern war, wie die gleiche Erhebung ergab, zur nämlichen Zeit keine einzige ungenehmigte Kraftfahrlinie in Betrieb, obwohl gerade dieses Gebiet gegenwärtig besonders stark mit Neugründungen bedacht wird. Man kann aus diesem Beispiele ersehen, daß auch das Kraftfahrliniengesetz lückenlos durchgeführt werden kann.

In dem Bestehen und Betrieb ungenehmigter Kraftfahrlinien haben wir eine Erscheinung, die nicht unbedenklich ist: Es schadet der staatlichen Autorität, wenn gesetzliche Konzessionsbestimmungen offensichtlich unter den Augen der Behörde unbeachtet bleiben. Dazu kommt noch ein anderes: Ereignet sich auf einer ungenehmigten Kraftfahrlinie ein folgenschwerer, etwa ein tödlicher Unfall, wie sie ja im Autoverkehr heute an der Tagesordnung sind, und entsteht dabei Schaden durch Unzulänglichkeit des Unternehmens oder durch Zahlungsunfähigkeit des Unternehmers und den Mangel einer ausreichenden Haftpflichtversicherung, dann besteht für die Beamten, welche für die Duldung eines nicht genehmigten Kraftfahrbetriebes verantwortlich sind, die Gefahr weitestgehender zivilrechtlicher Haftung wegen Nichterfüllung der Amtspflicht, einer Haftung, die den Beamten wirtschaftlich auf das schwerste belasten kann. Dieser Gedanke allein schon müßte Grund genug sein für einen lückenlosen Vollzug auch des Kraftfahrliniengesetzes.

Und nun noch einige Worte über die Frage des Wettbewerbs. Die Genehmigung hat zur Voraussetzung außer der Sicherheit und Leistungsfähigkeit des Betriebs die Wahrung der öffentlichen Interessen und diesen läuft es nach der Kraftfahrlinienverordnung zuwider, wenn die geplante Linie bereits vorhandenen Verkehrsunternehmungen einen unbilligen Wettbewerb bereitet.

Wettbewerb gilt sonst im freien Wirtschaftsleben als gesund, im Verkehrswesen aber, das wird von der ganzen Verkehrswissenschaft anerkannt, ist die Konkurrenz gleichartiger Verkehrsmittel im gleichen Verkehrsgebiet grundsätzlich von Nachteil, denn sie bedeutet mehrfachen Aufwand von Anlage- und Betriebskapital und damit eine der Gesamtheit nachteilige Verschwendung von Kapital, das anderswo nutzbringender verwendet werden könnte.

Besonders schwierig ist in allen Ländern mit moderner Verkehrsentwicklung die Frage des Wettbewerbs zwischen Kraftwagen und Eisenbahnen. Die Ausbreitung des Kraftwagens, sie mag noch so groß sein, vermag die Eisenbahnen als das gegebene Verkehrsmittel für Massentransporte namentlich auf größere Entfernungen nicht zu ersetzen, sie nimmt aber den Eisenbahnen viel Verkehr weg und beeinträchtigt damit ihre Einnahme. Diese Verkehrswegnahme entfällt bei uns in Deutschland zum weitüberwiegenden Teil auf die Güterbeförderung, nicht auf die

Personenbeförderung und sie erfolgt hauptsächlich im freien, d. h. im nicht linienmäßigen Kraftwagenverkehr.

Die Eisenbahnen haben dagegen nur recht beschränkte Abwehrmittel in Gestalt von Tarifsenkungen und Betriebsverbesserungen, im übrigen aber müssen sie den Einbruch des freien Kraftwagenverkehrs als etwas hinnehmen, was mit dem Aufkommen eines neuen, neben der Eisenbahn brauchbaren und nützlichen Verkehrsmittels notwendig verbunden ist. Soweit den Bahnen durch linienmäßige Kraftfahrunternehmungen Wettbewerb droht, bietet der Konzessionszwang für Kraftfahrlinien eine gewisse Schutzmöglichkeit und die Eisenbahnen verlangen, daß ihnen dieser Schutz durch Versagung der Genehmigung gewährt wird. Die Kraftfahrlinien-Verordnung läßt aber auch die Genehmigung von ausgesprochenen Wettbewerbslinien dann zu, wenn sie das öffentliche Verkehrsbedürfnis zweckmäßiger oder nachhaltiger befriedigen oder das vorhandene öffentliche Verkehrsmittel vorteilhaft ergänzen. In einer Reihe von Fällen vermag auch zwischen Orten mit Bahnverbindung diese Bahnverbindung den heutigen Verkehrsanforderungen, die eben durch das Aufkommen des Kraftwagens allenthalben, auch auf dem flachen Lande gesteigert sind, nicht mehr zu genügen. Größere Umwege der Eisenbahnstrecke, vielleicht noch mit mehrmaligem Umsteigen, lange oder ungünstige Fahrzeiten, geringe Zugszahl, das sind die Gründe, aus denen heraus heutzutage neben der Bahnverbindung häufig auch eine Kraftfahrlinie verlangt wird. Lebensfähig und aber auch lebensberechtigt ist eine solche Kraftomnibuslinie zwischen bahnverbundenen Orten nur, wenn die Eisenbahnverkehrsmöglichkeiten berechtigten Bedürfnissen eines größeren Personenkreises nicht genügen und der Einsatz von Kraftwagen hiefür mit ausreichender Benützung rechnen kann. Zweifellos werden aber gerade auf diesem Gebiete, nämlich bei den Forderungen auf Kraftfahrlinien zwischen bahnverbundenen Orten nicht selten Ansprüche an die Schnelligkeit und Bequemlichkeit des Verkehrs gestellt, die mit unserer Verarmung nicht vereinbar sind und zu weit gehen, Ansprüche, deren Verwirklichung dabei sogar den Fortbestand der Bahnlinie, namentlich eines kleineren Privatbahnunternehmens in Frage stellen kann. Die Konzessionsbehörden stehen da häufig vor der schwierigen und verantwortungsvollen Aufgabe, einerseits im öffentlichen Interesse auf die Erhaltung eines wirtschaftlich gesunden Bahnwesens Rücksicht zu nehmen und zum Schutze der Eisenbahn sich übertriebenen Verkehrswünschen entgegenzustellen, andererseits aber auch Verkehrsbedürfnissen der Bevölkerung, die nach den heutigen gesteigerten Ansprüchen berechtigt sind und im allgemeinen Interesse befriedigt werden sollen, Rechnung zu tragen.

Wir stehen da vor einem Gegensatz, der eine sorgfältige Abwägung der beiderseitigen Interessen verlangt und bei dem die Entscheidung fast niemals alle Teile zufriedenzustellen vermag. Diese Frage wird sich auch künftig nicht mit den Mitteln des Genehmigungsverfahrens allein lösen lassen. Die Lösung wird vielmehr darin zu suchen sein, daß die Eisenbahnverwaltungen es aufgeben, jeden Kraftfahrlinienverkehr auf Strecken mit Eisenbahnverbindung grundsätzlich abzulehnen und zu bekämpfen, daß an die Stelle des Kampfes zwischen beiden Verkehrsarten ihre organische Verbindung und beiderseitiges Zusammenwirken tritt. Angebahnt ist diese Lösung bereits in großem Ausmaße durch ein Abkommen vom 28./29. 6. 29 zwischen Reichsbahngesellschaft und Reichspost, den beiden Verkehrsverwaltungen, die weitaus den größten Anteil am öffentlichen Eisenbahn- und Kraftfahrlinienverkehr haben. Das Abkommen soll den Kraftwagenverkehr in enger Zusammenarbeit beider Verwaltungen zum Besten der Allgemeinheit fortentwickeln, insbesondere auch dadurch, daß schon bestehende Eisenbahnverbindungen durch linienmäßigen Kraftwagenverkehr im beiderseitigen Einvernehmen ergänzt und verbessert werden. Auf ähnliche Weise wird sich wohl in nicht zu ferner Zukunft auch bei den Privatbahnen, deren Zahl und Verkehrsbedeutung in Bayern verhältnismäßig gering ist, der Gegensatz zwischen Kraftfahrlinien- und Eisenbahnbetrieb ausgleichen lassen.

Versammlungspolizei.

Von Reg.Rat I. Kl. im Staatsministerium des Innern Dr. Anton Schmitt.

Das Versammlungspolizeirecht ist von der Staatsumwälzung nicht unberührt geblieben. Das Vereinsgesetz vom 19. April 1908, das die erste umfassende reichsrechtliche Regelung dieses Rechtsgebietes brachte, bedeutete zwar gegenüber dem früheren Rechtszustande in einzelnen Ländern einen Fortschritt im Sinne freiheitlicher Ausgestaltung des Versammlungsrechts, aber manche Wünsche blieben unerfüllt. Die Entwicklung blieb daher bei der Regelung von 1908 nicht stehen. Noch während des Krieges wurden zwei Erleichterungen zugestanden: Die Novelle vom 26. 6. 1916 befreite die Versammlungen der Berufsvereine der Arbeitgeber und Arbeitnehmer zur Erlangung günstiger Lohn- und Arbeitsbedingungen von dem Verbote der Teilnahme von Jugendlichen unter 18 Jahren und die Novelle vom 19. 4. 1917 beseitigte das in § 12 des Vereinsgesetzes ausgesprochene, für Bayern allerdings bedeutungslos gewesene Verbot der Benutzung einer anderen als der deutschen Sprache als Versammlungssprache. Aber andere als lästig empfundene Beschränkungen der Versammlungsfreiheit blieben bestehen. Es ist daher nicht wunder zu nehmen, daß nach der Staatsumwälzung die neuen Machthaber wie auf anderen Gebieten, so auch auf dem Gebiete des Versammlungsrechtes bestrebt waren die politischen Forderungen ihrer Parteien sofert zu verwirklichen. In ihrem Aufruf vom 12. November 1918 verordneten daher die Volksbeauftragten, mit Gesetzeskraft:

„Das Vereins- und Versammlungsrecht unterliegt keiner Beschränkung, auch nicht für Beamte und Staatsarbeiter". Ueber die rechtliche Tragweite dieser Bestimmung bestehen im Schrifttum und in der Rechtsprechung verschiedene Meinungen. Als richtige und heute auch überwiegende Auffassung ist festzustellen:

Der Aufruf des Rates der Volksbeauftragten hat das Vereinsgesetz insoweit außer Kraft gesetzt, als dessen Bestimmungen **Beschränkungen** des Versammlungsrechtes enthielten, dagegen in allen den Punkten unberührt gelassen, die keine Beschränkung dieses Rechtes bedeuteten. Beseitigt war damit insbesondere die Anmeldepflicht öffentlicher politischer Versammlungen, die Genehmigungspflicht von Versammlungen unter freiem Himmel, das Verbot der Teilnahme jugendlicher Personen an politischen Versammlungen.

Dies war der Rechtszustand im Zeitpunkte der Erlassung der Reichsverfassung vom 11. August 1919. Letztere gab dem Versammlungsrecht im Art. 123 eine neue Grundlage, ohne es indessen erschöpfend zu regeln. In dem Abschnitt „Grundrechte und Grundpflichten der Deutschen" der Reichsverfassung vom 11. August 1919, nämlich im Art. 123 fand das Versammlungsrecht eine gesetzliche Neuregelung. Auf die sonstigen Bestimmungen der Reichsverfassung, die sich mit dem Versammlungsrecht befassen, so Art. 130 Abs. 2, der den Beamten die Vereinigungsfreiheit gewährleistet, Art. 133 Abs. 2, der die verfassungsmäßige Grundlage für die Beschränkung des Versammlungsrechts der Wehrmachtsangehörigen durch das Wehrgesetz bildet, Art. 159, der die Koalitionsfreiheit verbürgt, Art. 48, der die Beschränkung der Versammlungsfreiheit in Zeiten staatlichen Notstandes zuläßt, darf ich in Kürze verweisen. Ebenso darf ich auf das als verfassungsänderndes Gesetz ergangene Reichsgesetz über die Befriedung der Gebäude des Reichstags und der Landtage hinweisen; ein näheres Eingehen hierauf erübrigt sich indessen infolge der beschränkten örtlichen Bedeutung dieses Gesetzes. Die Hauptgrundlage des Versammlungsrechts bildet aber nunmehr der bereits erwähnte Art. 123 R.Verf. Ihre Ergänzung findet diese Bestimmung der Reichsverfassung in den Bestimmungen des Vereinsgesetzes, soweit sie vom Aufruf des Rates der Volksbeauftragten unberührt geblieben sind; diese Bestimmungen sind durch Art. 178 Abs. II der Verfassung insoweit aufrecht erhalten worden, als sie mit der Reichsverfassung nicht in Widerspruch stehen.

Der sich hieraus ergebende Rechtszustand zeichnet sich sicherlich nicht durch besondere Uebersichtlichkeit und Klarheit aus. Um die auf dem politisch bedeutsamen Gebiete des Versammlungsrechtes besonders mißliche Rechtsunsicherheit zu beseitigen, ist dem Reichstag bereits in der letzten Wahlperiode der Entwurf einer Novelle zum VG. vorgelegt worden, der aber wegen vorzeitiger Auflösung des Reichstages nicht mehr erledigt werden konnte und daher, wie auch aus der Presse bekannt sein wird, vor kurzem neuerlich beim Reichstag eingebracht wurde.

Aufgabe der folgenden Ausführungen ist es nun den zurzeit geltenden Rechtszustand auf dem Gebiete des Versammlungsrechtes klarzulegen.

Art. 123 der Reichsverfassung stellt in seinem Abs. 1 im wesentlichen in Anlehnung an § 1 Abs. 1 VG. den Grundsatz auf: „Alle Deutschen haben das Recht, sich ohne Anmeldung oder besondere Erlaubnis friedlich und unbewaffnet zu versammeln.“

Zunächst: Was ist unter „sich versammeln“ zu verstehen? Nicht in jeder Zusammenkunft mehrerer Personen liegt eine Ausübung des Versammlungsrechts. Versammlung ist vielmehr das Zusammenkommen einer Mehrheit von Personen zum Zwecke der Förderung eines gemeinsamen Zieles, insbesondere zur Erörterung oder Beratung von Angelegenheiten oder zur Kundgebung eines Willens oder einer Meinung der versammelten Personen oder wenigstens eines Teiles von ihnen. Zu der äußerlichen Vereinigung einer Mehrheit von Personen an einem Orte muß also, damit man von einer Versammlung im Rechtssinne sprechen kann, noch ein inneres Band kommen, die bewußte Verfolgung gemeinsamer Zwecke und Ziele. Wenn dieses letztere Erfordernis fehlt, wie z. B. bei rein geselligen Zusammenkünften, bei den Besuchern von Theatern und Konzerten, von Märkten, Volksfesten und ähnlichen Veranstaltungen, kann von einer „Versammlung“ im Sinne des VG. keine Rede sein. Dasselbe gilt auch von Vorträgen und Vorführungen, bei denen die Unterhaltung und Belehrung der Teilnehmer den Hauptzweck bildet und bei denen die Zuhörer von der Aeußerung ihrer Meinung oder ihres Willens durch Rede oder Abstimmung ausgeschlossen sein sollen. Auch die zufällige Ansammlung einer Menschenmenge, z. B. die Ansammlung von Neugierigen, ist keine Versammlung, weil ihr das innere Band der gemeinsamen Verfolgung eines Zieles fehlt; sie wird aber zur Versammlung, sobald dieses innere Band zu der äußerlichen Vereinigung hinzukommt: Wenn z. B. auf irgendwelche Weise die Straßenpassanten aufmerksam gemacht und angelockt werden, wenn sich so eine Menschenmenge bildet und diese dann auf Aufforderung sich zu irgendeiner Kundgebung, z. B. zur Bildung eines Demonstrationszuges herbeiläßt, so ist aus der ursprünglichen Menschenansammlung eine Versammlung geworden, auf die die Bestimmungen über Versammlungspolizei Anwendung zu finden haben. Vermöge des damit verfolgten Zieles einer Willens- oder Meinungskundgebung der an der Zusammenkunft teilnehmenden Personen sind auch die Einweihung von Denkmälern und Fahnen sowie die Gedächtnisfeiern und Leichenbegängnisse als Versammlungen zu erachten.

Die Ausübung des Versammlungsrechts ist weder an eine polizeiliche Erlaubnis geknüpft noch von einer vorherigen Anmeldung abhängig. Die entgegenstehenden Bestimmungen des VG. (§§ 5und 7) sind, da sie Beschränkungen des Versammlungsrechtes darstellen, bereits durch den Aufruf des Rates der Volksbeauftragten aufgehoben, damit sind auch alle Bestimmungen, die Ausnahmen von der Anmelde- oder Genehmigungspflicht vorsahen, gegenstandslos geworden. Nur für Versammlungen unter freiem Himmel gestattet Art. 123 Abs. 2 RVerf. die Einführung einer Anmeldepflicht durch einfaches Reichsgesetz. Da dieses Reichsgesetz bisher nicht ergangen ist, besteht zurzeit auch für Versammlungen unter freiem Himmel keine Anmeldepflicht. Eine solche ist auch nicht etwa durch § 7 VG. begründet. Es kann nicht angenommen werden, daß in der in § 7 VG. angeordnet gewesenen Genehmigungspflicht von Versammlungen unter freiem Himmel auch die Pflicht zur Anmeldung solcher Versammlungen als Beschränkung minderen Grades enthalten gewesen und als solche aufrechterhalten worden sei. Abgesehen davon ist diese Bestimmung als Beschränkung des Versammlungsrechts bereits durch den Aufruf des Rates der Volksbeauftragten im vollen Umfange aufgehoben und durch die Reichsverfassung, die nur die noch bestehenden Bestimmungen des VG., soweit sie mit der Verfassung vereinbar sind, aufrechterhalten hat, nicht neuerdings wieder in Kraft gesetzt worden.

Die Reichsverfassung gewährleistet die Versammlungsfreiheit „allen Deutschen", ohne Unterschied des Geschlechts, ohne Unterschied des Alters, also auch Jugendlichen. So bedauerlich die frühzeitige Politisierung der Jugendlichen namentlich in unserer Zeit der scharfen politischen Gegensätze und der politischen Unduldsamkeit ist, so kann man doch nicht darüber hinwegkommen, den § 17 VG., der jugendlichen Personen unter 18 Jahren die Teilnahme an politischen Versammlungen und an geschlossenen Versammlungen politischer Vereine untersagt hat, als aufgehoben zu erachten. Damit ist aber nicht gesagt, daß Jugendliche sich nunmehr ungehemmt an Versammlungen beteiligen können. Das Wesen der Versammlungsfreiheit, wie der Freiheitsrechte überhaupt, besteht im Ausschluß oder wenigstens in der Beschränkung der Eingriffe der Polizeigewalt in die Rechtssphäre des Staatsbürgers. Die Versammlungsfreiheit schließt daher andere Beschränkungen als solche polizeilicher Natur nicht aus. Insbesondere geben die Bestimmungen der Reichsverfassung über den Schutz der Jugendlichen (Art. 120 RVerf.) den Eltern und sonstigen Erziehungsberechtigten, insbesondere der Schule, das Recht die zum Zwecke der Erziehung und der Schulzucht erforderlichen Anordnungen in dieser Hinsicht zu treffen, den ihrer Erziehungsgewalt unterworfenen Jugendlichen also die Teilnahme an Versammlungen zu untersagen.

Eine Schranke findet die Versammlungsfreiheit auch in dem Hausrecht der Veranstalter der Versammlung. Die verfassungsmäßig gewährleistete Versammlungsfreiheit besteht nicht darin, daß nun jeder Staatsbürger das Recht hätte in jede Versammlung, die ihm beliebt, zu gehen. Die Veranstalter von Versammlungen sind vielmehr berechtigt zu bestimmen, wen sie zu ihren Versammlungen zulassen wollen. In ihrer Hand liegt es also zunächst, ob die von ihnen einberufene Versammlung eine öffentliche oder eine geschlossene sein soll. Geschlossen ist eine Versammlung dann, wenn sie auf einen durch das innere Band wechselseitiger persönlicher Beziehungen in sich zusammengehaltenen und nach außen hin bestimmt abgegrenzten Personenkreis beschränkt ist. Solche wechselseitige persönliche Beziehungen sind z. B. durch die Zugehörigkeit zu einem Vereine begründet; sie sind aber nicht ohne weiteres aus der Gemeinsamkeit von Standesbelangen oder sonstiger wirtschaftlicher Zwecke zu folgern. Versammlungen, zu denen Angehörige eines bestimmten Berufsstandes eingeladen sind, sind sonach keine geschlossenen Versammlungen, sondern öffentliche Versammlungen. Die Eigenschaft einer geschlossenen Versammlung ist auch dann zu verneinen, wenn die Zulassung zur Versammlung an keine Voraussetzungen oder nur an kaum nennenswerte, von jedermann ohne weiteres zu erfüllende Voraussetzungen geknüpft ist. Auch wenn die Versammlung eine öffentliche ist, die Teilnehmer also nicht gegenseitige persönliche Beziehungen zu einander haben, können die Veranstalter kraft ihres Hausrechtes den Besuch ihrer Versammlungen von vorneherein auf bestimmte Bevölkerungskreise, z. B. Angehörige eines bestimmten Berufsstandes, beschränken. Ebenso ist es vom Gesichtspunkte der Versammlungsfreiheit nicht zu beanstanden, wenn sie bestimmte Personenkreise von dem Zutritt zu ihren Versammlungen ausschließen. Auf Grund ihres Hausrechtes können sie also auch Jugendlichen den Zutritt untersagen. Wie die Veranstalter bestimmen können, wem sie ihre Versammlung öffnen wollen, so können sie auch vorschreiben unter welchen Bedingungen, insbesondere ob gegen Entgelt oder unentgeltlich der Zutritt erfolgen kann. Kraft ihres Hausrechtes sind sie auch befugt, über den Verlauf der Versammlung Anordnung zu treffen, sie können also z. B. von vorneherein Zwischenrufe verbieten, die Diskussion ausschließen, das Mitschreiben von Versammlungsreden untersagen usw. Ebenso können sie auf Grund ihres Hausrechtes Teilnehmer, die sich ihren Anordnungen nicht fügen, aus der Versammlung verweisen.

Für die Polizeibehörde ist von besonderem Interesse, in welchem Umfang und unter welchen Voraussetzungen ein polizeiliches Einschreiten gegen Versammlungen, in besonderem Maße ein Versammlungsverbot zulässig ist.

Nirgends in der Welt ist die Versammlungsfreiheit eine unbeschränkte. Auch die dem deutschen Staatsbürger gewährleistete Versammlungsfreiheit hat ihre wohl begründeten Grenzen. Während Art. 124 RVerf. für das von ihm geregelte Grundrecht der Vereinsfreiheit jede Beschränkung durch vorbeugende Maßnahmen schlechthin untersagt, ist ein solches absolutes Verbot vorbeugender polizeilicher Maßnahmen gegenüber Versammlungen nicht ausgesprochen. Damit ist aber keineswegs gesagt, daß damit für vorbeugende Maßnahmen gegen Versammlungen der Weg offen sei. Es ist ein allgemein anerkannter Grundsatz des Rechtsstaates, daß Eingriffe der Polizeigewalt in die Rechtssphäre des Staatsbürgers nur im Einklange mit den Gesetzen zulässig sind. Die von der Reichsverfassung gewährleistete Versammlungsfreiheit bedeutet aber darüber hinaus noch ein besonderes: Soweit dieser Schutz reicht, unterliegt das Recht, sich zu versammeln, polizeilichen Beschränkungen nur in dem Umfange, den Reichsverfassung und Vereinsgesetz, letzteres soweit es noch in Geltung ist, zulassen. Hingegen sind über diesen Rahmen hinaus die auf Landesgesetz beruhenden Befugnisse der Polizei gegenüber Versammlungen ausgeschlossen. Dies gilt aber nicht schlechthin für alle Versammlungen, sondern nur für solche, für die Versammlungsfreiheit reichsrechtlich verbürgt ist. Soweit dieser Schutz nicht reicht, sind die landesgesetzlichen Befugnisse der Polizei nicht beschränkt. Solchen Versammlungen gegenüber hat daher die Polizei alle Befugnisse, die ihr das Landesrecht einräumt. Es ist also zunächst zu prüfen, wieweit der reichsrechtliche Schutz der Versammlungsfreiheit reicht. Hierbei ist festzustellen, daß Art. 123 RVerf. Versammlungsfreiheit nur dem deutschen Staatsbürger, und auch diesem nur für friedliche und unbewaffnete Versammlungen einräumt. Versammlungen, bei denen diese Voraussetzungen nicht gegeben sind, werden daher des besonderen Schutzes der RVerf. und damit auch des Vereinsgesetzes nicht teilhaftig; solchen Versammlungen gegenüber greifen daher die allgemeinen auf Landesrecht beruhende Befugnisse der Polizei Platz, ohne daß sie durch Reichsrecht irgendwie beschränkt wären. Die Zulässigkeit von Präventivverboten solchen Versammlungen gegenüber richtet sich also ausschließlich nach Landesrecht. Die Rechtsgrundlage für solche Verbote bildet in Bayern, soweit eine Verhinderung oder Unterdrückung strafbarer Handlungen in Frage kommt, der bekannte Art. 102 AG. StrPO., soweit strafbare Handlungen nicht inmitte liegen, die allgemeine Ermächtigung der Polizeibehörden die zur Erfüllung ihrer Aufgabe, nämlich Aufrechterhaltung der öffentlichen Ruhe, Ordnung und Sicherheit erforderlichen Maßnahmen vorzukehren, eine Ermächtigung, die gleichzeitig eine Pflicht darstellt und die zwar nicht auf geschriebenem Recht beruht, sich aber aus der geschichtlichen Entwicklung des Polizeibegriffes in Bayern ergibt.*)

Nach diesen allgemeinen Ausführungen über die Zulässigkeit von polizeilichen Versammlungsverboten wende ich mich, um auf die einzelnen Fälle näher einzugehen, zunächst den Verboten von Versammlungen zu, die des Schutzes der RVerf. teilhaftig werden. Hier kommt zunächst Art. 123 Abs. 2 RVerf. in Betracht. Dieser lautet: „Versammlungen unter freiem Himmel können durch Reichsgesetz anmeldepflichtig gemacht und bei unmittelbarer Gefahr für die öffentliche Sicherheit verboten werden.“ Der in dieser Bestimmung enthaltene Vorbehalt eines erst noch zu erlassenden Reichsgesetzes erstreckt sich nur auf die Anmeldepflicht, nicht auf die Möglichkeit des Versammlungsverbotes; soweit sich die Bestimmung daher auf Versammlungsverbote

---

*) Vgl. die Ausführungen des Herrn Staatsministers des Innern im Verfassungsausschuß des Bayerischen Landtages vom 20./21. Januar 1927 (Bayer. Verw.Bl. 75 S. 81).

bezieht, stellt sie unmittelbar anwendbares Recht dar, das nicht erst der Ausführung durch ein künftiges Reichsgesetz bedarf.

Die Ermächtigung des Art. 123 Abs. 2 RVerf. zu Versammlungsverboten bei unmittelbarer Gefahr für die öffentliche Sicherheit erstreckt sich nur auf Versammlungen unter freiem Himmel. Dieser Begriff bedarf wohl kaum einer besonderen Auslegung. Es fallen darunter alle Versammlungen, die nicht in einem nach oben abgeschlossenen Raume stattfinden. Dabei wird die Auslegungsregel des § 8 VG., der keine Beschränkung des Versammlungsrechtes bedeutet und daher vom Aufrufe des Rates der Volksbeauftragten unberührt geblieben ist und auch mit der Reichsverfassung vereinbar ist, herangezogen werden können. Hiernach ist eine Versammlung, die in einem geschlossenen Raume stattfindet, nicht schon deshalb als Versammlung unter freiem Himmel anzusehen, weil außerhalb des Versammlungsraumes befindliche Personen an der Erörterung teilnehmen oder weil die Versammlung in einem mit dem Versammlungsraum zusammenhängenden Hof oder Garten verlegt wird.

Während das Vereinsgesetz neben den Versammlungen unter freiem Himmel die Aufzüge auf öffentlichen Straßen oder Plätzen ausdrücklich erwähnte, ist in Art. 123 RVerf. von diesen nicht die Rede. Der Begriff „Versammlung unter freiem Himmel“ ist jedoch im weitesten Sinne zu nehmen. Er umfaßt daher auch die Aufzüge auf öffentlichen Straßen oder Plätzen.*) Ein öffentlicher Aufzug liegt vor, wenn eine Menschenmenge sich in der Oeffentlichkeit vereinigt und in einer Weise fortbewegt, die sie als geschlossen und in sich bewußt verbunden erscheinen läßt.**) Wie bei der Versammlung im engeren Sinn, so ist auch für den öffentlichen Aufzug begriffswesentlich, daß die Fortbewegung der zu einem Zuge vereinigten Personen die Kundgebung einer Meinung oder eines Willens bezweckt. Zu dem objektiven Moment der gemeinsamen Fortbewegung muß also auch hier, wie bei der Versammlung im engeren Sinne, das subjektive Moment eines bewußt und gemeinsam verfolgten Zweckes kommen. Züge, die lediglich der Fortbewegung dienen, z. B. Züge von Schülern, die spazieren oder zum Turnplatz geführt werden, oder Züge von Feuerwehrleuten, die zum Brand- oder zum Uebungsplatze marschieren, sind sonach keine Aufzüge. Ob die Zugteilnehmer

*) S. RG.St. Bd. 56 S. 184; Pr. OVG. Bd. 78 S. 280.

**) RG.St. Bd. 46 S. 31.

eine bestimmte Ordnung einhalten oder nicht, ist belanglos. Ebenso ist für den Begriff des Aufzuges die Art der Fortbewegung, ob zu Fuß, zu Pferd oder mittels Fahrzeugs, unwesentlich. In unserer Zeit ist die Verwendung von Lastkraftwagen zu Demonstrationszwecken keine Seltenheit. Ein mit Personen besetzter fahrender Lastkraftwagen ist ebenfalls als öffentlicher Aufzug zu erachten, wenn die Teilnehmer an der Veranstaltung den Zweck verfolgen, gemeinsam nach außen in die Erscheinung zu treten und dadurch eine Meinung oder einen Willen kund zu tun.

Das Verbot einer Versammlung unter freiem Himmel auf Grund des Art. 123 Abs. 2 RVerf. ist nur zulässig, wenn eine unmittelbare Gefahr für die öffentliche Sicherheit vorliegt. Zur Annahme einer solchen reichen jedoch allgemeine Vermutungen und der bloße Hinweis auf das Bestehen eines gespannten Verhältnisses zwischen den am Orte bestehenden Parteien nicht aus. Zur Rechtfertigung eines Versammlungsverbotes bedarf es vielmehr des Nachweises bestimmter, in den zeitlichen und örtlichen Verhältnissen begründeter Tatsachen, die nicht nur die mehr oder weniger entfernte Möglichkeit einer Gefährdung der öffentlichen Sicherheit, sondern eine solche Gefährdung in absehbarer Weise ersehen lassen.*) Eine unmittelbare Gefahr für die öffentliche Sicherheit kann also nur angenommen werden, wenn eine räumlich und zeitlich naheliegende, auf Tatsachen, nicht auf bloße Vermutungen beruhende Wahrscheinlichkeit einer Störung der öffentlichen Sicherheit vorliegt. Im Gegensatze zu § 1 Abs. 2 VG., der eine unmittelbare Gefahr für Leben und Gesundheit der Teilnehmer voraussetzt, genügt für das Verbot einer Versammlung unter freiem Himmel auf Grund des Art. 123 Abs. 2 RVerf. eine Gefährdung der öffentlichen Sicherheit, d. h. des Staates und seiner Einrichtungen und der Rechtsordnung überhaupt.

Die Gefährdung der öffentlichen Sicherheit muß, wenn sie ein Versammlungsverbot rechtfertigen soll, regelmäßig unmittelbar von der Versammlung selbst ausgehen. Ist die Gefährdung nur mittelbar durch die Versammlung verursacht, etwa dadurch, daß Andersgesinnte an der Veranstaltung Anstoß nehmen und die erlaubte Kundgebung zu stören suchen, so rechtfertigt dies an sich ein Versammlungsverbot noch nicht. Vielmehr ist es Aufgabe der Polizei, zulässige Versammlungen vor gesetzwidrigen

*) PrOVG. Bd. 78 S. 267.

Störungen zu schützen und zur Abwehr der Störungen die erforderlichen Maßnahmen zu treffen. Dieser Grundsatz gilt allerdings nicht ausnahmslos. Wie auch das Preuß. Oberverwaltungsgericht anerkannt hat *), ist die Polizei zur Verhütung einer Störung der öffentlichen Sicherheit ausnahmsweise befugt auch gegen eine an sich berechtigte Versammlung einzuschreiten, wenn sie entweder tatsächlich nicht in der Lage ist mit den ihr zu Gebote stehenden Mitteln die Störung der Veranstaltung und damit der öffentlichen Sicherheit zu verhindern oder wenn ein wirksames Einschreiten gegen die Störer zwar möglich wäre, aber eine unverhältnismäßig größere Erschütterung der öffentlichen Sicherheit mit sich bringen würde, als das Verbot der an sich berechtigten Versammlung. Das Recht der Polizei, unter diesen Voraussetzungen gegen Personen vorzugehen, die durch eine bevorstehende Störung der öffentlichen Sicherheit bedroht sind, ist nicht unbestritten geblieben. Ich darf aber hervorheben, daß dieser Standpunkt vom Herrn Staatsminister des Innern bei Verhandlungen im Bayer. Landtag zu Beginn des Jahres 1927, die sich mit Fragen der Präventivpolizei befaßten, mit Nachdruck vertreten wurde und daß das Ergebnis der Verhandlungen eine weitgehende Uebereinstimmung mit der vom Herrn Staatsminister vertretenen Auffassung war.

Als weitere reichsrechtliche Rechtsgrundlage für Versammlungsverbote gegenüber Versammlungen, die auf das verfassungsmäßig verbürgte Versammlungsrecht Anspruch erheben können, kommt § 1 Abs. 2 VG. in Betracht. Hiernach finden die allgemeinen sicherheitspolizeilichen Bestimmungen des Landesrechts Anwendung, soweit es sich um die Verhütung unmittelbarer Gefahr für Leben und Gesundheit der Teilnehmer an einer Versammlung handelt. Diese Bestimmung ist nach überwiegender Anschauung, — auch das Reichsgericht hat in diesem Sinn entschieden**) — noch in Kraft. Denn die von Reichsverfassung und VG. gewährleistete Versammlungsfreiheit schließt polizeiliche Maßnahmen nur insoweit aus, als sie sich gegen eine Gefahr wenden, die nur in dem Zusammentritt einer Mehrheit von Personen zu einer Versammlung gefunden wird; Maßnahmen dieser Art können nur im Rahmen der Reichsverfassung und des VG. getroffen werden. Hiergegen wird das auf Grund anderer gesetzlicher Bestimmungen zulässige und ge-

**) PrOVG. Bd. 78 S. 280.
**) RG.Str. Bd. 56 S. 185.

botene Einschreiten gegen eine Mehrheit von Personen nicht deshalb rechtswidrig und unzulässig, weil diese gerade ihr Versammlungsrecht ausüben. Der Vorbehalt des § 1 Abs. 2 VG. zugunsten der Landesgesetzgebung bezieht sich also nicht auf Beschränkungen des Versammlungsrechtes als solchen und ist daher weder durch den Aufruf des Rates der Volksbeauftragten noch durch Art. 123 RVerf. berührt worden.*) Verbote von Versammlungen sind sonach auf Grund § 1 Abs. 2 VG. auch heute noch zulässig, wenn sie notwendig sind zur Verhütung unmittelbarer, also zeitlich nahe bevorstehender Gefahren für Leben und Gesundheit der Versammlungsteilnehmer. Dies gilt für Versammlungen aller Art, also sowohl für Versammlungen unter freiem Himmel wie für Versammlungen in geschlossenen Räumen, für öffentliche wie für nichtöffentliche Versammlungen. Die üblichen Schulbeispiele sind bau-, feuer- und seuchenpolizeiliche Gesichtspunkte. Für die Polizeibehörden von größerer Bedeutung aber ist, daß auch Gefahren, die für Leben und Gesundheit der Versammlungsteilnehmer durch Gewalttätigkeiten, die in der Versammlung selbst oder durch Störungsversuche von außen entstehen, ein Verbot der Versammlung begründen können. Freilich ist es auch hier zunächst Aufgabe der Polizei die in der Ausübung ihrer verfassungsmäßigen Rechte befindlichen Versammlungsteilnehmer gegen andere, die sie ohne Recht daran hindern wollen, zu schützen. Ist die Polizei aber mit den ihr zur Verfügung stehenden Mitteln hierzu tatsächlich nicht in der Lage, oder würde das wirksame Einsetzen der polizeilichen Machtmittel gegen die Störer eine unverhältnismäßig größere Erschütterung der öffentlichen Sicherheit und Ordnung bedeuten, so ist sie berechtigt und verpflichtet zu einem Versammlungsverbot als letztem Aushilfsmittel zu schreiten. Die landesrechtliche Grundlage bildet hiefür wiederum Art. 102 AG. StrPO., und soweit nicht Verhinderung oder Unterdrückung strafbarer Handlungen in Frage steht, die allgemeine Ermächtigung der Polizei, die zur Aufrechterhaltung der öffentlichen Ruhe, Sicherheit und Ordnung erforderlichen Anstalten zu treffen.

Damit sind die Rechtsgrundlagen für Verbote von Versammlungen, die auf den verfassungsmäßigen Schutz der Versammlungsfreiheit Anspruch erheben können, erschöpft. Aus an-

*) v. Jan kommt in seinem Aufsatz „Straßenpolizei und Reichsverfassung“ (Festschrift für den Bayer. Verwaltungsgerichtshof) zu dem Ergebnis, daß § 1 Abs. 2 VG. durch Art. 123 Abs. 2 RVerf. ersetzt ist.

deren Gründen, als den vorerwähnten, nämlich zur Verhütung unmittelbarer Gefahren für Leben und Gesundheit der Versammlungsteilnehmer bei Versammlungen unter freiem Himmel sowie zur Abwendung einer unmittelbaren Gefahr für die öffentliche Sicherheit können Versammlungen deutscher Staatsbürger, wenn sie friedlich und unbewaffnet sind, nicht verboten werden.

Ich wende mich nun den Versammlungen zu, denen die Reichsverfassung ihren Schutz versagt hat und denen gegenüber daher die auf Landesrecht beruhenden Befugnisse der Polizei durch Reichsrecht nicht beschränkt sind.

Nach Art. 123 Abs. 1 RVerf. wie auch § 1 Abs. 1 VG. ist das Recht, sich zu versammeln nur unter der Voraussetzung gewährleistet, daß die Zusammenkunft friedlich und unbewaffnet stattfindet. Bewaffnete und unfriedliche Versammlungen genießen nicht den besonderen Schutz der Gesetze. Um aber eine Versammlung, gleichviel ob es sich um eine Versammlung unter freiem Himmel oder in geschlossenen Räumen, um eine öffentliche oder nichtöffentliche Versammlung handelt, als bewaffnet oder unfriedlich verbieten zu können, genügt indessen wiederum nicht die bloße Befürchtung, daß die Versammlungsteilnehmer bewaffnet erscheinen oder unfriedliche Absichten haben könnten. Vielmehr muß dies durch Tatsachen belegt sein.

Damit eine Versammlung den Charakter einer bewaffneten besitzt, ist es nicht erforderlich, daß jeder Teilnehmer bewaffnet ist, es genügt schon, wenn ein nicht unerheblicher Teil Waffen führt. Insbesondere ist eine Versammlung, ohne Rücksicht auf die Zahl der Träger von Waffen, als bewaffnet zu bezeichnen, wenn von vorneherein zur Führung von Waffen aufgefordert oder sonstwie die Führung der Waffen organisiert ist. Ein bewaffneter Saalschutz macht daher die Versammlung zu einer bewaffneten, außerhalb des Schutzes der Reichsverfassung stehenden. Als Waffen sind nicht nur Waffen im technischen Sinn, sondern auch Gegenstände zu erachten, die ihrer Zweckbestimmung nach an sich nicht Angriffs- oder Verteidigungsmittel sind, die aber im Einzelfalle zu diesen Zwecken in die Versammlung mitgebracht werden; so können z. B. unter Umständen auch Spazierstöcke als Waffen zu erachten sein.

Unfriedlich ist eine Versammlung einmal dann, wenn ihr Zweck den Strafgesetzen zuwiderläuft; insoweit deckt sich Art. 123 Abs. 1 RVerf. mit § 1 Abs. 1 VG. Es genügt dabei aber nicht, daß in der Versammlung Verstöße einzelner gegen die Strafgesetze vorkommen. Vielmehr muß die Versammlung als solche einen unerlaubten Zweck verfolgen, z. B. einen Landfriedensbruch, die Bildung eines bewaffneten Haufens, ein Hochverrat oder die Vorbereitung eines solchen, soweit sie unter Strafe gestellt ist. Versammlungsverbote können nur von Fall zu Fall und nur aus bestimmten Gründen erlassen werden, die gerade für die in Frage stehende Versammlung zutreffen. Nicht selten ergeben sich für die Polizeibehörden Schwierigkeiten daraus, die gerade für die in Frage stehende Versammlung zutreffen. Lediglich deshalb, weil die Partei oder Bewegung, welche die Versammlung veranstalten will, gesetzwidrige Endziele verfolgt, kann daher eine Versammlung nicht verboten werden. Nicht selten ergeben sich für die Polizeibehörden Schwierigkeiten daraus, daß an einem und demselben Ort gleichzeitig Veranstaltungen verschiedener Parteien und Richtungen stattfinden, und daß infolgedessen zur Vermeidung von Zusammenstößen und den daraus entspringenden Gefahren für die öffentliche Sicherheit oder für Leben und Gesundheit der Versammlungsteilnehmer Versammlungsverbote unvermeidbar sind. In solchen Fällen wird in der Regel die Veranstaltung zu verbieten sein, die als Gegenkundgebung gegen die zuerst in Aussicht genommene Veranstaltung ins Werk gesetzt werden soll. Unter Umständen allerdings kann auch das Verbot sämtlicher an dem Ort gleichzeitig stattfindenden Versammlungen in Frage kommen. Dies wird indessen schon deshalb die Ausnahme bleiben müssen, da es die Gegner in der Hand hätten, durch Anberaumen einer Gegenkundgebung ein Verbot der ihnen unbequemen Veranstaltung herbeizuführen und sich so mittelbar der Polizei zur Erreichung ihrer Zwecke zu bedienen.

Die Zulässigkeit des Verbotes unfriedlicher Versammlungen bezieht sich in gleicher Weise auf die Versammlungen in geschlossenen Räumen wie auf Versammlungen unter freiem Himmel. Allerdings werden vielfach unfriedliche Versammlungen unter freiem Himmel schon auf Grund des Art. 123 Abs. 2 RVerf. wegen unmittelbarer Gefährdung der öffentlichen Sicherheit verboten werden können, aber es ist wohl denkbar, daß Versammlungen unfriedlich sind ohne gerade die öffentliche Sicherheit unmittelbar zu gefährden. In solchen Fällen können also Versammlungen unter freiem Himmel auch wegen Unfriedlichkeit verboten werden.

Nicht immer wird es notwendig sein, gerade ein Versammlungs**verbot** auszusprechen. Aus dem für das allgemeine Polizeirecht geltenden Grundsatze der Gesetzmäßigkeit der Verwaltung und dem daraus weiter abgeleiteten Grundsatze der Verhältnismäßigkeit polizeilicher Maßnahmen folgt vielmehr, daß die Polizei jeweils nur die zur Erreichung ihrer Aufgabe **nötigen** Anstalten treffen darf und daß sie, wenn hierbei ein Eingriff in fremde Rechtssphären, insbesondere in die verfassungsmäßig gewährleisteten Grundrechte unabweislich ist, stets das **mildeste** Mittel anwenden muß, durch das sie nach Lage des einzelnen Falles den verfolgten Zweck erreichen kann. Diese Grundsätze gelten auch für die Versammlungspolizei. Im einzelnen Falle kann es unter Umständen nicht erforderlich sein, eine Versammlung schlechthin zu verbieten, vielmehr kann es hinreichend sein, durch bestimmte Auflagen Gefährdungen der Sicherheit auszuschließen. Solche Auflagen sind nichts anderes als **teilweise** Versammlungsverbote. Es kann keinem Zweifel unterliegen, daß an Stelle des vollständigen Versammlungsverbotes auch ein teilweises Verbot, d. h. die Auferlegung bestimmter Auflagen zulässig ist, wenn hierdurch der drohenden Gefahr begegnet werden kann. Die Polizeibehörden würden sogar den soeben bezeichneten Rahmen ihrer Befugnisse überschreiten, wenn sie in einem solchen Fall statt des für den polizeilichen Zweck genügenden teilweisen Verbotes ein vollständiges Verbot erlassen würden. An solchen Auflagen können nach den Umständen des einzelnen Falles in Betracht kommen, ohne damit eine erschöpfende Aufzählung geben zu wollen: bei öffentlichen Aufzügen das Verbot gewisse Stadtteile oder Straßenzüge zu berühren, insbesonders um Zusammenstöße durch ein Zusammentreffen mit einer Veranstaltung anders Denkender zu verhindern, das Verbot von Aufzügen zur Nachtzeit, das Verbot des Auftretens eines bestimmten Redners, das Verbot der Erörterung eines bestimmten Themas; bei Versammlungen in geschlossenen Räumen: das Verbot gewisse Saalteile, z. B. die Galerien zu benützen, das Verbot des Wirtschaftsbetriebes, die Anordnung aus dem Versammlungsraum alles fernzuhalten, was zu Gewalttätigkeiten benützt werden könnte, z. B. Biergläser u. dergl.

In diesem Zusammenhang ist auch auf die Frage einzugehen, inwieweit gegenüber Versammlungen und Aufzügen polizeiliche Anordnungen zulässig sind, welche die **Ordnung und** die Aufrechterhaltung des Verkehres bezwecken.*) Reichsverfassung und Vereinsgesetz stellen die Versammlung nur insoweit unter ihren besonderen Schutz, als es sich um die Ausübung des Versammlungsrechtes, um die Meinungs- oder Willensäußerung zu mehreren, handelt. In anderen Beziehungen, die hierzu begrifflich nicht gehören, kann sich niemand deshalb, weil er sich gerade in Ausübung des Versammlungsrechts befindet, eine bevorzugte Stellung verschaffen. Hiernach sind die Teilnehmer an Versammlungen unter freiem Himmel und öffentlichen Aufzügen verkehrspolizeilichen Anordnungen in der gleichen Weise unterworfen wie der einzelne. Die Polizei kann daher, wenn dies zur Aufrechterhaltung der Ordnung und Sicherheit des Verkehrs erforderlich ist, die Abhaltung von Versammlungen unter freiem Himmel an verkehrsreichen Plätzen untersagen und sie auf verkehrsarme Plätze verweisen, sie kann die Anordnungen über die Breite von öffentlichen Aufzügen, über die Freihaltung der Straßenbahngeleise oder des Bürgersteiges treffen, die Unterlassung einer Kehrt-Wendung anordnen, die Benützung verkehrsbelasteter Straßen untersagen. Inwieweit solche Anordnungen im Einzelfalle zulässig sind, ist Tatfrage, die mit Rücksicht auf zu erreichenden polizeilichen Zweck gelöst werden muß. Immer muß es sich aber dabei um verkehrs- und sicherheitspolizeiliche Anordnungen handeln, die mit Rücksicht auf die notwendigen Bedürfnisse der Allgemeinheit und nicht etwa zur Verkümmerung des Versammlungsrechts erlassen werden. So wäre die Polizei selbstverständlich nicht befugt, die Benützung einer Straße etwa deshalb zu verbieten, weil kein Anlaß hierzu bestehe oder um vom Rathaus oder sonstigen Amtsgebäuden Demonstrationen fernzuhalten.

In dieser letzteren Hinsicht hat nur das als verfassungsänderndes Gesetz ergangene Reichsgesetz vom 3. Mai 1920 über die Befriedung der Gebäude des Reichstags und der Landtage eine Ausnahme gemacht; dieses Gesetz verbietet die Abhaltung von Versammlungen unter freiem Himmel und Umzüge innerhalb des für diese Gebäude festzusetzenden Bannkreises und überläßt die Bewilligung von Ausnahmen der Regierung im Einvernehmen mit dem Präsidenten der gesetzgebenden Körperschaft.

Zuständig zu Verboten von Versammlungen, gleichviel auf welcher Rechtsgrundlage, ist an sich jede Polizeibehörde, auch die

*) Vgl. hierzu v. Jan, Straßenpolizei und Reichsverfassung, in der Festschrift für den Bayer. Verwaltungsgerichtshof.

Ortspolizeibehörde, in unmittelbaren Städten auch der Stadtkommissär; in Städten mit staatlicher Polizeiverwaltung liegt die Zuständigkeit bei der Polizeidirektion. Sache der Polizeibehörden, insbesondere der Bezirkspolizeibehörden und Stadtkommissäre ist es, dafür zu sorgen, daß sie rechtzeitig von allen beabsichtigten Veranstaltungen Kenntnis erhalten, um gegebenenfalls in der Lage zu sein, ein nach Lage der Sache veranlaßtes Verbot der Veranstaltung auszusprechen.

Ist eine Versammlung von der Polizeibehörde verboten, so kann die Polizei selbstverständlich das Zusammentreten der Versammlung verhindern oder die Versammlung, wenn sie verbotswidrig bereits zusammengetreten ist, auseinandertreiben. Die Abhaltung einer verbotenen Versammlung oder die Teilnahme an einer solchen ist nicht strafbar, die Polizei ist solchen verbotswidrigen Versammlungen gegenüber vielmehr auf die Anwendung unmittelbaren polizeilichen Zwanges beschränkt.

Das Recht, ein Versammlungsverbot auszusprechen, umfaßt nicht nur die Befugnis die Abhaltung der Versammlung vor dem Zeitpunkte der Veranstaltung zu verbieten, sondern auch die Befugnis geringeren Grades, die Fortsetzung einer bereits begonnenen Versammlung zu untersagen. Unter den gleichen rechtlichen Voraussetzungen, unter denen eine Versammlung verboten werden kann und auf der gleichen Rechtsgrundlage, ist die Polizei daher berechtigt die Fortsetzung einer bereits begonnenen Versammlung zu verbieten, ohne dabei an die Beschränkungen des § 14 VG. gebunden zu sein.

Eine weitere die Polizei besonders berührende Frage ist, inwieweit Polizeibeamte, uniformierte und nichtuniformierte, berechtigt sind in dienstlicher Eigenschaft Versammlungen anzuwohnen und welche Befugnisse ihnen hierbei zukommen.

Hierbei ist zunächst davon auszugehen, daß die Polizei in geschlossenen Versammlungen, also in Versammlungen, die auf einen nach außen bestimmt abgegrenzten, durch wechselseitige persönliche Beziehungen verbundene Teilnehmerkreise beschränkt sind, nichts zu tun hat. Dieser Grundsatz gilt aber nur, soweit es sich um gesetzmäßig geschlossene Versammlungen handelt, nicht aber für gesetzwidrige Versammlungen. Liegen z. B. Anhaltspunkte vor, daß eine geschlossene Versammlung bewaffnet oder zu Zwecken, die den Strafgesetzen zuwiderlaufen, stattfindet, so ist die Polizei berechtigt, sich durch Anwesenheit vom wirklichen Sachverhalt zu überzeugen und gegebenenfalls das nach Lage der Sache Erforderliche vorzukehren. Abgesehen von diesen Fällen aber kann die Polizei das Recht der Anwesenheit nur für öffentliche Versammlungen in Anspruch nehmen, wobei die Bezahlung von Eintrittsgeld oder die Erfüllung sonstiger Zulassungsbedingungen von ihr nicht verlangt werden kann.

Die Polizei kann aus verschiedenen Gründen Anlaß nehmen, öffentlichen Versammlungen anzuwohnen, einmal um sich über den äußeren wie über den sachlichen Verlauf wichtigerer Versammlungen zu unterrichten, wie sich die Polizei über alle bedeutsameren Vorkommnisse in ihrem Dienstbezirke zu unterrichten hat, ferner um für Aufrechterhaltung von Ruhe und Ordnung zu sorgen, wie dies Aufgabe der Polizei bei allen größeren Menschenansammlungen ist, weiterhin zum Schutze der Versammlungen gegen Störungen und endlich zur förmlichen Ueberwachung. Sie ist zu letzterem Behuf auf Grund des § 13 VG. befugt in die Versammlung einen oder zwei Beauftragte mit dem Recht auf Zuweisung eines angemessenen Platzes in der Versammlung und mit dem Rechte der Auflösung der Versammlung in den Fällen des § 14 VG. zu entsenden. Die Bestimmung des § 13 VG. ist nämlich noch als in Geltung stehend zu erachten. Denn sie stellt keine Beschränkung des Rechts, sich zu versammeln, dar, sondern ist nur eine Ordnungsvorschrift, die nur eine besondere Form des ohnehin auf Grund des allgemeinen Polizeirechts bestehenden Rechtes der Polizei zur Ueberwachung von Versammlungen regelt. Das Recht, „förmliche „Beauftragte" mit den Rechten der §§ 13, 14 VG. in Versammlungen abzuordnen, haben in Bayern auf Grund der Vollzugsbestimmungen zum VG.*) nur die Bezirkspolizeibehörden, in Städten mit staatlicher Polizeiverwaltung die Polizeidirektionen. Ortspolizeibehörden sind daher nicht befugt „Beauftragte" mit den aus §§ 13, 14 VG. sich ergebenden Befugnissen in eine Versammlung zu entsenden, ebenso können Gendarmeriebeamte nicht von sich aus, sondern nur auf Anordnung des Bezirksamts als „Beauftragte" in diesem Sinn in der Versammlung auftreten. Polizeibeamte, die als „Beauftragte" in diesem Sinn in der Versammlung auftreten. Polizeibeamte, die als „Beauftragte" in eine Versammlung abgeordnet werden, können nur dann die sich aus dieser Rechtsstellung ergebenden Rechte, nämlich die Einräumung eines angemessenen Platzes und die Auflösungsbefugnis unter den Voraussetzungen des § 14 VG. in

*) Vollz. Bek. v. 12. 5. 1908 zum VG. Ziff. 1 Abs. I (GVBl. S. 291).

Anspruch nehmen, wenn sie sich dem Leiter oder Veranstalter der Versammlung in dieser Eigenschaft zu erkennen gegeben haben. Polizeibeamte, die das nicht tun, geben damit zu erkennen, daß sie nicht zur „Ueberwachung“ der Versammlung, sondern in anderer Eigenschaft daran teilnehmen, können dann aber auch die Rechte aus §§ 13, 14 VG. nicht in Anspruch nehmen.

Polizeibeamte sind in Versammlungen nicht immer gern gesehene Gäste. Es wird aus ihrer Anwesenheit nur zu leicht auf eine Ueberwachung der Versammlung geschlossen, die, namentlich, wenn es sich um politische Versammlungen handelt, mitunter als lästig empfunden wird. Die Polizeibehörden müssen daher die Frage, ob die Anwesenheit von Polizeibeamten in einer Versammlung vom polizeilichen Standpunkt aus erwünscht, veranlaßt oder notwendig ist, von Fall zu Fall mit großer Sorgfalt und mit der nötigen Zurückhaltung prüfen. Vor allem werden die Polizeibehörden von dem Rechte der Abordnung von „Beauftragten“ nach § 13 VG. nur in besonderen Ausnahmefällen Gebrauch machen dürfen.

Die Bezirkspolizeibehörden können von der Entsendung förmlicher Beauftragter m. E. umso eher absehen, als die Polizei unter den Voraussetzungen, unter denen ein Versammlungsverbot ergehen kann, die Möglichkeit hat eine Versammlung aufzulösen, gleichviel ob sie förmlich Beauftragte in die Versammlung entsendet hat oder nicht und ohne dabei an die Voraussetzungen des § 14 VG. gebunden zu sein. Die Polizeibehörden werden auch kaum Anlaß haben, die Auflösung einer Versammlung gerade auf der rechtlichen Grundlage des § 14 VG. auszusprechen. Denn gegen die Auflösung einer Versammlung auf dieser Rechtsgrundlage wäre der Verwaltungsrechtsweg eröffnet, während gegen die Untersagung der Fortsetzung einer Versammlung auf präventiv-polizeilicher Grundlage nur Anrufung der übergeordneten Stellen im Wege der Aufsichtsbeschwerde und der Oberaufsichtsbeschwerde möglich ist. Wenn die Bezirkspolizeibehörden aber schon von dem Recht, förmliche Beauftragte in die Versammlung zu entsenden, Gebrauch machen, dann müssen sie bei der Auswahl der „Beauftragten“ besondere Vorsicht walten lassen. Denn nicht jeder Exekutiv-Beamte der Polizei besitzt die Fähigkeit, die tatsächlichen Verhältnisse rasch zu beurteilen, und verfügt über das Maß von Gesetzeskenntnissen, Umsicht und Takt, wie es die Aufgabe eines „Beauftragten“ der Polizeibehörde erfordert.

Wo es sich für die Polizeibehörden nur darum handelt, von dem Verlauf der Versammlung Kenntnis zu erhalten, werden die Polizeibehörden bestrebt sein müssen, sich die für sie erforderliche Kenntnis nach Möglichkeit auch auf andere Weise zu verschaffen, damit auch der Anschein, als würden politische Versammlungen überwacht, vermieden wird. Insbesondere ist auch der Eindruck zu vermeiden, als würden die Versammlungen einer bestimmten politischen Richtung polizeilich überwacht. Auch die in Versammlungen dienstlich anwesenden Polizeibeamten haben sich bei Erfüllung ihrer Aufgabe möglichster Zurückhaltung zu befleißigen, damit nicht aus ihrer anderen Zwecken dienenden Anwesenheit in der Versammlung auf eine polizeiliche Ueberwachung geschlossen wird, wo eine solche nicht am Platze ist.

Wie schon wiederholt hervorgehoben, hat die Polizei auch die Aufgabe, für die Aufrechterhaltung von Ruhe, Ordnung und Sicherheit auch in den Versammlungen selbst zu sorgen. Zwar kann es allerdings den Leitern oder Veranstaltern der Versammlung überlassen bleiben kraft ihres Hausrechts Ruhe und Ordnung in der Versammlung aufrechtzuerhalten. Für öffentliche politische Versammlungen ist dies sogar dem Leiter, oder, solange ein solcher nicht bestellt ist, dem Veranstalter der Versammlung durch § 10 VG. ausdrücklich zur Pflicht gemacht. Diese Bestimmung ist als nicht in das Wesen der Versammlungsfreiheit eingreifende, lediglich die Aufrechterhaltung von Ruhe und Ordnung in der Versammlung regelnde Ordnungsvorschrift, an deren Uebertretung zudem nicht einmal Rechtsfolgen geknüpft sind, noch als in Kraft befindlich zu erachten. Leiter und Veranstalter der Versammlung können sich hierbei besonderer Ordnungsmänner bedienen oder die Polizei um Unterstützung ersuchen. Die von den Veranstaltern der Versammlung aufgestellten Ordnungsmänner leiten dabei ihre Befugnisse von dem Leiter oder Veranstalter der Versammlung ab, beruhen also auf deren Hausrecht. Keinesfalls besitzen die Ordnungsmänner irgendwelche polizeiliche Befugnisse. Eine förmliche Absperrung der Zugänge zum Versammlungsraum oder von Teilen des letzteren, die Einrichtung eines förmlichen Streifen- und Postendienstes zur Sicherung der Versammlung vor Störungen durch Dritte und ähnliches sind keine Maßnahmen des privaten Versammlungsschutzes, sondern sind polizeilicher Natur, die der Polizeibehörde vorbehalten bleiben müssen. Die Ordnungsmänner dürfen auch nicht bewaffnet sein. Ein bewaffneter Saalschutz macht, wie schon erwähnt, die

Versammlung selbst zu einer bewaffneten, die außerhalb des Schutzes der Reichsverfassung steht und daher polizeilich verboten oder deren Fortsetzung polizeilich untersagt werden kann.

Sorgen Leiter oder Veranstalter der Versammlung nicht oder nicht genügend für die Aufrechterhaltung von Ruhe und Ordnung in der Versammlung oder können sie sich nicht durchsetzen, so hat die Polizei die Aufgabe von sich aus die Versammlung gegen Störungen zu schützen. Ob und in welchem Maß im Einzelfall Anlaß zur Vorkehrung polizeilicher Maßnahmen zum Schutze von Versammlungen besteht, hängt von den Umständen des einzelnen Falles und von den örtlichen Verhältnissen ab.

Da eine Anmeldepflicht für Versammlungen nicht besteht, auch die zur Erhaltung der Sicherheit und Ruhe auf öffentlichen Wegen, Straßen und Plätzen erlassenen oberpolizeilichen Vorschriften über die öffentliche Verbreitung von Plakaten, Flugblättern und Flugschriften, insbesondere in ihrer neuen Fassung vom 8. Mai 1929 (GVBl. S. 58) eine Reihe von Ausnahmen von der Verpflichtung zur Vorlage von Plakaten und Flugblättern aus Anlaß von Versammlungen an die Bezirkspolizeibehörden zulassen, müssen die Polizeibehörden darauf bedacht sein, rechtzeitig von geplanten Versammlungen Kenntnis zu erhalten. Ebenso müssen sie dafür Sorge tragen, daß sie nach Möglichkeit von etwa zu erwartenden Störungsversuchen rechtzeitig unterrichtet werden. Sobald Anlaß zur Besorgnis besteht, daß es zu einer erheblichen Störung kommen könnte, haben die Polizeibehörden alle zur Aufrechterhaltung der öffentlichen Ruhe, Sicherheit und Ordnung, auch in der Versammlung selbst, gebotenen Maßnahmen zu treffen.

Welche Maßnahmen im einzelnen Falle zu treffen sind, haben die Polizeibehörden von Fall zu Fall nach pflichtmäßigem eigenen Ermessen zu entscheiden. Ich darf hiefür, ohne damit erschöpfend sein zu wollen, auf folgende Gesichtspunkte aufmerksam machen.

Die vor der Versammlung zu treffenden Maßnahmen werden sich darnach zu richten haben, in welchem Umfange Störungen der Versammlungen zu erwarten sind. Ist mit der Möglichkeit von Tätlichkeiten zu rechnen, so wird Vorsorge zu treffen sein, daß sich Waffen und sonstige Gegenstände, die als Kampfmittel verwendet werden können, nicht im Versammlungsraume befinden, nicht in diesen mit hineingebracht werden und auch nicht in der Nähe in einer rasch greifbaren Weise verwahrt werden. Auch ein Verbot des Wirtschaftsbetriebes, für das Art. 44 PolStGB. die Rechtsgrundlage abgeben kann, kann in Frage kommen, nämlich einmal um die Gefahr der Erhitzung der Gemüter durch die Wirkung des Alkohols auszuschließen, sodann um zu verhindern, daß Meinungsverschiedenheiten mit Biergläsern usw. ausgetragen werden. Eine weitere Maßnahme, wenn mit Tätlichkeiten gerechnet werden muß, ist das Verbot der Benützung von Saalgalerien.

Die Polizei darf sich ferner nicht darauf beschränken, die zur Sicherung der Versammlung erforderlichen Polizeibeamten bereitzustellen, vielmehr muß sie auch Vorsorge treffen, daß diese im Bedarfsfalle auch in Wirksamkeit treten können. Das stärkste Polizeiaufgebot ist machtlos, wenn die Polizeiorgane in eine dicht gedrängte Masse von Versammlungsteilnehmern eingekeilt und nicht in der Lage sind, an den Herd der Versammlungsstörungen heranzugelangen und gegen die Störer einzuschreiten. Die Polizei muß daher — zunächst im Benehmen mit den Veranstaltern der Versammlung, nötigenfalls auch selbständig — ohne Rücksicht auf die Kasse der Veranstalter, einer Ueberfüllung der Versammlung durch rechtzeitige polizeiliche Sperrung des Versammlungsraumes begegnen. Ferner ist Vorkehrung zu treffen, daß alle Teile des Versammlungsraumes durch genügend breite Gänge zugänglich sind und daß diese von Tischen, Stühlen und herumstehenden Versammlungsteilnehmern frei bleiben, ferner daß von diesen Gängen aus die Saal-Ein- und Ausgänge jederzeit leicht erreichbar sind, sodaß es den Polizeiorganen auf diese Weise möglich ist, an die Ruhestörer heranzukommen, sie nötigenfalls aus dem Versammlungsraum zu entfernen und im Bedarfsfalle polizeiliche Verstärkungen in den Versammlungsraum zu bringen. Durch Benehmen mit den Veranstaltern der Versammlung ist Sorge zu tragen, daß zunächst diese selbst auf Grund ihres Hausrechts mit Unterstützung ihres Ordnungsdienstes die erforderlichen Maßnahmen treffen, nötigenfalls muß aber die Polizei hier auch selbständig eingreifen.

Es ist eine beliebte Taktik, Versammlungen dadurch zu sprengen, daß die Versammlungsgegner, um möglichst stark, wenn möglich in der Ueberzahl, vertreten zu sein und um für sich und ihre Anhänger die für ihre Zwecke in der Versammlung günstigsten Plätze zu haben, lange vor Beginn der Versammlung unter Umständen schon lange vor Beginn der Saaleröffnung erscheinen.

Hiergegen Vorkehrungen zu treffen, muß den Veranstaltern selbst überlassen bleiben. Insbesondere kommt hier in Betracht, daß die Veranstalter für ihre Anhänger bestimmte Teile des Versammlungsraums, insbesondere die dem Rednerpult und der Versammlungsleitung zunächst gelegenen, vorbehalten und etwaige Gegner auf Plätze beschränken, von denen aus die Störung weniger wirksam werden kann und die der polizeilichen Einwirkung möglichst leicht zugänglich sind. Ferner können die Veranstalter durch entsprechende Verteilung ihrer Anhänger auf den Versammlungsraum dafür Sorge tragen, daß die Gegner nicht in großer Zahl geschlossen Platz finden. Um den Erfolg solcher Maßnahmen sicherzustellen, ist es aber notwendig, daß die Veranstalter sich nicht bloß damit begnügen, für ihre Anhänger Plätze zu reservieren, vielmehr müssen sie auch dafür sorgen, daß diese rechtzeitig zur Stelle sind und die für sie bestimmten Plätze einnehmen, bevor etwaige Gegner sich ihrer bemächtigen. Das kann es unter Umständen notwendig machen, daß die Veranstalter ihre Anhänger schon vor der Eröffnung durch einen für den allgemeinen Eintritt nicht zugänglichen Nebeneingang in den Versammlungsraum bringen. Selbstverständlich darf die Polizei derartige Maßnahmen der Veranstalter dann nicht etwa dadurch durchkreuzen, daß sie wegen starken Andranges die Freigabe des Eintritts schon vor Beginn der festgesetzten Zeit anordnet. Es ist zwar Sache der Veranstalter Maßnahmen der erwähnten Art zu treffen, die Polizeibehörden können aber, wenn mit Störungen zu rechnen ist, Anlaß haben mit den Veranstaltern hiewegen Fühlung zu nehmen, und zwar werden sie das möglichst frühzeitig zu tun haben, damit die Veranstalter noch in der Lage sind ihre Anhänger mit entsprechenden Weisungen zu versehen.

Wenn Störungen von Versammlungen von innen heraus erfolgen, muß es zunächst den Leitern oder Veranstaltern der Versammlung überlassen bleiben, von ihrem Hausrechte Gebrauch zu machen. Dabei sind sie nötigenfalls von der Polizei zu unterstützen. Dem polizeilichen Einschreiten soll möglichst eine Warnung der Versammlungsteilnehmer durch die Versammlungsleiter vorangehen. Dann wird die Feststellung, Verwarnung und nötigenfalls die Entfernung der einzelnen Störer in Frage kommen. Die Auflösung von Versammlungen muß immer das letzte Mittel bleiben, schon um der Versuchung entgegenzutreten, auf diese Weise sich unmittelbar der Polizei zur Verhinderung von

Veranstaltungen unbequemer politischer Gegner zu bedienen. Werden die Störer aus dem Versammlungsraum entfernt, so ist Vorsorge zu treffen, daß sie sich nicht außerhalb sammeln und von neuem in den Versammlungsraum eindringen können. Ansammlungen vor dem Versammlungsraum oder in seiner Umgebung sind daher von Anfang an zu zerstreuen. Um Zusammenstöße auf der Straße zwischen den Versammlungsteilnehmern und den Störern nach Schluß der Versammlung zu verhindern, kann es notwendig werden, für die Möglichkeit ungestörter Entfernung der Versammlungsteilnehmer Sorge zu tragen.

An Strafvorschriften gegen die Störung von Versammlungen kommt zunächst § 107 a des RStrGB. in der Fassung des Gesetzes vom 23. 5. 1923 (RGBl. I S. 296) in Betracht. Hiernach macht sich strafbar, wer nicht verbotene Versammlungen, Aufzüge oder Kundgebungen mit Gewalt oder durch Bedrohung mit einem Verbrechen verhindert oder sprengt. Nach einem Urteil des Bayer. Obersten Landesgerichts vom 5. 9. 1926 (D.J.Z. 1926 Sp. 1788) ist die Sprengung einer Versammlung durch Tumult ohne Anwendung physischer Gewalt nicht nach § 107 RStrGB. strafbar, wohl aber unter Umständen als grober Unfug nach § 360 Ziff. 11 RStrGB.

Und nun zum Schluß: Vielfach versuchen politische Parteien sich zur Bekämpfung unbequemer Gegner auch der Polizei zu bedienen, dadurch, daß sie mit mehr oder weniger Nachdruck, meistens unter Ablehnung der Verantwortung für das Verhalten ihrer Anhänger gegenüber der „Provokation", wie es in solchen Fällen gewöhnlich heißt, ein polizeiliches Verbot der geplanten Veranstaltung fordern. Durch Aufklärung der Beteiligten und durch Verhandlungen mit ihnen, besonders durch den Hinweis, daß das Maß von Versammlungsfreiheit, das man für sich in Anspruch nimmt, auch den anders Denkenden zugestanden werden muß und durch die Reichsverfassung zugestanden ist, werden häufig die hochgehenden Wellen der Erregung geglättet werden können. Keinesfalls darf sich aber die Polizei ein Versammlungsverbot oder die Rückgängigmachung eines ausgesprochenen Verbotes abtrotzen lassen. Die Polizei muß im wogenden Kampfe der Meinungen den unverrückbaren, ehernen Felsen bilden. Sie muß ihre Entscheidungen, bei denen neben Rechtsfragen die Beurteilung tatsächlicher Verhältnisse eine hervorragende Rolle spielt, auf Grund eigenen pflichtgemäßen Ermessens nach Recht und Gesetz treffen, unbekümmert um Wünsche und Forderungen unverantwortlicher Dritter. Nur so wird sich die Polizei das Ansehen sichern, dessen sie bei Erfüllung ihrer schweren Aufgaben nicht entraten kann.

Anhang.

I. Uebersicht über die Rechtsgrundlagen der Vereins- und Versammlungspolizei.

1. Reichsverfassung:

   Art. 123 (Grundrecht der Versammlungsfreiheit), Art. 124 (Grundrecht der Vereinsfreiheit), Art. 130 Abs. 2 (Vereinigungsfreiheit der Beamten), Art. 133 Abs. 2 (Wehrmacht), Art. 139 (Schutz der Sonn- und Feiertage), Art. 159 (wirtschaftliche Vereinigungsfreiheit), Art. 48 (Außerkraftsetzung der Vereinigungs- und Versammlungsfreiheit), Art. 178 Abs. 2 (Aufrechterhaltung der vor dem Inkrafttreten der Reichsverfassung erlassenen Gesetze).

2. a) Vereinsgesetz vom 19. 4. 1908 (RGBl. S. 151) in der Fassung der Gesetze vom 26. 6. 1916 (RGBl. S. 635) und vom 19. 4. 1917 (RGBl. S. 361), soweit nicht durch den Aufruf des Rates der Volksbeauftragten vom 12. 11. 1918 (RGBl. S. 1303) aufgehoben und soweit mit der Reichsverfassung vereinbar (vergl. die Uebersicht unter II).

   § 107 a des Reichsstrafgesetzbuchs in der Fassung des Gesetzes vom 23. 5. 1923 (RGBl. I S. 296). (Schutz der Versammlungen.)

   b) Gesetz vom 6. 7. 1908 über den Vollzug des Vereinsgesetzes (GVBl. S. 351).

   Min.Bek. und Min.E. zum Vollzuge des Vereinsgesetzes vom 12. 5. 1908 (GVBl. S. 291 MABl. S. 241, 245, 247).

   Art. 8 Ziffer 6 des Gesetzes vom 8. 8. 1878 über die Errichtung eines Verwaltungsgerichtshofs und das Verfahren in Verwaltungsrechtssachen in der Fassung des vorgenannten Gesetzes.

   c) Art. 102 des Ausführungsgesetzes zur Strafprozeßordnung (Präventivpolizei).

Art. 44 Polizeistrafgesetzbuch (Aufrechterhaltung der öffentlichen Ruhe, Ordnung und Sicherheit bei außergewöhnlichen Ansammlungen größerer Menschenmassen). § 4 der VO. vom 21. 5. 1897 über die Feier der Sonn- und Festtage (GVBl. S. 197).

3. a) Gesetz über die Befriedung der Gebäude des Reichstags und der Landtage vom 8. 5. 1920 (RGBl. S. 909).

   b) Min.Bek. über den befriedeten Bannkreis des Landtags vom 13. 7. 1920 (GVBl. S. 364).

4. Gesetz zur Durchführung der Art. 177, 178 des Friedensvertrags vom 22. 3. 1921 — RGBl. S. 235 — (militärische Verbände).

5. §§ 36, 37 des Wehrgesetzes vom 23. 3. 1921 RGBl. S. 329 (Vereins- und Versammlungsrecht der Wehrmachtangehörigen).

II. Uebersicht über die derzeitige Gültigkeit oder Ungültigkeit der Bestimmungen des Vereinsgesetzes.

Vereinsgesetz	Inhaltsangabe	noch in Geltung oder aufgehoben
§ 1	Versammlungsfreiheit und ihre Beschränkung	noch in Geltung
§ 2	Auflösung von Vereinen	noch in Geltung
§ 3	Politische Vereine	noch in Geltung (Vollzug zur Zeit aber ausgesetzt).
§ 4	Wahlvereine	noch in Geltung
§ 5	Anzeigepflicht politischer Versammlungen	aufgehoben
§ 6	Ausnahmebestimmungen zu § 5	aufgehoben (vgl. § 5)
§ 7	Genehmigungspflicht von Versammlungen unter freiem Himmel und öffentlichen Aufzügen	aufgehoben
§ 8	Erläuterung des Begriffs Versammlung unter freiem Himmel	noch gültig
§ 9	Ausnahmebestimmungen zu § 7	aufgehoben (vgl. § 7)
§ 10	Leitung öffentlicher politischer Versammlungen	noch in Geltung
§ 11	Verbot der Teilnahme Bewaffneter an Versammlungen	noch in Geltung
§ 12	Sprachen — §	aufgehoben durch Gesetz vom 19. 4. 1917
§ 13	Überwachung öffentlicher Versammlungen durch Beauftragte der Polizeibehörde	noch in Geltung

Vereinsgesetz	Inhaltsangabe	noch in Geltung oder aufgehoben
§ 14 Abs. 1	Auflösung öffentlicher Versammlungen durch die Beauftragten der Polizeibehörde	
Ziff. 1	Wegen Zuwiderhandlung gegen § 12	aufgehoben (wie § 12)
Ziff. 2	Wegen Zuwiderhandlung gegen § 7	aufgehoben (wie § 7)
Ziff. 3	Wegen Nichtzulassung der Beauftragten der Polizeibehörde	noch in Geltung (wie § 13)
Ziff. 4	Wegen Nichtentfernung Bewaffneter	noch in Geltung (wie § 11)
Ziff. 5	Wegen Aufforderung oder Anreizung zu Verbrechen oder Offizialvergehen	noch in Geltung
Ziff. 6	Wegen Zuwiderhandlung gegen § 12	aufgehoben (wie § 12)
§ 14 Abs. 2	Pflicht zur Mitteilung der Auflösungsgründe	noch in Geltung
§ 15	Beschwerdeverfahren	noch in Geltung (ebenso Bayr. Vollzugsgesetz v. 6. 7. 1908 u. Art. 8 Ziff. 6 des Ges. über die Errichtung eines Verwaltungsgerichtshofs.)
§ 16	Pflicht, sich bei Auflösung von Versammlungen zu entfernen	noch in Geltung
§ 17	Verbot der Teilnahme Jugendlicher unter 18 Jahren an politischen Versammlungen	aufgehoben
§ 17a	Befreiung der Berufsvereine von den Vorschriften der §§ 3 und 17	hinsichtlich des § 3 noch in Geltung, hinsichtlich des § 17 aufgehoben.
§ 18	Strafbestimmungen:	
Ziff. 1	Zuwiderhandlung gegen § 3	noch in Geltung (vgl. zu § 3)
Ziff. 2	Zuwiderhandlungen gegen §§ 5 bis 9	aufgehoben (wie §§ 5, 6, 7, 9)
Ziff. 3	Verweigerung der Einräumung eines angemessenen Platzes an die Beauftragten der Polizeibehörde	noch in Geltung (wie § 13)
Ziff. 4	Zuwiderhandlung gegen § 16	noch in Geltung (wie § 16)
Ziff. 5 u. 6	Zuwiderhandlungen gegen § 17	aufgehoben (wie § 17)
§ 19	Strafbestimmungen:	
Ziff. 1	Zuwiderhandlung gegen § 7 und 9	aufgehoben (wie § 7 u. 9)
Ziff. 2	Zuwiderhandlung gegen § 11	noch in Geltung (wie § 11)
Ziff. 3	Zuwiderhandlung gegen § 12	aufgehoben (wie § 12)
§ 20	Gesetzlich oder behördlich angeordnete Versammlungen	noch in Geltung
§ 21	Zuständige Behörden	noch in Geltung
§ 22	Änderung des § 22 BGB.	noch in Geltung
§ 23	Überleitungsbestimmungen	gegenstandslos
§ 24	Vorbehalt des Landesrechts zugunsten	
Abs. 1	der kirchlichen und religiösen Versammlungen und Aufzüge	aufgehoben
Abs. 2	des Ausnahmerechts	aufgehoben durch Art. 48 RV.
Abs. 3	des Gesinderechts	aufgehoben
Abs. 4	des Schutzes der Sonn- und Feiertage	aufrechterhalten (vgl. Art. 139 R.Verf.)
§ 25	Inkrafttreten	gegenstandslos.

FSC
www.fsc.org
MIX
Papier | Fördert
gute Waldnutzung
FSC® C083411

Kolibri 360 GmbH
Ferdinand-Jühlke-Straße 7
99095 Erfurt, Deutschland
produktsicherheit@kolibri360.de